二十五史藝文經籍志
考補萃編

第四卷

漢書藝文志講疏
漢書藝文志注解

王承略　劉心明　主編

顧　實　撰
馬慶洲　整理
姚明輝　撰
馬慶洲　整理

清華大學出版社　北京

圖書在版編目(CIP)數據

二十五史藝文經籍志考補萃編. 第 4 卷/王承略,劉心明主編. —北京:清華大學
出版社,2011.5(2014.8 重印)
ISBN 978-7-302-24578-0

Ⅰ.①二…　Ⅱ.①王…②劉…　Ⅲ.①中國－古代史－紀傳體②二十五史－研究
Ⅳ.①K204.1

中國版本圖書館 CIP 數據核字(2011)第 010152 號

責任編輯:宋丹青
責任校對:王榮静
責任印製:楊　艷

出版發行:清華大學出版社
　　　　　網　　址:http://www.tup.com.cn, http://www.wqbook.com
　　　　　地　　址:北京清華大學學研大厦 A 座　　郵　　編:100084
　　　　　社總機:010-62770175　　　　　　　　　郵　　購:010-62786544
　　　　　投稿與讀者服務:010-62776969, c-service@tup.tsinghua.edu.cn
　　　　　質　量　反　饋:010-62772015, zhiliang@tup.tsinghua.edu.cn
印　刷　者:清華大學印刷廠
裝　訂　者:三河市金元印裝有限公司
經　　銷:全國新華書店
開　　本:148mm×210mm　印　張:12.125　字　數:263 千字
版　　次:2011 年 5 月第 1 版　　　　　印　次:2014 年 8 月第 2 次印刷
印　　數:3001~4000
定　　價:36.00 元

產品編號:040803-01

目　録

漢書藝文志講疏

顧實 撰

馬慶洲 整理

底本：1929 年上海商務印書館排印《東南大學叢書》本

自　序

　　清儒金榜曰："不通《漢藝文志》，不可以讀天下書。《藝文志》者，學問之眉目，著述之門户也。"王鳴盛《十七史商榷》二十二引。信哉，金氏禮學卓卓，故能爲此言。天下者，指中國一家而言，非今之所謂員輿之天下也。然不通《漢藝文志》，誠不可以讀天下書；而不讀天下書，亦不可以通《漢藝文志》。王鳴盛曰："自唐高宗、武后以下，詞藻繁興，經業遂以凋喪。宋以道學矯之，義理雖明，而古書則愈無人讀矣。"王應麟《漢藝文志考證》十卷，亦限於時風衆勢，遂致所考漢人傳經源流，未能明析。同上《十七史商榷》。此就六藝而言，已足徵前人之違失，而《漢藝文志》所述不僅六藝已也。夫有讀一二書者之言，有讀千萬書者之言，有讀書而未嘗讀書者之言。其曲彌高，其和彌寡。故言之者難，而聽之者爲尤難也。此自古聞人學者，所以猶多不免譁衆取寵之誚也夫。

　　中國古史茫昧，曩嘗欲撰上古史，而徵信於先秦群籍，尋其自然之證跡，而不敢穿鑿也。久之，乃得孔子曰："五帝用記，三王用度。"《大戴禮·五帝德篇》。莊子曰："其明而在數度者，舊法世傳之，史尚多有之。"《天下篇》。荀子曰："循法則度量刑辟圖籍，不知其義，謹守其數，慎不敢損益也。父子相傳，以持王公。是故三代雖亡，治法猶存，是官人百吏之所以取禄秩也。"《榮辱篇》。又曰："五帝之外無傳人，非無賢人也，久故也。五帝之中無傳政，非無善政也，久故也。禹湯有傳政，不若周之察也，非無善政也，久故也。傳者久則論略，近則論詳。"《非相篇》。又曰："道過三代謂之蕩。"《儒效篇》。案《列子·楊朱篇》曰："太古之事滅矣，孰誌之哉。三皇之事，若存若亡；五帝之事，若覺若夢；三皇之事，或隱或顯，億不識一。”此《列子》本魏王弼之徒所僞造，足以代表魏晉浮蕩，無歷史無生命之思想，正五胡十六國雲擾中原之先驅，嗚呼！然後知三哲所言從同，而荀子之説爲尤詳。然後知《周官》外史掌三皇五帝之書。不掌之内史而掌之外史，此周人之内三代而外三皇五帝，有以也。何以乎爾？則所謂“殷因於夏禮，所損益可知也。周因於殷禮，所損益可知也”。三代之王朝雖亡，而三代世官之守猶存，故内之而因成法也。三皇五帝不然，王朝既亡，並無世官之守，故外之而存治化也。《左·昭十七年傳》：“郯子來朝，猶知少昊世官。”蓋猶今日本有存中國舊物矣。遂人、伏羲、神農爲三皇，黃帝、顓頊、帝嚳、堯、舜爲五帝，此推定三五，當別論。以莊、荀言世傳而益明也。三皇有世傳之政，五帝有世傳之人，三皇僅有世傳之書而已。蓋傳政有官守，傳人有師法，傳書則二者皆無，僅有若漢氏之《逸書》、《逸禮》，藏諸故府而已。

太古帝京，咸宅丘陵。唐虞之隆，伯夷惟史。《大戴禮·誥志篇》。是洪水之災，不足喪其故籍。中國洪水，非西教所説之洪水。或以彼解此，則郢書而燕説矣。夏將亡而太史終古出其圖法奔商，殷將亡而内史向摯載其圖法之周，《吕覽·先識篇》。是夏商之亡，亦不足喪其故籍。惟周人施教，《詩》、《書》、《禮》、《樂》，官府所守，三代是閟。三五先典，祕在柱下，惟史氏則習之。故周衰而黃老之術大盛，明周之柱下史老聃傳《黃帝道經》，故曰黃老也。遂人、伏羲、神農之言，亦時見百家稱引，則均之史氏所流傳也。孟子私淑諸人，未得爲孔子徒，故但知諸侯皆去其籍而聞其略，其言甚粗略。孔子本老聃之徒，傳其文學於子夏，傳《易》於商瞿。子夏傳《詩》，五傳而及荀子。商瞿傳《易》，再傳而及荀子。孔子作《春秋》，左丘明爲作《傳》，丘明又六傳而及荀子。故荀子於學最邃，於孔子之傳最真，是以其書詳於《詩》、《書》、《禮》、《樂》、《易》、《春秋》，復稱引《道經》、《解蔽篇》。《黃帝金人銘》、《太平御覽》三百九十引《孫卿子》。又五百九十引《家語》孔子觀金人節，注云：“《孫卿子》，《説苑》又載也。”皆可爲荀子書有《黄帝金人銘》而今本脱佚之證。則其稱五帝三代之傳人傳政，必確信無疑，而況夫其與孔子、莊子之言，初無二致哉。由是而斷言之，則周季學者有傳孔子之六藝者，有傳神農、黄帝之書者，皆非無自，而不可偏擯者明也。其有互相攻擊者，必其不該不徧，有所未習，或傳聞異辭，遂致紛歧也。

《尸子》、《吕覽》，雜議之書，平視百學，規模遠矣。秦火而後，漢至文、景之世，儒業猶未起，賈誼、《新書·修政語》上篇。鼂錯《漢書·食貨志》載其《貴粟書》。不諱誦述神農、黄帝、顓頊、帝嚳遺語，《尸》、《吕》之風猶未沫也。武帝建元元年，親策賢良，董仲舒對：“請諸不在六藝之科，孔子之術者，皆絶其道，勿使並進。”由是抑黜百家，推明孔氏，樹之風聲，幡然不變。淮南王本好浮詞之縱袴也，其著《淮南内篇》曰：“世俗之人，多尊古而賤今，故爲道者，必託於神農、黄帝而後入説。”《修務訓》。司馬遷，家世史官也，不敢目曰依託。其作《史記》，一則曰：“神農以前，吾不知已。”《貨殖傳》。再則曰：“百家言黄帝，其文不雅馴，擇其言尤雅者，故著爲本紀。”《五帝本紀》。三則曰：“學者考信於六藝，虞、夏之文，可知也。”《伯夷傳》。甚矣，其爲謰衆取寵也！然而揚雄猶以爲未足也，故其著《法言》，稱：“或曰淮南、太史公者，其多知與？曷其雜也。曰雜乎雜。”《問神篇》。又曰：“好書而不要諸仲尼，書肆也。好説而不要諸仲尼，説鈴也。”《吾子篇》。蓋武帝初崇儒術，標格猶寬。至西京末葉，成、哀之世，儒益酷急，屏異己尤甚。若以追比夫荀子，去儒術之全，益遠矣。

當是時，劉向、歆父子校理祕籍，向撰敍録，《别録》，歆奏定《七略》，其崇儒與揚雄適相頡頏。及班固作《漢書》，亦曰：“唐虞以前，雖有遺文，其語不經。”《司馬遷傳贊》。故志藝文，原本《七略》。此吾人今日讀《漢藝文志》所不能不有歉焉不滿者也。雖然，清儒考證之學，上凌姬、漢，僞《枚本古文尚書》已暴白於天下，而無可疑義。嘉、道之際，吾鄉莊存與、劉逢禄復唱常州今文之學，末流龔自珍、魏源之徒，承風簧鼓，誑惑後進，至今猶流毒未熄。而試一審《漢藝文志》，則今古之傳，犁然秩然，晚近之説，豈堪一噱。此又吾人今日讀《漢藝文志》，而有所不覺爽然大快者也。

要之，治歷史之法，有一字要訣，曰"如"，如其原來而不加穿鑿。以孔、莊、荀三哲之言，而知上古有世傳之史，循是而正《漢藝文志》，則漢儒無所逃其褊衷。以《漢藝文志》而正漢氏迄今爭今古文者之謬，則妄人無所逞其淫辭，所謂本正而末自理者是已。

王氏《漢藝文志考證》，固爲專書，此外則如齊召南《漢書考證》、沈欽韓《漢書疏證》、王先謙《漢書補注》，咸遞加而有進。然讀天下之書，而後能通《漢藝文志》者，猶未盡也。余復爲此疏，乃當前人搜羅剔刮，既精既詳之餘，而復有所搜羅剔刮，終以不可盡載，則約而存之，爲成學治國故者要刪焉。書成兼旬，宜多漏略，補綴求備，俟諸異日。中華民國十年秋初，序於南京高等師範學校之六朝松下，武進顧實。

荀悦曰："仲尼作經，本一而已，古今文不同，而皆自謂真本。經古先師，義一而已，異家別説不同，而皆自謂古今。"《申鑒·時事篇》。案末句有誤。然實則因文字之今古，而後生義説之今古，故尤以文字之今古爲本也。夫六藝經傳百家之書，原始皆古文也。故《爾雅》在古文《禮記》中，其釋經之異文，詳陳玉澍《爾雅釋例》。説者謂今古文並釋也，豈知《爾雅》及其所釋者，原始均皆古文哉。自秦始皇二十六年，書同文字，三十四年燒書，以古非今者族，而古文今文之别始興焉。且秦博士七十人，漢文帝時博士亦七十餘人，正承秦制之證。武帝黜百家博士，獨留五經博士，後增而爲十四博士。《後漢書・儒林傳》。此所以終漢之世，立於學官者，皆今文博士，承秦故也。

　　武帝本不好樸學，《漢書・儒林傳》。尊儒，徒名而已。宣帝好刑名，以王霸雜用。故武、宣之世，儒書不得盡顯者，宜也。乃成帝精於《詩》、《書》，觀覽古文。命劉向、歆父子校理祕書，又賜班斿祕書之副。時書不布，東平思王以叔父求《太史公》、諸子書，而漢廷不許。斿獨得賜副者，班婕妤之兄弟故也。斿之子曰嗣，侄曰彪。彪之子曰固，女曰昭。彪與嗣共遊學，家有賜書，好古之士，自遠方至，父黨揚子雲以下，莫不造門。《漢書・叙傳》。是班氏之門庭，尤古文之淵藪。故其後彪、固、昭父子兄妹撰《漢書》，咸採用古文。彪撰《成帝紀贊》曰：“臣之姑充後宮，爲婕妤，父子昆弟侍帷幄，數爲臣言成帝博覽古今。”而固作《律曆》、《藝文》二志，遂純取諸劉歆成書，誠以家學淵源，篤信歆之學識爲不可没也。然則妄人盲談瞽説，動謂古文爲劉歆僞造，豈不有類於吠影吠聲者哉。民國十一年夏，顧實再記。

例　言

一、《漢志》原文，依官本及王氏《補注》本。稍有一二，擇從義長，不加注別，以省煩累。

二、劉向《別錄》，亦稱《七略別錄》。劉歆《七略》，班志所本。原書久佚，散見羣籍稱引，擇要采錄，以明淵源。

三、本志在《漢書》中，凡涉《漢書》，如《漢書·儒林》，但稱《儒林傳》。作者有傳，但在當人條下，各稱本傳。

四、每書首釋存、亡、殘、疑，俾可一覽而瞭。存者篇帙未虧，亡者原書已湮。殘者流傳有自，無問多寡。疑者論證未定，以俟博考。其他辨訂，率憑理據，無取空談。

五、六藝百家之書，大都別家而不別人。蓋其師徒授受，述作不必一手，而實出自一家。故如《管子》、《孟子》，即管氏、孟氏之家言。本志每略每種結末，率標若干家，其義自瞭。袁松山《後漢續志》猶爾，晋《中經簿》始不曰家，俱見《廣弘明集》。爾後書志，率標一人之作。漢詁久湮，近世淺人，或更繩以出版營利之品，益不容辨矣。

六、世言諸子不專一家者，本志有互著之法。然以《禮記》之《明堂陰陽》與《明堂陰陽説》不同書例之，則道家之《伊尹》、《鬻子》，與小説家之《伊尹説》、《鬻子説》，不同書明矣。更以天文之《漢日旁氣行事占驗》三卷與《漢日旁氣行占驗》十三卷，五行之《羨門式法》二十卷與《羨門式》二十卷，俱同書名僅差一字，説詳《術數略》。而不同書例之，則六藝有《易》，術數有《周易》；儒家有《景子》、《公孫尼子》、《孟子》，而雜家有《公孫尼》，兵家亦有《景子》、《孟子》；道家有《力牧》、《孫子》，兵家亦有《力牧》、《孫子》；儒家有

《李克》、《王孫子》，法家有《李子》、《商君》，而兵家亦有《李子》、《王孫》、《公孫鞅》；從橫家有《龐煖》，兵家亦有《龐煖》；雜家有《由餘》、《伍子胥》、《尉繚》、《吳子》，而兵家亦有《繇敘》、《伍子胥》、《尉繚》、《吳起》；小說家有《師曠》，兵家亦有《師曠》；或有注可辨，如《孫子》。或無注可辨，如《孟子》。要皆雖同書名而不必同書，又明矣。且班注有省重篇之例，曷爲不出於省，何必互著耶？故互著一說，未敢苟同。

七、本志自多可議之處，最著者莫如序次。班氏於道家《列子》、《公子牟》注云“先莊子”，而《莊子》轉次在前。於陰陽家《閭丘子》注云“在南公前”，《將鉅子》注云“先南公”，而《南公》亦次前。法家《慎子》注云“先申韓”，而申子在前。此外墨家之隨巢、胡非皆墨子弟子，我子爲墨學，更後於隨巢二家，而《墨子》書反殿諸家之末。道家之《老萊子》在《田子》後，《鄭長者》在《郎中嬰齊》之後，陰陽家之《騶奭子》在《張蒼》之後，名家之《毛公》在《黃公》之後。豈以原本《七略》依據漢廷得書先後耶？抑班氏固爲未成之書耶？

八、其次尚有種種。如《諸子略》省重篇，班固自注省《伊尹》、《太公》、《管子》、《孫卿子》、《鶡冠子》、《蘇子》、《蒯通》、《陸賈》、《淮南王書》，及《墨子》重甚明。而《六藝略》不省。《記》百三十一篇，內有《爾雅》、《孔子三朝記》、《明堂陰陽》，而又別出《明堂陰陽》三十三篇，《孔子三朝記》七篇、《爾雅》三卷二十篇，則爲重篇；至《弟子職》一篇，亦即《諸子略》《管子》書中之重篇，豈以尊儒者六藝之故，而得不省耶？又如《連山》、《歸藏》，焦贛《易林》，劉歆《洪範五行傳》、《五行志》。《鍾律書》，《律曆志》。轅固《齊詩內外傳》，叔孫通《漢儀》、十二篇，見《後漢書‧曹褒傳》。班固所親上。嚴彭祖《公羊春秋》、《隋志》。劉向、劉歆、衛衡、《後漢書‧班彪傳》注作陽城衡，疑即《論衡‧超奇篇》之陽城子長。揚雄《續太史公》、犍爲舍人《爾雅注》、《釋文‧敘錄》。當屬《六藝略》者。《甘氏經》、《石氏

經》、《夏氏日月傳》、《星傳》，《天文志》。劉歆《三統曆》，《律曆志》。當
屬《數術略》者，大都班氏所親見之書，而概不新入。揆以七經有
緯，至東漢始入祕府，故不著錄，則班氏不新入此類諸書者，亦豈
以其終西京之世，不爲中祕所藏故耶？《漢書》終《王莽傳》，蓋揚雄、杜林書，
莽世曾入中祕，故本志咸新入之歟？且董仲舒《春秋繁露》，尹更始《穀梁章
句》，本志俱無明文。而《楚辭》舊題劉向集，《東方朔傳》稱向錄朔
賦，《別錄》有《燕丹子》一書，孫星衍《燕丹子叙》。本志出《七略》，故俱
無之。至《蘇子》即《鬼谷子》，當亦出《別錄》、《七略》之異名。姑
舉數事於此，以發本志之蒙。

　　九、又次司馬遷曰："漢興，蕭何次律令，韓信申軍法，張蒼爲
章程，叔孫通定禮儀，則文學彬彬稍進，《詩》、《書》往往間出矣。"
今據本志云："漢興，張良、韓信序次兵法，凡百八十二家，刪取要
用，定著三十五家。"然則漢氏最初校書者，爲蕭何、韓信、張蒼、叔
孫通輩耶？僅兵書入中祕，而餘俱不入中祕耶？誌之以俟博考。
蕭、韓校書而《詩》、《書》間出，向、歆校書而肇有書肆，成一正比例。

　　十、本書參考書以王應麟本志《考證》、齊召南《漢書考證》、
錢大昭《漢書辨疑》、朱一新《漢書管見》、周壽昌《漢書注校補》、
沈欽韓《漢書疏證》、王先謙《漢書補注》爲主，旁及近人姚明煇
《漢書藝文志注解》、孫德謙《漢書藝文志舉例》、薛祥綏《七略疏
證》、許本裕《漢書藝文志箋》，惟薛、許書僅見《國故》，登載無
多，未見其全。此外參考書，多不勝載，如有擇錄，悉注出處，不
盜人善，自見己旨。

　　十一、本書爲舊稱目錄學之根本要書，故未將班志原文刪
節，顏注附行既久，亦未割愛，一可覘吾族文化之初量，又一冀
於治史縝密之思慮，有裨萬一云爾。

漢書藝文志講疏

漢　班固撰　　　唐　顏師古注　　　武進　顧實講疏

　　東漢班固，字孟堅，踵父彪成書，撰《漢書》百二十卷。《藝文志》者，《漢書》十志之一也。藝，六藝也。孔子曰：“六藝之於治，一也。”_{《史記·滑稽傳》引。}司馬遷曰：“中國言六藝者，折中於夫子。”_{《孔子世家贊》。}賈誼曰：“《詩》、《書》、《易》、《春秋》、《禮》、《樂》六者之術，謂之六藝。”_{《新書·六術篇》。}鄭玄作《六藝論》。文，文學也。《論語》曰：“文學，子游、子夏。”秦李斯請悉燒諸有文學、《詩》、《書》百家語。_{《史記·李斯傳》。}故藝文者，兼賅六藝百家之名也。

一、序

昔仲尼没而微言絶，李奇曰：“隱微不顯之言也。”師古曰：“精微要妙之言耳。”**七十子喪而大義乖**。師古曰：“七十子，謂弟子達者七十二人。舉其成數，故言七十。”**故《春秋》分爲五**，韋昭曰：“謂《左氏》、《公羊》、《穀梁》、《鄒氏》、《夾氏》也。”**《詩》分爲四**，韋昭曰：“謂《毛氏》、《齊》、《魯》、《韓》。”**《易》有數家之傳**。此漢家尊儒之言也。造端乎武帝罷黜百家，表彰六經。_{本書《武紀》。}大成於成、哀二帝，命劉向、歆父子校理秘文，奏定《七略》，範圍方策而不過。班固撰史，用志藝文，尊儒大典，遂冠百代。今《七略》久佚，幸借此志。劉歆《移太常博士書》曰：“夫子没而微言絶，七十子終而大義乖。”故班志亦云然也。七十子者，或言七十，本書三見，本志及《劉歆傳》、《儒林傳》。又見《吕氏春秋·遇合篇》、《淮南子·要略訓》、《史記·伯夷列傳》、趙岐《孟子題辭》。或言七十二，見《史記·孔子世家》、《後漢書·蔡邕傳》、《顏氏家訓·誡兵篇》。或言七十七。見本書《地理志》、《史記·仲尼弟子列傳》。蓋七十七爲確數，餘皆隨文便舉之數歟。百家之文，亦稱微言。《韓非子·五蠹篇》曰："所謂智者微妙之言也，上智之所難知也。"《後漢書·楚王英傳》曰："誦黃老之微言。"又《呂氏春秋·精諭篇》、《淮南子·道應訓》皆載白公與孔子微言事，《史記·田完世家》亦有淳于髡與鄒衍微言事，皆可爲證。蓋其意恒在言外，故微妙難知也。《論語讖》曰："子夏六十四人共撰仲尼微言。"《崇爵讖》。然則仲尼微言，《論語》即是。仲尼久歿，難再續記，故云絶矣。大義乖而不絶，故《春秋》、《詩》、《易》咸四分五裂，詳後及《儒林傳》。《隋書》曰："猶以去聖既遠，經籍散佚，簡札錯亂，傳説紕謬，遂使《書》分爲二，《詩》分爲三，《論語》有《齊》、《魯》之殊，《春秋》有數家之傳。"《經籍志》。此又行文便辭，非稽核之談矣。

戰國從衡，真僞分争，師古曰："從音子容反。"**諸子之言，紛然殽亂。**師古曰："殽，雜也。"

　　此排擯百家之言也。劉歆曰："重遭戰國，棄籩豆之禮，理軍旅之陳，孔子之道抑，孫、吳之術興。"《移太常博士書》。阮孝緒曰："逮於戰國，殊俗異政，百家競起，九流互作。"《七錄序》，見《廣弘明集》。故或謂諸子爲七十子者，非也。戰國諸子分立，略見《荀子·非十二子篇》、《莊子·天下篇》。莊子詆孔丘爲魯國之巧僞人。《盜跖篇》。韓非子訟儒、墨必堯舜之道於三千歲之前，非愚即誣。《顯學篇》。此道家、法家與儒、墨爭真僞也。《荀子》詆子思、孟子案往舊造説。《非十二子篇》。此儒家與儒家爭真僞也。大抵《周官》外史掌三皇五帝之書，周人内三代而外三皇五帝。儒墨崇三代，百家言黃帝，《史記·五帝本紀》。史起五帝，咸有故籍，真僞分争，未易衡論。雜家《吕覽》、《尸子》開卷而道儒之説雜然並陳，荀卿亦稱《道經》。其略標百學平等之風乎？賈誼、鼂錯生於漢初，立言猶爾，流聲未墜。武帝初載，既標崇儒之幟，於是淮南著書曰："爲道必託之於神農、黃帝而後入説。"《修務訓》。司馬遷撰史曰："百家言黃帝，其文不雅馴，薦紳先生難言之。"揚雄者，漢氏之新聖，拘牽儒言，幾若衛其教宗，而一屏百家爲外道，故作《法言》，曰："欲讎僞者必假真。"《重黎篇》。又曰："衆言淆亂，則折諸聖。"《吾子篇》。劉向、歆父子以宗室之親，受命校書；班固以世臣之誼，奉詔撰史，咸立於欽定國學之下，允宜有若後世官書一面之詞。故六藝不言真僞，而諸子往往言依託，非古矣。由今觀之，則漢氏一政府之説，其説猶爭真王僞朝。正未足以範圍百代而不易。惟其校定册籍，區分流略，俾後之人有可推尋，用以揚搉古今，猶爲裨益來學於無窮耳。

至秦患之，乃燔滅文章，以愚黔首。師古曰："燔，燒也。秦謂人爲黔首，言其頭黑也。燔音扶元反。黔音其炎反，又音琴。"

秦燔書，始商鞅，《韓非子》曰"商君教秦孝公燔《詩》、《書》而明法令"《和氏篇》。是也。其後，秦賴客卿，殄滅六國。《吕覽》著書，斯諫逐客，舊法不行。始皇三十四年，天下一統，博士論辨於杯酒之間，遂重興焚書之獄，較昔之禍及於一國者，而更禍及天下焉。司馬遷兩記其事，一則曰：李斯"請史官非《秦紀》皆燒之。非博士官所職，敢有藏《詩》、《書》、百家語者，悉詣守、尉雜燒之。有敢偶語《詩》、《書》者棄市。以古非今者族。吏見知不舉者與同罪。令下三十日不燒，黥爲城旦。所不去者，醫藥卜筮種樹之書。若欲有學法令，以吏爲師。"制曰："可。"《史記·始皇本紀》。再則曰：李斯"請諸有文學、《詩》、《書》、百家語者，蠲除去之。令到滿三十日弗去，黥爲城旦。所不去者，醫藥卜筮種樹之書。若有欲學者，以吏爲師。始皇可其議，收去《詩》、《書》、百家之語，以愚百姓，使天下無以古非今。明法度，定律令，皆以始皇起。同文書。"《李斯

傳》。記之可謂詳矣。"史官非《秦記》皆燒之,非博士官所職,
敢有藏《詩》、《書》、百家語者,悉詣守尉雜燒之"者,史官掌焚
書。非《秦紀》燒,《秦紀》不燒,可知也;非博士官所職之
《詩》、《書》、百家語燒,博士官所職者不燒,可知也。故司馬
遷又言:"秦既得意,燒天下《詩》、《書》,諸侯史記尤甚。
《詩》、《書》所以復出者,多藏人家。而史記獨藏周室,以故
滅。獨有《秦記》,又不載年月,其文略不具。"《史記·六國表》。紀、
記古字通。此足明非《秦紀》燒、《秦紀》不燒之事實彰彰也。而
《詩》、《書》所以復出,多藏人家者,明博士官不能在秦廷藏
《詩》、《書》、百家語也。考博士伏生因秦焚書,壁藏《尚書》。
《史》、《漢》《儒林傳》。案此與孔壁古文同一私自秘藏,非秦廷所許。陳勝起山
東,二世召博士諸生三十餘人前,博士諸生曰:"人臣無將,將
即反,罪死無赦。"《史記·叔孫通傳》。案"君親無將"句,見《公羊·莊三十二
年傳》。公羊口説,至漢景帝時,始著竹帛。不敢言《春秋》之義也,此非
雖博士亦不得在秦廷藏古文書及稱道六藝之明證哉。故曰:
"秦劉滅古文。"揚雄《劇秦美新》。蓋燒書本因博士爭議而起,博
士得此酷遇,亦固其所。惟始皇又使博士爲《仙真人詩》,及
夢與海神戰,而問占夢博士。三十六年。博士黃疵著《黃公》四
篇,名家言也。本志。是博士所職者如是,而仍與非《秦紀》燒、
《秦紀》不燒之法令一貫也。至燒書令"無以古非今",今文、
古文之名,即由此起。始皇二十六年,書同文字,三十四年,
再申同書文之令,天下盡用今文,已無可疑。故劉歆曰:"陵
夷至於暴秦,焚經書,殺儒士,設挾書之法,行是古之罪,道術
由此遂滅。"《移太常博士書》。然而妄人猶謂:"秦博士書不燒,六
藝不闕,古文盡出劉歆僞造。"噫! 盲談瞽説,亦復何責。

漢興,改秦之敗,大收篇籍,廣開獻書之路。

此漢人自崇本朝之言也。司馬遷曰:"秦撥去古文,焚滅

《詩》、《書》，故明堂石室金匱玉版圖籍散亂。於是漢興蕭何次律令，韓信申軍法，張蒼爲章程，叔孫通定禮儀，則文學彬彬稍進，《詩》、《書》往往間出矣。”《史記·自序》。劉歆曰：“漢興，時獨有一叔孫通略定禮儀，天下唯有《易》，未有他書。至孝惠之世，除挾書之律。至孝文皇帝，始使掌故鼂錯從伏生受《尚書》。《尚書》初出於屋壁，朽折散絶。今其書具在，時師傳讀而已。《詩》始萌芽。天下衆書往往頗出，皆諸子傳説，猶廣立於學官，爲置博士。在漢朝之儒，唯賈生而已。”《移太常博士書》。由此觀之，《班志》曰“大收篇籍，廣開獻書之路”，未盡然也。齊召南曰：“此二句指高祖時蕭何收秦圖籍，《史記·蕭相國世家》曰：“沛公至咸陽，何獨先入，收秦丞相、御史律令書藏之。”楚元王學《詩》，《漢書·楚元王傳》曰：“楚元王交好書，多材藝。少時，嘗與穆生、白生、申公俱受《詩》於浮邱伯。”惠帝時除挾書之令，《惠帝紀》曰：“四年三月皇帝冠，赦天下，除挾書律。”文帝使鼂錯受《尚書》，使博士作《王制》，詳後。又置《論語》、《孝經》、《爾雅》、《孟子》博士，《漢書·翟酺傳》曰：“孝文帝始置五經博士。”趙岐《孟子題詞》曰：“漢文帝欲廣游學之路。《論語》、《孝經》、《孟子》、《爾雅》皆置博士。後罷傳記博士，獨立五經。”《藝文類聚》四十六引《漢書舊儀》曰：“孝文帝時博士七十餘人。”《唐六典》引《漢官儀》曰：“文帝博士七十餘人，爲待詔博士。”是文帝已重《五經》，立博士，惟好刑名，而於典章多謙讓未遑，或旋立旋廢，或弗重視，故史文不著也。即其事也。”《漢書考證》。齊説可爲班氏功臣。

迄孝武世，書缺簡脱，禮壞樂崩，師古曰：“編絶散落，故簡脱。脱音吐活反。”**聖上喟然而稱曰：**師古曰：“喟，歎息之貌也，音丘位反。”**“朕甚閔焉！”於是建藏書之策，**如淳曰：“劉歆《七略》曰‘外則有太常、太史、博士之藏，内則有延閣、廣内、祕室之府’。”**置寫書之官，下及諸子傳説，皆充祕府。**

武帝元朔五年夏六月詔曰：“蓋聞導民以禮，風之以樂。今禮壞樂崩，朕甚閔焉，故詳延天下方聞之士，咸薦諸朝。其令禮官勸學，講議洽聞，舉遺興禮，以爲天下先。太常其議予博士弟子，崇鄉黨之化，以厲賢材焉。”《漢書·武帝紀》。於是公孫弘爲學官,悼道之鬱滯,迺請曰:"丞相、御史言:制曰:'蓋聞導民以禮,風之以樂。今禮廢樂崩,朕甚愍焉,故詳延天下方聞之士,咸登諸朝。其令禮官勸學,講議洽聞,舉遺興禮,以爲天下先。太常議予博士弟子,崇鄉里之化,以屬賢材焉。'謹與太常臧、博士平等議,曰:聞三代之道,鄉里有教,夏曰校,殷曰庠,周曰序。其勸善也,顯之朝廷;其懲惡也,加之刑罰。故教化之行也,建首善自京師始,繇內及外。今陛下昭至德,開大明,配天地,本人倫,勸學興禮,崇化屬賢,以風四方,太平之原也。古者政教未洽,不備其禮,請因舊官而興焉。爲博士官置弟子五十人,復其身。太常擇民年十八以上儀狀端正者,補博士弟子。郡國縣官有好文學,敬長上,肅政教,順鄉里,出入不悖所聞,令相長丞上屬所二千石。二千石謹察可者,常與計偕,詣太常,得受業如弟子。一歲皆輒課,能通一藝以上,補文學掌故缺。其高第可以爲郎中,太常籍奏。即有秀才異等,輒以名聞。其不事學若下材,及不能通一藝,輒罷之,而請諸能稱者。臣謹案詔書律令下者,明天人分際,通古今之誼,文章爾雅,訓辭深厚,恩施甚美。小吏淺聞,弗能究宣,亡以明布。諭治禮掌故以文學禮義爲官,遷留滯。請選擇其秩比二百石以上,及吏百石通一藝以上,補左右內史、大行卒史,比百石以下,補郡太守卒史,皆各二人,邊郡一人。先用誦多者,不足,擇掌故以補中二千石屬,文學掌故補郡屬,備員。請著功令,它如律令。"制曰"可。"自此以來,公卿大夫士吏彬彬多文學之士矣。《儒林傳》。劉歆曰:"至孝武皇帝,然後鄒、魯、梁、趙頗有《詩》、《春秋》先師,皆起於建元之間。當此之時,一人不能獨盡其經,或爲《雅》,或爲《頌》,相合而成。《泰誓》後得,博士集而讀之。故詔書曰:'禮壞樂崩,書缺簡脱,朕甚閔焉。'時漢興已七八十年,離於全經,固已遠矣。"《移太常博士書》。又曰："孝武帝勑丞相公孫弘廣開獻書之路，百年之間，書如山積。《文選注》三十八引《七略》。外則有太常、太史、博士之藏，內則有延閣、廣內、祕室之府。"見如淳注。案《七錄序》略同。此漢武弘文盛典，可得而詳。學校甫興，而書藏山積，讀者猶寡，文質升降之會，此其時也。

至成帝時，以書頗散亡，使謁者陳農求遺書於天下。

成帝河平三年秋八月，謁者陳農使，使求遺書於天下。《成帝紀》。① 案陳農爲使，而使求書也。

詔光祿大夫劉向校經傳諸子詩賦，步兵校尉任宏校兵書，太史令尹咸校數術，師古曰："占卜之書。"**侍醫李柱國校方技。**師古曰："醫藥之書也。"**每一書已，**師古曰："已，畢也。"**向輒條其篇目，撮其指意，錄而奏之。**師古曰："撮，總取也，音千括反。"

成帝河平三年秋八月，劉向校中祕書，《成帝紀》。子歆同受詔，講六藝傳記諸子詩賦數術方技，無所不究。時帝方精於《詩》、《書》，觀覽古文，《楚元王傳》。故爲此詔也。設無帝好學，恐兩漢文化未得有如彼其盛也。向字子政，《漢書》有傳。尹咸者，尹更始之子，能治《左氏》。劉歆嘗從咸及翟方進受，質問大義。《劉歆傳》。任宏、李柱國皆不可詳考。三人蓋皆襄向校書，專門分任。然與校可考者，尚有杜參、見後《詩賦略》。班斿，《漢書·叙傳》。則又必不止此數人矣。《山海經》第九、第十三卷末皆有建平元年四月丙戌臣望校云云，望即其一人也。阮孝緒曰："昔劉向校書，輒爲一錄，論其指歸，辨其訛謬，隨竟奏上，皆載在本書。時又別集衆錄，謂之《別錄》，即今之《別錄》是也。"《七錄序》。《隋書》曰："每一書就，向輒撰爲一錄，論其指歸，辨其訛謬，叙而奏之。"《經籍志》。蓋附在本書者，謂之叙錄，如今存《管

子》、《晏子》、《春秋》、《戰國策》諸叙録是也。《列子叙録》可疑，若《關尹子》、《於陵子》二叙録，皆出宋、明人僞造矣。其集衆録，當指羣書叙録，向於六藝諸子百家，每書皆有叙録，殆似清世《四庫全書總目》，今及僅存萬一，惜哉。而別爲一書者，謂之《別録》。《別録》曰：“讎校，一人讀書，校其上下，得謬誤爲校。一人持本，一人讀書，若怨家相對爲讎。《文選·魏都》注引《風俗通》曰“劉向《別録》”云云。殺青者，直治竹作簡，書之耳。”《御覽》六百六引《風俗通》曰“劉向《別録》”云云。《風俗通》曰：“新竹有汁，善朽蠹。凡作簡者，皆於火上炙乾之，陳楚間謂之汗。汗者，去其汁也。吳越曰殺，亦治也。劉向爲孝成皇帝典校書籍二十餘年，皆先書竹，改易刊定，可繕寫者以上素也。”《御覽》六百六。此皆瑣記校書之事也。昔正考父校《商頌》，《魯語下》。孔子序《詩》、《書》，《史記·孔子世家》。而劉向校書尤浩博。惜哉！其叙、別二録遺文，今竟佚存無幾也。

會向卒，哀帝復使向子侍中奉車都尉歆卒父業。師古曰：“卒，終也。”**歆於是總羣書而奏其《七略》，故有《輯略》，**師古曰：“輯與集同，謂諸書之總要。”**有《六藝略》，**師古曰：“六藝，六經也。”**有《諸子略》，有《詩賦略》，有《兵書略》，有《術數略》，有《方技略》。今刪其要，以備篇籍。**師古曰：“刪去浮冗，取其指要也。其每略所條家及篇數，有與總凡不同者，轉寫脱誤，年代久遠，無以詳知。”

劉歆字子駿，向少子也。《漢書》向傳稱向卒後十三歲，而王氏代漢，《漢書》帝紀不數孺子嬰，是向卒於成帝綏和二年也。故是年哀帝即位，詔劉歆典領五經。歆於翌年之建平元年，更名秀，《上山海經表》即用秀名。同年，以《移書太常博士》觸太司空師丹等之怒。丹於秋被策免，而歆自當以忤執政，懼誅，先丹出守於外。然則歆奏《七略》，在建平元年之春夏間矣。計河平三年至此，費時二十餘年，其父與役者二十年。故應劭曰：“劉向爲孝成皇帝校書二十餘年。”見前引。蓋大略言之也。歆既出守於外，數年病免。會哀帝崩，王莽持政，莽少與歆俱爲黃門郎，重之，《劉歆傳》。復引歆典文章，《王莽傳》。則元壽二年事也。哀帝崩年。距奏定《七略》，已隔五六載，爾後皆無與於校書之事矣。歆所行不如所知，然君子不以人廢言，故世猶重其學。阮孝緒曰：“劉向別集衆録，謂之《別録》。子歆撮其指要，著爲《七略》。一篇即六篇之總最，故以《輯略》爲名，次《六藝略》，次《諸子略》，次《詩賦略》，次《兵書略》，次《數術略》，次《方技略》。”《七録序》。《隋書》曰：“哀帝使其子歆嗣父之業，乃徙温室中書於天禄閣上。歆遂總括羣書，撮其指要，著爲《七略》。”《七録序》略同。又曰：“古者史官既司篇籍，蓋有目録，以爲綱紀。體制湮没，不可復知。孔子删書，別爲之序，各陳作者所由。韓、毛二《詩》，亦皆相類。漢時劉向《別録》、劉歆《七略》，剖析條流，各有其部，推尋事迹，疑則古之制也。”《經籍志》。蓋歆著《七略》，本其父向《別録》之撮要。《七略》之綱，原定於向，歆特卒父業者，故後世亦謂《別録》曰《七略別録》歟？第觀歆《上山海經表》，則又卒父業叙録之事，不僅奏其《七略》而已也。《隋》《唐志》咸著録向《七略別録》二十卷，歆《七略》七卷，明二書詳略懸殊。南宋而後，二書盡亡。《七略》七卷，《通志》著録，《通考》不載。而妄人淫誣之辭，浸興矣。今幸有班志録其《六略》，説者謂班志每略叙録之詞，即歆之《輯略》也。故雖六略而實七略具足也。雖然，章宗源曰：“班固因《七略》而志藝文，其與歆異者，特注其出入，書入劉向《稽疑》。禮入《司馬法》。樂出淮南、劉向等《琴頌》。春秋省《太史公》。小學入揚雄、杜林。儒入揚雄。雜省入兵法①。諸子出《蜼轉》。兵權謀省《伊尹》、《太公》、《管子》、《孫卿子》、《鶡冠子》、《蘇子》、《蒯通》、《陸賈》、《淮南王》，出《司馬法》入禮。兵技巧省《墨子》重，入《蜼轉》。使後人可考劉氏原本。今以諸書所引《七略》，

①　“入”原作“出”，據中華書局點校本《漢書·藝文志》改。

如‘《詩》以言情，情者，信之符也’，‘《書》以決斷，斷者，義之證也’，_{《初學記·文部》、《御覽·學部》。}《漢志》作‘《詩》以正言，義之用也；《春秋》以斷事，信之符也’。《史記集解》《魏公子兵法》二十一篇，圖一卷，_{《信陵君傳》。}《逢門射法》、_{《龜策傳》。}《風后孤虛》二十卷，_{同上。}與《漢志》合。《史記正義》《管子》十八篇在法家，《晏子春秋》七篇在儒家。_{《管晏傳》。}考《漢志》法家無《管子》，惟兵家注云‘省《管子》’。儒家《晏子》八篇，又‘春秋’二字，_{《史記》論曰：“余讀《晏子春秋》，是知春秋二字，非漢以後所加。”}俱異《七略》之舊。《文選注》‘鄒子有《終始五德》，從所不勝，木德繼之，金德次之，火德次之，土德次之’，^①_{《魏都賦》、應吉甫《華林園集詩》}注乃《鄒子終始》解題。又‘《雅琴》，琴之言禁也，雅之言正也，君子守正以自禁也’，_{《長門賦》}注。乃《雅琴趙氏》等解題。《太平御覽·職官部》‘孝宣帝重申不害《君臣篇》，使黃門郎張子喬正其字’，乃《申子》解題。此類《漢志》皆未取。_{馮商、莊忽奇、杜參、朱宇、師古注皆依《七略》補《漢志》。}至如《曲臺記》、《易九師道訓》、_{《文選·竟陵王行狀》注。}《娟子》、_{曹子建《七啓》注。}《談天衍雕龍赫》、_{《宣德皇后》注。}《鶡冠子》、_{《辯命論》注。}《盤盂書》，_{《新刻漏銘》注。}班固本注雖依《七略》，而語多從簡。”_{《隋書經籍志考證》}章說明已。故《七略》佚文無多，尚足徵《班志》異同。況班志易、書二家均言劉向以中古文校之等語，樂家又言劉向校書得《樂記》二十三篇，至小學類中，則謂臣復續揚雄作十三章，此皆顯係班氏所加，則班志豈盡《七略》之舊哉？師古所云：“每略所條家及篇數，有與總凡不同者，傳寫脫訛，無以詳知。”然每略家數，僅《兵書略》之兵技巧，《術數略》之天文，疑稍有誤，餘均符合，而篇數錯誤，乃真不可知耳。

---

① 此處文字與通行本《文選》李善注有異。

二、六藝略

易經十二篇，施、孟、梁丘三家 師古曰："上下經及十翼，故十二篇。"

亡。此三家《易》今文經也。班志凡今文經皆不加今字，凡今文與古文無大異，皆不記中古文。《書》、《禮》、《春秋》、《論語》、《孝經》皆有古文經，惟《易》、《詩》無之，觀其云"劉向以中古文《易經》校施、孟、梁丘，或脱去'無咎'、'悔亡'"，可明《易》中古文經與今文經無大異，《詩》亦可以類推，故皆不録中古文經歟。今存《易經》乃王弼傳費氏《古文易》，唐李鼎祚作《易集解》亦用王弼本。古文、今文本既無大異，說別詳下。是今文《易經》雖亡而猶存也。伏羲作《易》，文王分上下經，所謂"二篇之策萬有一千五百二十"《繫辭傳》。是也。六經之名，已見《莊子》，《天運篇》。皆周人舊題，非起自漢。文王二篇爲經，孔子十翼本稱傳而非經。《史記·自序》引《易大傳》曰可證。顧總稱之曰《易經》十二篇，是傳附經而亦稱經也。孔子作十翼稱"子曰"者，猶司馬遷作《史記》亦自稱"太史公曰"也。此是古人著書通例，有因此而疑十翼非孔子作者，不思之過也。

易傳周氏二篇 字王孫也。

亡。《儒林傳》曰："田何授周王孫，著《易傳》數篇。"又曰："丁寬從周王孫受古義，號《周氏傳》。"古義者，蓋古文之義也。則西漢最初今文家不諱古文也。自此周氏至下丁氏，皆《易傳》也。凡班志注，無師古曰者，皆班固自注之文。以下類推。

服氏二篇 師古曰："劉向《別録》云：服氏，齊人，號服光。"

亡。服光，《經典釋文·叙録》注引作服先，光、先形近易誤。

楊氏二篇　名何，字叔元，菑川人。

亡。楊何見《儒林傳》。

蔡公二篇　衞人，事周王孫。

亡。

韓氏二篇　名嬰。

亡。《儒林傳》曰："韓嬰推《易》意而爲之傳，《韓詩》不如《韓氏易》深。"《蓋饒寬傳》曰："蓋饒寬封事，引《韓氏易傳》言：五帝官天下，三王家天下。"《經典釋文·序錄》曰："《子夏易傳》三卷，《七略》云'漢興，韓嬰傳'。"以上《釋文》。《唐會要》載開元七年，司馬貞曰："案劉向《七略》有《子夏易傳》，又王儉《七志》引劉向《七略》云：《易傳》子夏，韓氏嬰也。"以上《會要》。案亦見《文苑英華》。蓋韓嬰字子夏，非卜子夏也。本臧庸《拜經日記》說。崔應榴《吾亦廬稿》謂即鄧彭祖字子夏，肊說無據。二劉《七略》記之甚明。而班志但云韓氏，亦不同劉《略》之徵也。《隋志》曰："《易》二卷，魏文侯師卜子夏傳。"則因子夏二字而傅會之，妄矣。清孫馮翼、張澍、馬國翰、黃奭咸有輯本。若《四庫》經部易類著錄《子夏易傳》十一卷，則宋以後人僞作，非此書。

王氏二篇　名同。

亡。王同見《儒林傳》。

丁氏八篇　名寬，字子襄，梁人也。

亡。荀勖《中經簿》曰："《子夏易傳》四卷，或云丁寬所作。"《冊府元龜》六百四引。案《經典叙錄》亦引《中經簿》，說同而卷數不同，未詳何以。阮孝緒《七錄》曰："《子夏易》六卷，或云韓嬰作，或云丁寬作。"《唐會要》引。或之者，疑之也。疑丁作者，後起之誤。

古五子十八篇　自甲子至壬子，說《易》陰陽。

亡。名曰古者，以《禮古經》、《春秋古經》、《論語古》、《孝經古孔氏》列之，蓋古文也。劉向《別錄》曰："所校讎中《古五子》

書,除復重,定著十八篇,分六十四卦,著之日辰。自甲子至壬子,凡五子,故號曰《五子》。"《初學記‧文部》引。《隋》《唐志》咸不著録。今除見《律曆志》外,間見左思《吳都賦注》。

淮南道訓二篇　淮南王安聘明《易》者九人,號九師説。

亡。蓋《古五子》道訓也。詳錢塘《淮南天文訓補注》。《七略》曰:"《九師道訓》者,淮南王安所造。"《別録》曰:"所校讎中《易傳淮南九師道訓》,除復重,定著二十篇。淮南王聘善爲《易》者九人,從之採獲,故中書著曰《淮南九師言》。"並王氏《考證》引。是中書、《別録》、《七略》共標三名,而書名可更定之也。又《晏子春秋》,向《叙録》稱除復重二十二篇,定著八篇,是篇數亦可不從原書之舊而更定之也。

古雜八十篇,雜災異三十五篇,神輸五篇,圖一。　師古曰:"劉向《別録》云'神輸者,王道失則災害生,得則四海輸之祥瑞'。"

疑。雜八十篇者,殆猶今之言雜纂也。名曰古者,蓋古文也。沈欽韓曰:"《古雜》八十篇,即《乾鑿度》、《稽覽圖》之等。《後書》張衡歷言《尚書》、《詩》、《春秋讖》之謬妄而不及《易》,則《易説》爲古書也。"沈説存參。

孟氏京房十一篇,災異孟氏京房六十六篇,五鹿充宗略説三篇,京氏段嘉十二篇　蘇林曰:"東海人,爲博士。"晋灼曰:"《儒林》不見。"師古曰:"蘇説是也。嘉即京房所從受《易》者也,見《儒林傳》及劉向《別録》。"

殘。《儒林傳》曰:"京房受《易》梁人焦延壽。延壽字贛。延壽云嘗從孟喜問《易》。會喜死,房以爲延壽《易》即孟氏學,翟牧、白生不肯,皆曰非也。劉向校書,考《易》説,以爲諸家皆祖田何、楊叔、丁將軍,大誼略同,唯京氏爲異,黨焦延壽獨得隱士之説,託之孟氏,不相與同。"此向校六藝,僅見此疑師説之依託,而非若班志於諸子之并原書,斥言其依託也。然孟喜得《易》家候陰陽災變書,詐言師傳,則此家本獨異也。嚴可均曰：“孟喜受《易》家陰陽，立十二月辟卦，其説本於氣，以準天時、明人事，授之焦贛。焦贛又得隱士之説，五行消復，授之京房。京房兼而用之，長於災變，布六十四卦於一歲中，卦直六日七分，迭更用事，以風雨寒温爲候，各有占驗，獨成一家。孝元立博士，迄東漢末，費直行而京氏衰。晋代猶有傳習者，至《隋志》亡《段嘉》十二篇，《唐志》又亡《災異》六十六篇之四十三篇，歷宋入明，而《漢志》之八十九篇，僅存三卷。此由士夫隨俗，好言禎祥，諱言災變，占候非利禄所需，故古書日亡也。今輯《易傳》、《易占》、《飛候》、《五星》、《風角》等篇，雖京氏占候不盡此，亦大端具矣。其世應飛伏建積互游魂歸魂之説，晁説之能言之。至六日七分之法，見《漢書》本傳孟康注、僧一行《大衍曆議》，則雖謂《京氏易》亡而不亡，可也。”《鐵橋漫稿》。嚴説頗審。清《四庫》不入經部，而入子部術數類，著録《京氏易傳》三卷。《漢魏叢書》本，《學津討原》本。漢有兩京房，此乃《漢書》另有傳之京房，字君明，頓丘人，曾爲魏郡太守，亦見《儒林傳》，而非《儒林傳》楊何弟子之京房也。京房之學出於孟喜，殷嘉之學出於京房，故曰《孟氏京房》、曰《京氏段嘉》，然據《儒林傳》，“段”當作“殷”，師古注“受”當作“授”。

章句施、孟、梁丘氏各二篇

亡。此言章句施、孟、梁丘氏各二篇，書家亦言大、小夏侯章句各二篇。《隋志》曰：“梁邱、施氏亡於西晋，《孟氏易》八卷，殘闕。”《舊唐志》有，《宋志》無，則亡於宋矣。清馬國翰咸有輯本。

凡易十三家，二百九十四篇。

今計施、孟、梁丘今文經及章句共三家，《易傳》周氏至丁氏，共七家，《古五子》、《淮南道訓》合一家，《古雜》一行爲一家，《孟氏京房》一行爲一家，合計適符十三家之數。此下《六藝略》家數。略採樓正華君之説。其施、孟、梁丘三家經三十六篇,三家章句六篇,除圖不計,故合計適得二百九十四篇。桓譚《新論》曰:"《連山》八萬言,藏於蘭臺。《歸藏》四千三百言,藏於太卜。"《御覽》百八十,《北堂書鈔》九十五並引。蓋此二書,西京中祕所不藏。又今存《焦氏易林》焦延壽作,丁晏《易林釋文》考之甚詳。當亦然。故《七略》俱不著録,而班志因之。然亦有中祕所藏而不著録者,如《易》古文是,其故不明也。

《易》曰:"宓戲氏仰觀象於天,俯觀法於地,觀鳥獸之文,與地之宜,近取諸身,遠取諸物,於是始作八卦,以通神明之德,以類萬物之情。" 師古曰:"《下繫》之辭也。鳥獸之文,謂其跡在地者。宓讀與伏同。"①

易者,如也,《廣雅·釋言》。如其原來而記録之者也。故通神明之德,則明於真如也;類萬物之情,則明於物如也。谷永曰:"明於天地之性,不可惑以神怪。知萬物之情,不可罔以非類。"《漢書·郊祀志》。故自有《易》而中國羣化日進於昌明,《易》之時義大矣哉。

至於殷、周之際,紂在上位,逆天暴物,文王以諸侯順命而行道,天人之占可得而效,於是重《易》六爻,作上下篇。

伏羲作《易》,有卦無辭,文王增以《卦辭》、《爻辭》,故分上下篇。王應麟曰:"重卦之人,王輔嗣等以爲伏羲,鄭康成之徒以爲神農。淳于俊云包羲因燧皇之圖而制八卦,神農演之爲六十四。孫盛以爲夏禹,史遷等以爲文王。《淮南子》伏戲爲之六十四變,周室增以六爻。"王説備已,《淮南》之言爲長。《要略訓》。伏羲作網罟,取諸《離》;神農作耒耜,取諸《益》;黃帝、堯、舜垂衣裳,取諸《乾》、《坤》。以是言之,則伏羲作八卦,因而重之,爲六十四變,明矣。六十四變者,六十四卦也。周增以六爻，則六十四卦，卦復各有六爻之變，凡三百八十四變爻矣。商周革命，《易》爲謀本，故《易經》二篇者，文王之革命書也。

孔氏爲之《彖》、《象》、《繫辭》、《文言》、《序卦》之屬十篇。

孔子曰："文王既没，文不在兹乎？"司馬遷曰："孔子晚而喜《易》，序《彖》、《繫》、《象》、《説卦》、《文言》。"《孔子世家》。張守節曰："夫子作《十翼》，謂《上彖》、《下彖》、《上象》、《下象》、《上繫》、《下繫》、《文言》、《序卦》、《説卦》、《雜卦》也。"

故曰《易》道深矣，人更三聖，韋昭曰："伏羲、文王、孔子。"師古曰："更，經也，音工衡反。"**世歷三古。**孟康曰："《易·繫辭》曰：'《易》之興，其於中古乎？'然則伏羲爲上古，文王爲中古，孔子爲下古。"

人更三聖，世歷三古，千古萬古而未有窮期。歷史學者，未完成之學。《易》學者，前聖未竟之緒。後聖有作，將與天壤同其不敝哉。

及秦燔書，而《易》爲筮卜之事，傳者不絶。

《易》爲卜筮之書，卜筮之書不焚，《史記》兩見。

漢興，田何傳之。

《儒林傳》曰："自魯商瞿子木受《易》孔子，以授魯橋庇子庸，子庸授江東馯臂子弓，子弓授燕周醜子家，子家授東武孫虞子乘，子乘授齊田何子裝。及秦禁學，《易》爲筮卜之書，獨不禁。漢興，田何以齊田徙杜陵，號杜田生，授東武王同子中、雒陽周王孫、丁寬、齊服生，皆著《易傳》數篇。同授淄川楊何，字叔元，元光中徵爲大中大夫。齊即墨成，至城陽相。廣川孟但，爲太子門大夫。魯周霸、莒衡胡、臨淄主父偃，皆以《易》至大官。要言《易》者本之田何。"《史記·儒林傳》稍略。

訖於宣、元，有施、孟、梁丘、京氏列於學官，

學官，博士官也。《儒林傳》曰："丁寬，梁人，從田何受《易》，復從周王孫受古義，號《周氏傳》。寬作《易説》三萬言，訓故舉大誼而已。寬授同郡碭田王孫，王孫授施讎、孟喜、梁丘賀，繇是《易》有施孟、梁丘之學。京房受《易》梁人焦延壽，授東海殷嘉、河東姚平、河南乘弘，皆爲郎、博士，繇是《易》有京氏之學。"王先謙曰："《儒林傳》贊言武帝立五經博士，《易》唯楊何，宣帝立施、孟、梁丘《易》，元帝立京氏《易》。"

而民間有費、高二家之説　師古曰："費音扶味反"。

此二家，費氏古文，清《四庫》經部著録《周易正義》本是也；高氏今文，久佚。《儒林傳》曰："費直，東萊人，治《易》長於卦筮，亡章句，徒以《彖》、《象》、《繫辭》十篇《文言》解説上下經，琅邪王璜平中能傳之。高相，沛人，治《易》與費公同時，其學亦亡章句，專説陰陽災異，自言出於丁將軍，傳至相，相授子康及蘭陵毋將永，繇是《易》有高氏學。高、費皆未嘗立於學官。"《隋志》曰："高氏《易》亡於西晋。"

劉向以中古文《易經》校施、孟、梁丘經，師古曰："中者，天子之書也。言中，以別於外耳。"**或脱去"無咎"、"悔亡"。**

劉向以中古文校三家經，補其脱去，則三家經與中古文無大異。《七略》、《別録》是否有《易》古文經，不可考。而班志則因其與今文經無大異，不再著録古經，是其省例也。然是蓋其篇章無大異，文字則大有不同者在，宋翔鳳《周易考異》、李富孫《易經異文釋》俱可證。

惟費氏經與古文同。

《後書·儒林傳》曰："東萊費直傳《易》，授瑯邪王橫，爲費氏學。本以古字，號《古文易》。"《隋志》曰："陳元、鄭衆皆傳費氏之學。馬融又爲其傳，以授鄭玄。玄作《易注》，荀爽又作《易傳》。魏代王肅、王弼並爲之注。自是費氏大興，高氏遂衰。"《經籍志》。雖然，今文《易》傳自商瞿，費氏《易》不詳所出。後世今文《易》絶，而王弼費氏古文《易》行，抑亦由災異卜筮應驗，隨世變改，惟妙得虛無之旨者，轉足安常而不變歟？

以上易

尚書古文經四十六卷

爲五十七篇。師古曰：“孔安國《書序》云‘凡五十九篇，爲四十六卷。承詔作傳，引序各冠其篇首，定五十八篇’。鄭玄《叙贊》云‘後又亡其一篇’，故五十七。”

殘。此孔壁《古文尚書》，孔安國所獻也。師古引僞孔安國《書序》，妄也。桓譚《新論》曰：“《古文尚書》舊有四十五卷，爲五十八篇。”《御覽》六百八引。劉向《別録》亦曰：“五十八篇。”王應麟《考證》引。數與班志微異者，卷即因篇而殊名也。於今文同有之二十九篇，見下。加得多古文十六篇，見下。此《新論》所以曰四十五卷也。於今文同有之二十九篇中，出《康王之誥》於《顧命》，是爲三十，加多十六篇，此班志所以曰四十六卷也。戴震、王鳴盛皆謂《新論》除《書序》計之，班志加《書序》計之，非也。十六篇中，《九共》爲九，三十篇中，《盤庚》、《泰誓》各爲三，是爲五十八，此《新論》、《別録》所以皆曰五十八篇也。《武成》逸篇，亡於建武之際，班據見存，此班志所以曰爲五十七篇也。徐養原《頑石廬經説》謂班不據見存，《史籀》十五篇，建武時已亡六篇，仍録舊目可證。然班志時有變更《七略》舊文，未可一概論也。孔壁古文既出，孔安國以今文讀之，得多十六篇，見下。因以起家教授，於是有《古文尚書》之學。《儒林傳》曰：“安國授都尉朝，而司馬遷亦從安國問故。都尉朝授膠東庸生，庸生授清河胡常，常授虢徐敖，敖授王璜、平陵塗惲子真，子真授河南桑欽。”《後漢書·賈逵傳》曰：“父徽受《古文尚書》於塗惲，逵傳父業。”《儒林傳》曰：“扶風杜林傳《古文尚書》，林同郡賈逵爲之作訓，馬融作傳，鄭玄注解，由是《古文尚書》遂顯于世。”然十六篇既無今文，卒無師説，《堯典》正義引馬融《書序》。遂逸。案古文《周官》、《左氏傳》，西京咸有師說，故傳。惟此《尚書》十六篇無師說，故逸也。《三國·王朗傳》曰："王肅善賈、馬之學，而不好鄭氏，爲《尚書》、《詩》、《論語》、三《禮》解。"清世學者始大明東晉枚頤所獻孔安國《古文尚書》出王肅僞造，丁晏《尚書餘論》最詳，惟謂肅係今文，則誤也。自唐《五經正義》用枚本，而鄭玄《古文尚書》亦亡。今列孔氏壁中古文、枚本古文《尚書》，各表如次。

孔氏壁中古文四十六卷五十八篇表：

(1)《堯典》一枚本分出《舜典》。(2)《舜典》二(3)《汩作》三(4)《九共》四至十二凡分九篇。(5)《大禹謨》十三(6)《咎繇謨》十四枚本分出《益稷》。(7)《棄稷》十五即《益稷》。(8)《禹貢》十六(9)《甘誓》十七(10)《五子之歌》十八(11)《胤征》十九(12)《湯誓》二十(13)《湯誥》二十一(14)《咸有一德》二十二枚本次《太甲》後。(15)《典寶》二十三(16)《伊訓》二十四枚本次《湯誥》後。(17)《肆命》二十五(18)《原命》二十六(19)《盤庚》二十七至二十九凡分上、中、下三篇。(20)《高宗肜日》三十(21)《西伯戡黎》三十一(22)《微子》三十二(23)《太誓》三十三至三十五(24)《牧誓》三十六(25)《武成》三十七建武之際亡。(26)《洪範》三十八(27)《旅獒》三十九(28)《金縢》四十(29)《大誥》四十一(30)《康誥》四十二(31)《酒誥》四十三(32)《梓材》四十四(33)《召誥》四十五(34)《洛誥》四十六(35)《多士》四十七(36)《無逸》四十八(37)《君奭》四十九(38)《多方》五十(39)《立政》五十一(40)《顧命》五十二(41)《康王之誥》五十三(42)《臩命》五十四當作《臩命》。(43)《柴誓》五十五枚本次《文侯之命》後。(44)《呂刑》五十六(45)《文侯之命》五十七(46)《秦誓》及《書序》五十八

孔安國以今文讀之，多十六篇，即鄭玄《述古文逸書》二十四篇表：

(1)《舜典》(2)《汩作》(3)《九共》一《九共》二《九共》三《九共》

四《九共》五《九共》六《九共》七《九共》八《九共》九(4)《大禹謨》(5)《棄稷》(6)《五子之歌》(7)《胤征》(8)《湯誥》(9)《咸有一德》(10)《典寶》(11)《伊訓》(12)《肆命》(13)《原命》(14)《武成》(15)《旅獒》(16)《冏命》惠棟曰:"當作《畢命》。"

枚本僞造古文二十五篇表:

(1)《大禹謨》(2)《五子之歌》(3)《胤征》(4)《仲虺之誥》(5)《湯誥》(6)《伊訓》(7)《太甲上》(8)《太甲中》(9)《太甲下》(10)《咸有一德》(11)《説命上》(12)《説命中》(13)《説命下》(14)《泰誓上》(15)《泰誓中》(16)《泰誓下》(17)《武成》(18)《旅獒》(19)《微子之命》(20)《蔡仲之命》(21)《周官》(22)《君陳》(23)《畢命》(24)《君牙》(25)《冏命》

今枚本《舜典》尚有"曰若稽古帝舜,曰重華,協于帝。濬哲文明,温恭允塞,元德升聞,乃命以位"二十八字,非枚本原有,則又僞造中之僞造也。

經二十九卷 大、小夏侯二家,歐陽經三十二卷。師古曰:"此二十九卷,伏生傳授者。"

亡。此伏生《今文尚書》也。然以二十八篇合於古文,則又其亡中之存也。司馬遷曰:"伏生者,濟南人,故爲秦博士。秦時焚書,伏生壁藏之。其後兵大起,流亡。漢定,伏生求其書,亡數十篇,獨得二十九篇。"《史記·儒林傳》。班固《儒林傳》説同。劉歆曰:"《泰誓》後得,博士集而讀之。故詔曰:禮壞樂崩,書缺簡脱。"《移太常博士書》。劉向《別録》亦有此説。見下。但以爲武帝時事,則與王充《論衡》言"孝宣皇帝之時,河内女子發老屋,得逸《易》、《禮》、《尚書》各一篇,奏之,宣帝下示博士,然後《易》、《禮》、《尚書》各益一篇,而《尚書》二十九篇始定",《正説篇》。蓋一事歧説,俱出訛傳。故班固不取,亦不盡同《劉略》之證也。《儒林傳》及本志。近世或謂伏生二十九篇,原有《泰誓》者，王引之《經義述聞》之説也。或謂伏生原無《泰誓》，二十九篇乃並《書序》計之者，陳壽祺《左海經辨》之説也。王是而陳非也。至今文《書序》有無，最爲聚訟。俞正燮《癸巳類稿》主無序之説，近劉師培《答方勇書論太誓答問》，尚主此説，誤矣。而陳氏立十有七證以明有序，則致精塙。惜其尚不知凡今古文《書序》咸附於末，與《秦誓》合爲一卷也。歐陽經三十二篇者，《泰誓》分爲三，又析《書序》自爲一卷，故三十二。然序無章句，故《歐陽章句》仍止三十一卷。此可爲伏生今文《書序》不另析篇之證，一也。馬、鄭之徒，百篇之序總爲一卷，《經典釋文》。此亦可爲孔壁古文《書序》不另析篇之證，二也。故《書序》另析爲篇者，後師之事也。揚子《法言序》附末篇，此非仿《書序》附卷末之意乎？清孫星衍《尚書古今文注疏》、江聲《尚書集注音疏》、王先謙《尚書孔傳參正》，咸勝舊疏。

伏生今文二十九篇表：

(1)《堯典》合枚本《舜典》。(2)《皋繇謨》合枚本《益稷》。(3)《禹貢》(4)《甘誓》(5)《湯誓》(6)《盤庚》合枚本三篇。(7)《高宗肜日》(8)西伯戡黎(9)《微子》(10)《太誓》(11)《牧誓》(12)《洪範》(13)《金縢》(14)《大誥》(15)《康誥》(16)《酒誥》(17)《梓材》(18)《召誥》(19)《洛誥》(20)《多士》(21)《毋劮》(22)《君奭》(23)《多方》(24)《立政》(25)《顧命》合《康王之誥》。(26)《鮮誓》(27)《甫刑》(28)《文侯之命》(29)《秦誓》及《書序》

傳四十一篇

殘。此伏生《尚書大傳》也。鄭玄曰："其徒張生、歐陽生等共撰《尚書大傳》。"《尚書大傳序》。清《四庫》書類二附錄《尚書大傳》四卷，補遺一卷。梁章鉅曰："其文或説《尚書》，或不説

《尚書》，大抵如《易乾鑿度》、《春秋繁露》，與《尚書》本義在離合之間，而因經屬旨，其文辭爾雅深厚，古訓舊典，往往而在。《直齋書録解題》言此書印板刓闕，是在宋世已無完本。近人編輯，有孫晴川之駿、孔叢伯廣林、盧雅雨見曾，孔本稍善。陳恭甫壽祺始撰成定本八卷，較之孫、盧、孔三本，獨爲完備。"《退庵隨筆》。

歐陽章句三十一卷

亡。歐陽經三十二卷，《書序》不附末篇，另析爲卷。《章句》三十一卷者，《書序》無章句，仍附末篇也。

大、小夏侯章句各二十九卷

亡。經與章句卷數同者，《書序》皆附末篇。此歐陽與大、小夏侯之異也。

小、大夏侯解故二十九篇

亡。章句各分，而解故不別也。《儒林傳》曰："伏生教濟南張生及歐陽生，歐陽生授兒寬，寬授歐陽生子世，世相傳至曾孫高爲博士。由是《尚書》世有歐陽之學。夏侯勝，其先夏侯都尉，從濟南張生受《尚書》，以傳族子始昌，始昌傳勝，勝傳從兄子建，建又事歐陽高。由是《尚書》有大、小夏侯之學。"《隋志》曰："永嘉之亂，歐陽、大、小夏侯《尚書》並亡。"清陳喬樅有《歐陽夏侯遺説攷》。

歐陽説義二篇

亡。

劉向五行傳記十一卷

亡。蓋原止十篇，班注"入劉向《稽疑》一篇"，即并入此中，故十一篇。本傳曰："凡十一篇，號曰《洪範五行傳論》。"本傳亦合并記之，論亦記也。《隋志》同十一卷。本書《五行志》即向、歆父子遺説。

許商五行傳記一篇

亡。《洪範五行傳》本伏生《尚書大傳》，蓋劉、許皆有所記述
而不同也。

周書七十一篇　周史記。師古曰："劉向云'周時誥誓號令也，蓋孔子所論百篇之餘也'。今之存者四十五篇矣。"

殘。清《四庫》史部別史類著録《周書》十卷。劉向所謂"孔子
論百篇之餘"，故與《尚書》有文質之辨。《尚書》主文，而《周
書》則近質也。周傾商政，陰謀不諱，晚周百家，此其權輿矣。
後世或題曰《逸周書》，亦題曰《汲冢周書》，均失之。朱右曾
曰："《周書》存者五十九篇，并序爲六十篇，較《漢志》篇數，亡
其十有一焉。晋孔晁注。唐初，孔氏注本亡其二十五篇，師
古據之以注《漢志》，故云今其存者四十五篇。師古之後，又
亡其三，故今孔注祇有四十二篇也。然晋唐之世，書有二本，
故劉知幾《史通》云'《周書》七十一章，上自文武，下終靈景'，
不言有所闕佚，與師古説殊。其合四十二篇之注於七十一篇
之本，而亡其十一篇者，未知何代，要在唐以後矣。"《周書校釋
序》。朱説是也。今本自《度訓》第一至《器服》第七十，説者謂
加序一篇，即《漢志》七十一篇之舊也。朱氏有《周書校釋》。
近劉師培著《周書補正》，尤多所是正。

議奏四十二篇　宣帝時石渠論。韋昭曰："閣名也，於此論書。"

亡。《儒林傳》曰：石渠論書者，林尊、歐陽地餘、周堪、張山
拊、假倉等。

凡書九家，四百一十二篇。　入劉向《稽疑》一篇。師古曰："此凡言入者，謂《七略》之外，班氏新入之也。其云出者，與此同。"

今計古文經一家，今文經傳合一家，《書》、《春秋》今文分家皆出班注，故
不與《易》、《詩》各有三家經同例。歐陽、大、小夏侯章句、解故、義説共
三家，劉向、許商兩家，《周書》、《議奏》兩家，合計適符九家之

數。歐陽經三十二卷,王氏《補注》本作二十二卷,誤。故合計四百二十二篇,多十篇。至於師古所云新入者,書家之劉向《稽疑》一篇,小學家之揚雄、杜林三篇,儒家之揚雄所序三十八篇,賦家之揚雄八篇,皆班氏所新入也,蓋據西京中祕所藏者而入之,其所不藏者不入也。説詳例言。

《易》曰:"河出圖,雒出書,聖人則之。"師古曰:"《上繫》之辭也。"故《書》之所起遠矣。

書者,如也。《説文叙》。《易》、《書》固同源也。圖、書疊韻,故亦同源也。《河圖》、《洛書》,事出荒古。然推佛氏唯識之旨,金石無生之物咸有意識,則天地自然之文,秩然可徵,會而通之,故乾陽坤陰,奇偶勝負之數,足盡萬有之情狀,是之謂易。日月星辰,山龍華蟲,古之圖象,積世積人,居然稠疊而成篇,是之謂書。此皆可遠跡蠻荒,返證靈府,而昭信不貳,豈待魏世張掖出石圖文字燦然,而後悟河洛自有圖書哉?

至孔子纂焉,孟康曰:"纂音撰"。上斷於堯,下訖於秦,凡百篇,而爲之序,言其作意。

《易大傳》曰:"伏羲氏、神農氏没,黄帝、堯、舜氏作,通其變,使民不倦。"《下繫》之詞。蓋孔子居春秋列國紛爭之世,故《書》首唐、虞,示欲變民。然篇終《秦誓》,取繆公之悔過,而秦卒以霸。此亦老子"以正治國、以奇用兵"之旨也。司馬遷曰:孔子"追迹三代之禮,序《書傳》,上紀唐虞之際,下至秦繆,編次其事。"《孔子世家》。此《古文尚書》説也。揚雄曰:"昔之説《書》者,序以百。如《書序》,雖孔子末如之何矣。"《法言·問神篇》。此今文《尚書》説也。雄意《序》非孔子作,但仍《周史》之舊。班志不然,故同馬遷之説。《論衡·正説篇》曰:"魯共王壞孔子教授堂以爲殿,得百篇《尚書》於墻壁中。"蓋《書序》有百篇,不必《書》數實有百篇。孔安國目驗孔壁書有《序》,故以爲孔子作,司馬遷從安國問故,此真古文《書》説也。雖然，孔子"述而不作"，作亦述耳。

秦燔書禁學，濟南伏生獨壁藏之。漢興亡失，求得二十九篇，以教齊魯之間。訖孝宣世，有歐陽、大小夏侯氏，立於學官。

伏生藏書得書，已詳前。《儒林傳》曰："伏生求其書，以教於齊魯之間，齊學者由此頗能言《尚書》，山東大師亡不涉《尚書》以教。"齊今文學，魯古文學，此亦一徵。

《古文尚書》者，出孔子壁中。師古曰："《家語》云孔騰字子襄，畏秦法峻急，藏《尚書》、《孝經》、《論語》於夫子舊堂壁中，而《漢記·尹敏傳》云孔鮒所藏。二說不同，未知孰是。"**武帝末，魯共王壞孔子宅，欲以廣其宮，而得《古文尚書》及《禮記》、《論語》、《孝經》凡數十篇，皆古字也。共王往入其宅，聞鼓琴瑟鐘磬之音，於是懼，乃止不壞。**

今《孔子家語》、《孔叢子》皆王肅依託。孔壁藏書之事，師古引之，非也。陸德明《經典釋文》曰孔惠藏之。惠，即《史記·孔子世家》之孔忠。忠、惠形近而訛。武帝末，當爲武帝初之訛。恭王以孝景前三年徙王魯，薨於武帝元光六年。本書《諸侯王年表》曰："元朔元年，安王光嗣。"則恭王當薨於元光末。而此云武帝末者，猶《泰誓》後得，劉歆《移太常博士書》明敘於武帝元朔五年詔書之前，而《別錄》乃云武帝末民有得《大誓》於壁内者，《書》僞孔序正義引。正同一訛也。《景十三王傳》曰："恭王初，此云初者，追叙恭王生前之詞。此類筆法，《左傳》最多。《論衡·正說》獨言孝景帝時，《案書篇》言孝武皇帝時，當從《案書篇》。好治宮室，壞孔子舊宅以廣其宮，聞鐘磬琴瑟之聲，遂不敢復壞，於其壁中得古文經傳。"《說文叙》曰："壁中書者，魯恭王壞孔子宅，而得《禮記》、《尚書》、《春秋》、《論語》、《孝經》。"然《史記》不載此事者，《五宗世家》。此司馬遷之特識，非班、范以下可同論也。《詩》亡而後《春秋》作。《史記》本繼《春秋》，有《詩》、《春秋》一貫之微旨，故《史記》於屈原、賈生、相如之辭賦，多所甄錄，獨於賈生《陳政事疏》、仲舒《賢良策》闕焉弗載，則推其意，不記魯恭王得壁中書者，蓋亦以爲此恒事耳，儒生經師傳之，無煩史家載筆者也。近世或據以攻孔壁古文，失之。

孔安國者，孔子後也，悉得其書，以考二十九篇，得多十六篇。師
古曰：“壁中書多，以考見行世二十九篇之外，更得十六篇。”**安國獻之。**

司馬遷曰：“孔氏有古文，而安國以今文讀之，因以起其家。謂
以此起家也。《逸書》得十餘篇，即十六篇。視《尚書》茲多於是矣。”
《史記·儒林傳》。劉歆曰：“及魯恭王壞孔子宅，欲以爲宮，而得
古文於壞壁之中，《逸禮》有三十九篇，《書》十六篇。天漢之
後，孔安國獻之。”《移太常博士書》。夫孔壁書出於武帝初年，安
國以今文讀之而起家，明需時日，故至天漢之後方獻之。安
國於元朔末，爲武帝博士，元朔五年，武帝下詔，而公孫弘請郡國舉有文
學者。《兒寬傳》曰：“兒寬以郡國選詣博士，受業孔安國。”其事當在元朔末，以此
知之。仕至臨淮太守，蚤卒。《孔子世家》。然臨淮郡，武帝元狩
六年置，則安國出守，當在元鼎間。計自元朔末至天漢初，
相距二十四年。顏回以四十二歲而卒，《史記·仲尼弟子傳》：“顏
回少孔子三十歲。”至獲麟之年，孔子七十二歲時，乃卒，別有考。猶稱蚤死，
以此推之，安國或少年博士，壯歲橫殂，亦無不可至天漢後
之理也。《闕里考》曰：“安國少學《詩》於申培公，受《尚書》於伏生，年四十爲諫
議太夫，事漢武帝爲侍中，後自博士遷臨淮太守，六年以病免，年六十卒。”未審何
據，錄以存參。王鳴盛曰：“荀悦《漢紀》作安國家獻之。《尚書後
案》。王氏又謂宋本《文選》劉歆《移書》亦有家字。或安國身後，命家獻
之歟？

遭巫蠱事，未列於學官。

武帝自戾太子巫蠱事興，文事武略，不復見諸桑榆暮景。故
劉歆曰：“遭巫蠱倉卒之難，未及施行。”《移書太常博士》。班志
因之。然武帝尊儒，本循虛聲，相公孫弘黜董仲舒，其明驗
也。故自言《尚書》樸學弗好，《儒林傳》。則古文近於爲實，宜
更厭抑，不及施行，原無足怪。惟後之爲臣者不能不爲掩護
過短，故藉口巫蠱之事，亦未可知，則此事似不可拘泥而

論矣。

劉向以中古文校歐陽、大小夏侯三家經文，《酒誥》脫簡一，《召
誥》脫簡二。師古曰："召讀曰邵。"**率簡二十五字者，脫亦二十五字，簡**
二十二字者，脫亦二十二字，文字異者七百有餘，脫字數十。

揚雄曰："昔之説《書》者序以百，而《酒誥》之篇俄空焉。"《法
言·問神篇》。管禮耕曰："蓋謂《書序》有百，而《酒誥》則無序，
非謂《尚書》闕《酒誥》也。其實無《序》者，不獨《酒誥》，子雲
舉一以例其餘耳。後人見其語與脫簡之辭相類，遂合爲一
談，誤矣。"《操觚齋遺書》一。閻若璩曰："蓋伏生寫此二篇，《酒
誥》率以若干字爲一簡，《召誥》率以若干字爲一簡，三家因
之，而不敢易也。向據中古文校外書，以此之所有，知彼之
所脫。竊以上下相承文理言之，則二十五字乃《酒誥》之簡，
二十二字乃《召誥》之簡。《酒誥》脫簡一，則中古文多二十
五字；《召誥》脫簡二，則中古文多四十四字也。"《尚書古文疏
證》七。

《書》者，古之號令，號令於衆，其言不立具，則聽受施行者弗曉。
古文讀應爾雅，故解古今語而可知也。

《七略》曰："尚書，直言也。"《初學記·文部》。直言曰言，論難曰
語，明古之號令，直自上發，無相封論難之餘地也。立具者，
猶言叱嗟立辦也。爾，依也。據《大戴禮·小辨篇》盧注。雅，典記
也。古今語者，本爲今語，而依託於古言。《爾雅》一書，即以
明其法也。孔子雅言，《詩》、《書》，執禮。《王制》曰："樂正崇
四術，立四教，順先王《詩》、《書》禮樂以造士。"蓋古者號令，
視民所習，依託典記，順循古道，則文書立具，而聽受奉行者，
亦昭灼不惑也。然王莽符命，爾雅依託，本書本傳。則聖知之法
窮矣。

以上書

詩經二十八卷，魯、齊、韓、三家　應劭曰：“申公作《魯詩》，后蒼作《齊詩》，韓嬰作《韓詩》。”

亡。此三家《詩》今文經也。齊召南曰：“應説非是。后蒼，傳《齊詩》者，非其始也。《齊詩》始於轅固。”《漢書考證》。王引之曰：“魯、齊、韓三家，蓋以十五《國風》爲十五卷，《小雅》七十四篇爲七卷，前六十篇爲六卷，後十四篇爲一卷。《大雅》三十一篇爲三卷，前二十篇爲二卷，後十一篇爲一卷。三《頌》爲三卷，合爲二十八卷。《周頌》三十一篇，每篇一章，視《國風》、《小》《大雅》、《魯》《商頌》諸篇，章句最少，故併爲一卷。序冠篇首，則不别爲卷矣。”《經義述聞》七。案三家《詩序》，齊不可考；《韓詩序》，王氏《經義述聞》已詳之；《魯詩序》則劉向《列女傳》、蔡邕《獨斷》所載，蓋可爲證。

魯故二十五卷　師古曰：“故者，通其指義也。它皆類此。今俗流《毛詩》改故訓傳爲詁字，失真耳。”

亡。王先謙曰：“《儒林傳》：申公獨以《詩經》爲訓故以教，亡傳，疑者則闕弗傳。是《魯故》即申公作。”《隋志》曰：“《魯詩》亡於西晋。”陳喬樅曰：“《史記·儒林傳》言漢高祖過魯，申公以弟子從師入謁於魯南宫。又言申公以《詩》教授，弟子自遠方至受業者千餘人。是三家之學，魯最先出，其傳亦最廣。有張、唐、褚氏之學，又有韋氏學、許氏學，皆家世傳業，守其師法。終漢之世，三家並立學官，而魯學爲極盛焉。魏晋改代，學官失業，《齊詩》既亡，而《魯詩》不過江東，其學遂以寖微。”《魯詩遺説考序》。陳説是也。詳其所著《魯詩遺説攷》。

魯説二十八卷

亡。

齊后氏故二十卷

亡。王先謙曰：“后蒼也。轅固再傳弟子，詳本傳。”《隋志》

曰:"《齊詩》魏代已亡。"故三家《詩》之失傳,《齊詩》亡最早。
陳喬樅有《齊詩遺説攷》。

齊孫氏故二十七卷

亡。王應麟曰:"孫氏未詳其名。"

齊后氏傳三十九卷

亡。王先謙曰:"蓋后氏弟子,從受其學而爲之傳。如《易周
氏傳》、《書》伏生《大傳》之例。"

齊孫氏傳二十八卷

亡。

齊雜記十八卷

亡。

韓故三十六卷

亡。王先謙曰:"此韓嬰自爲本經訓故,以別於《内》《外傳》
者,故志首列之。"陳喬樅有《韓詩遺説攷》。

韓内傳四卷

亡。王先謙曰:"《儒林傳》:'嬰推詩人之意,而作《内》《外傳》
數萬言。其語頗與齊、魯間殊,然歸一也。'則《内》《外傳》皆
韓氏依經推演之詞。"《隋志》:"《韓詩》雖存,無傳之者。"至南
宋後,《韓詩》亦亡,獨存《外傳》。

韓外傳六卷

存。清《四庫》經部著録《韓詩外傳》十卷,蓋《隋志》以後,皆
稱《韓詩外傳》十卷。梁章鉅曰:"今本非唐、宋之舊。書中未
引詩詞者,凡二十八處。又《文選注》所引孔子升泰山觀易姓
而王者七十餘家及漢皋二女事,《漢書·王吉傳》注引曾子喪
妻事。又曾慥《類説》卷三十八引東郭先生知宋將亡事,又閔
子騫'母在一子寒,母去三子單'語,又顏回望見一疋練事,又
孔子謂君子有三憂語,又'出則爲宗族患,入則爲鄉里憂,小

人之行也'云云。凡五條，皆今本所無，則闕文脱簡，均所不免。汲古閣本尤多所竄改。近新安周霽原廷寀有校注本，多所訂正。"《退庵筆記》。梁説是也。趙懷玉亦有輯佚文，附本書後。

韓説四十一卷

亡。

毛詩二十九卷

存。此《毛詩》古文經也。古文經、傳别行。王引之曰："《毛詩》經文當爲二十八卷，與齊、魯、韓三家同。其《序》别爲一卷，則二十九卷矣。"《小雅·南陔》、《白華》、《華黍》序曰："有其義而亡其辭。"鄭箋曰："其義則與衆篇之義合編，毛公爲詁訓傳，乃分衆篇之義，各置於篇端。"此爲《毛詩》本經，原以諸篇之序合編一卷之證。

毛詩故訓傳三十卷

存。清《四庫》著録《毛詩正義》四十卷，内毛亨傳是也。馬瑞辰曰："散言則故、訓、傳俱可通稱，對言則故、訓與傳異，連言故訓與分言故、訓者又異。故訓即古訓，《烝民》詩'古訓是式'，又作詁訓。《説文》：'詁訓，故言也。'蓋詁訓第就經文所言者而詮釋之，傳則並經文所未言者而引伸之，此詁訓與傳之別也。詁訓本爲故言，由今通古，皆曰詁訓，亦曰訓詁。而單詞則爲詁，重語則爲訓。詁第就其義旨而證明之，訓則兼其言之比興而訓導之，此詁與訓之辨也。毛公釋《詩》實兼詁、訓、傳三體，故名其書爲《詁訓傳》。嘗即《關雎》一詩言之，如'窈窕，幽閒也'，'淑，善；逑，匹也'之類，詁之體也。'關關，和聲也'之類，訓之體也。若'夫婦有別則父子親，父子親則君臣敬，君臣敬則朝廷正，朝廷正則王化成'，則傳之體也。"《毛詩傳箋通釋》。馬説是也。孔穎達曰："未審此《詩》引經附傳，是誰爲之。"《詩疏》一。蓋經傳合編，始後漢時。王引之曰：“經二十八卷，序一卷，是二十九卷也。毛公作傳，分《周頌》爲三卷。又以《序》置諸篇之首，是三十卷也。”《經義述聞》。案陳奐説同。王先謙曰：“魯、齊、韓、毛四家《詩》，咸十五《國風》十三卷，《邶》、《鄘》、《衛》共一卷。毛作《詩傳》，析《邶》、《鄘》、《衛風》爲三卷，故爲三十卷。”此又一説也。

凡詩六家，四百一十六卷。

今計齊、魯、韓今文經及故、説、雜記、内外傳共三家，又加齊后氏、齊孫氏兩家，《毛詩》古文經傳一家，合計六家。其齊、魯、韓三家經八十四卷，故合計四百一十五卷，少一卷。

《書》曰：“詩言志，歌詠言。”師古曰：“《虞書·舜典》之辭也。在心爲志，發言爲詩。詠者，永也。永，長也，歌所以長言之。”故哀樂之心感，而歌詠之聲發。誦其言謂之詩，詠其聲謂之歌。

此明詩歌合一，而有爲言爲聲之不同。言者，如常語也，聲則有曲折，或一言而轉以數聲也。

故古有采詩之官，王者所以觀風俗，知得失，自考正也。

古之遒人，以木鐸記詩。《説文》。故劉歆《與揚雄書》曰：“三代周秦軒車使者，遒人使者，以歲八月巡路，寀代語僮謠歌戲。”《方言》附。《食貨志》曰：“春秋之月，羣居者將散，行人振木鐸徇于路以采詩，獻之大師，比其音律，以聞於天子，故曰王者不窺牖户而知天下。”案亦見《公羊·宣十五傳》注。此皆記古采詩官之事也。蓋《書》重朝廷，《詩》詳民間，此《詩》《書》之教，所由尚也。

孔子純取周詩，上采殷，下取魯，凡三百五篇。

司馬遷曰：“古者詩本三千餘篇，孔子去其重，取其可施於禮義者，三百五篇。”《孔子世家》。案《儒林傳》王式説同。蓋孔子删詩三百十一篇，子夏作《詩序》時，六笙詩猶未亡也。《釋文》：沈重曰：“鄭《詩譜》意，《大序》是子夏作，《小序》是子夏、毛公合作。”漢世，除其亡篇，故曰三百五篇也。

遭秦而全者，以其誦諷不獨在竹帛故也。

劉歆曰："《詩》先師起於建元之間，當此之時，一人不能獨盡其經，或爲《雅》，或爲《頌》，相合而成。"《移書太常博士》。是亦幸而得全耳。

漢興，魯申公爲《詩訓故》，而齊轅固、燕韓生皆爲之傳。或取《春秋》，采雜説，咸非其本義。與不得已，魯最爲近之。師古曰："與不得已者，言皆不得也。三家皆不得其真，而魯最近之。"**三家皆列於學官。**

《儒林傳》詳之。韓生者，韓嬰也。三家《詩》之齊、魯，皆以地方名，韓獨以人姓名。荀悦《漢紀》稱"轅固爲《詩內外傳》"，蓋本志不著錄。或言在《齊后氏傳》中，無據。《楚元王傳》曰："元王好書，多材藝。少時嘗與魯穆生、白生、申公俱受《詩》於浮丘伯。伯者，孫卿門人也。文帝時，聞申公爲《詩》最精，以爲博士。申公始爲《詩傳》，號《魯詩》。"此《魯詩》師承甚明。故曰："與不得已，魯最爲近之。"與，如也。王念孫説。

又有毛公之學，自謂子夏所傳，而河間獻王好之，未得立。

《儒林傳》曰："毛公，趙人。治《詩》，爲河間獻王博士。"鄭玄曰："魯人大毛公爲《詁訓傳》於其家，河間獻王得而獻之，以小毛公爲博士。"《詩譜》。陸璣曰："孔子删詩，授卜商，商爲之《序》，以授魯人曾申，申授魏人李克，克授魯人孟仲子，仲子授根牟子，根牟子授趙人荀卿，荀卿授魯國毛亨。毛亨作《訓詁傳》，以授趙國毛萇，時人謂亨爲大毛公，萇爲小毛公。"《草木蟲魚疏》。

以上詩

禮古經五十六卷

殘。此《禮》古文經也。僅十七篇與今文經同，異文見《儀禮》鄭注。

餘並亡逸。二《戴記》中有逸經。劉歆曰:"魯恭王壞孔子宅,得古文於壞壁之中,《逸禮》有三十九篇。"《移太常博士書》。篇即卷也。本五十六篇,除與今文經同者十七篇,故曰《逸禮》三十九篇。鄭玄曰:"後得孔氏壁中河間獻王古文《禮》五十六篇。"《六藝論》。鄭説尤備。或據《昏義》言:"禮始于冠,本于昏,重于喪祭,尊于朝聘,和於鄉射。"又《禮運》一則曰:"達于喪祭、射御、冠昏、朝聘。"①再則曰:"其行之以貨力、辭讓、飲食、冠昏、喪祭、射御、朝聘。"因謂今《儀禮》十七篇已完足,古經三十九篇出劉歆姦言,邵懿辰《禮經通論》。妄也。姑無論今《逸禮》書闕難徵,即以冠、昏、喪、祭、朝、聘、鄉、射八者,而可總攝今文《禮》十七篇,則安知其不更可總攝古經三十九篇乎?況《禮運》兩言喪、祭、射、御、冠、昏、朝、聘八者之前,尚必本於天,殽於地,列於鬼神,大有事在,正古經所以不得不多耳。《詩》最易誦習,漢興,傳者猶不能獨盡,或爲《雅》,或爲《頌》,相合而成。見劉歆《移太常博士書》。《書》、《禮》俱難盡傳,復何疑哉。

經七十篇 后氏、戴氏。

存。此《禮》今文經也。劉攽曰:"此七十與後七十皆當作十七,計其篇數則然。"劉説是也。《儀禮》十七篇,惟《士相見》、《大射》、《少牢饋食》、《有司徹》四篇不言記。其有記者十有三篇,以《易》有《大傳》、《十翼》并目爲經見前。例之,則十三篇之記附於經,而記亦爲經矣。《禮經》本亦稱《記》,詳桂馥《説文義證》。或以此當《記》百三十一篇之殘餘,失之。清《四庫》著録《儀禮注疏》十七卷。胡培翬有《儀禮正義》,遠勝舊疏。

記百三十一篇 七十子後學者所記也。

---

①　"御",原作"鄉",據阮元刻《十三經注疏》本《禮記正義》改。

殘。此《禮》古文記也。前《尚書》首列古文經，次今文經，又次今文傳。此《禮》亦首列古經，次經，又次記，其次相似而實不同也。張揖曰："叔孫通撰置《禮記》，文不違古。"《上廣雅表》。豈亦先有今文，後傳古文而同符耶？鄭玄曰："漢興，高堂生得《禮》十七篇。後得孔氏壁中河間獻王古文《禮》五十六篇，《記》百三十一篇。"《禮記正義》引《六藝論》。又曰："傳《禮》者十三家，惟高堂生及五傳弟子戴德、戴聖名在也。戴德傳《記》八十五篇，戴聖傳《記》四十九篇。"同上引《六藝論》。又曰："《奔喪》實《逸曲禮》之正篇也。漢興，後得古文，而禮家又貪其說，因合于《禮記》耳。"《禮記疏》引鄭《目錄》。又曰："《投壺》亦實《曲禮》之正篇也。"同上引鄭《目錄》。由此言之，則《戴記》者，後起禮家所集，而兼糅合古文逸經者也。《禮器》曰："曲禮三千。"鄭注："曲，猶事也。事禮，謂今禮也。"此鄭以《曲禮》爲即《禮經》之證。然此蓋鄭處漢末，已不見古文《記》而爲此言也。許慎《五經異義》稱二《戴》爲今禮，亦同。且《漢志》明標今文《易》孟氏，而許《說文叙》云："《易》孟氏，古文也。"其各據所見，不同如此。《戴記》爲古文之證頗多。司馬遷以《五帝德》、《帝繫姓》爲古文，《史記·五帝本紀》。而《大戴禮》有之。其證一。本志明言《禮古經》出魯淹中，及《明堂陰陽》、《王史氏記》，承上古經而書，故亦爲古記。而《小戴記》之《月令》、《明堂位》，《別錄》屬《明堂陰陽》。其證二。則豈獨其間有糅合逸經者爲古文哉？成帝綏和元年，立二王後，推迹古文，以《左氏》、《穀梁》、《世本》、《禮記》相明。本書《梅福傳》。則凡《禮記》，明皆古文。二戴先成帝之世，當宣帝世，見《儒林傳》。豈便特異。且《穀梁》後爲今文，則《禮記》之後爲今文，亦宜也。凡諸經記，原本皆古文，後易而隸書，遂爲今文耳。彼今文古文之爭，非其本然也。故《別錄》有《大戴禮》，《藝文類聚》五十五。又有《禮記》四十九篇，篇次與今《禮記》同名。《釋文·叙錄》。然《釋文》謂非《小戴禮》，則妄也。《後書·橋玄傳》曰："七世祖仁著《禮記章句》四十九篇。"仁即傳《小戴記》者。此可破《隋志》言馬融於《小戴》增益三篇之謬，戴震已言之。是必《大》《小戴記》

分見《別録》，而《漢志》本《七略》舊文，但存古文篇數，明可攝彼二《戴》也。《隋志》引晋司空陳劭謂二戴互删之說，錢大昕已闢其謬。錢大昕曰："合《大》《小戴》所傳而言，《小戴記》四十九篇，《曲禮》、《檀弓》、《雜記》皆以簡策重多，分爲上下，實止四十六篇。合《大戴》之八十五篇，正協百三十一之數。"《廿二史考異》。案陳壽祺《左海經辨》、邵懿辰《禮經通論》、黃以周《禮書通攷》、皮錫瑞《三禮通論》均反對此說，坐未審耳。王聘珍曰："《禮察》、《保傅》語及秦亡，乃孔襄等所合藏。賈誼有取於古《記》、非古《記》採及《新書》也。《三朝記》、《曾子》乃劉氏分屬九流，非《大戴》所裒集也。"《大戴記解詁序》。其說皆是也。《月令》非《吕覽·月令》，蔡邕、王蕭說周公作。《王制》非漢文博士所作之《王制》，孫志祖《讀書脞録》、臧庸《拜經日記》。更不待言也。其間篇章，多有相同。陳壽祺《左海經辨》曰："二《戴記》有《投壺》、《哀公問》兩篇，篇名同，《大戴》之《曾子大孝篇》見《小戴·祭義》、《諸侯釁廟篇》見《小戴·雜記》、《朝事篇》自'聘禮諸侯務焉'見《小戴·聘義》、《本事篇》自'有恩有義'到'聖人因殺以制節'見《小戴·喪服四制》，其他篇目尚多同者。"案陳氏於《白虎通》、蔡邕《月令》所引《小戴記》，今本無之，而亦謂是《大戴》之文，則非也。漢人《小戴》傳本亦不盡同也。逸經《奔喪》、《投壺》、《諸侯遷廟》、《諸侯釁廟》。而外，史、子混陳，史有《夏小正》、《周書》之《謚法》、《文王官人》，世本之《五帝系》。子有《曾子》、《子思子》、《公孫尼子》、《孔子三朝記》、《家語》之《王言》、《儒行》、《本命》、《禮運》、《荀子》之《勸學》、《三年問》、《禮三本》。則本七十子後學所記，叢雜無序，雖重出者，亦劉、班所不敢删也。子部多删併。惟《公符篇》明綴孝昭冠辭以下，其傳者附益歟。王應麟謂採自《曲臺記》，無據。後世《小戴記》僅存，《大戴記》殘闕。王仁俊曰："漢時，《大戴》八十五，今止三十九。諸書所稱《逸禮》，皆《大戴》也。如《通典·嘉禮》引《逸禮本命》是也。蓋唐以後，《大戴》不立學官，故名《逸禮》。今考其在三十九篇外逸篇可徵者，如《學禮》、見《賈誼傳》。《天子巡狩禮》、《内宰》注。《朝貢禮》、《聘禮》注。《朝事儀》、《觀禮》注。《烝嘗禮》、《射人》注。《中霤禮》、《月令》注。《王居明堂禮》、《月令》注。《古大明堂禮昭穆篇》、《續漢志》,注亦引之。說在《祭祀志》述《明堂月令論》,《詩·靈臺》疏引《政穆篇》,即此。《禘於太廟禮》、《少牢饋食禮》注:"《禘于大廟禮》曰:日用丁亥。"疏:《大戴禮》文。《禮運记》、《白虎通·情性》引。六情者,所以扶成五性也。《別名记》、《白虎通·聖人篇》,又《封公侯篇》、《詩·汾沮洳》疏引《大戴·辨名》,即此。《明堂曾子记》、《白虎通·明堂》。《五帝紀》、《白虎通·辟雍》。《王度记》、《曲禮》疏、《雜記》注、《鬱人》疏、《詩·干旄》疏引。《五經異義》轉引《白虎通·爵篇》、《封公侯篇》、《致仕諫諍篇》、《考黜文質篇》、《嫁娶篇》。《王霸記》、《大司馬》注。《瑞命記》、《論衡》。《三正記》、《少牢饋食禮》疏。《白虎通·社稷篇》、《著龜篇》、《三正篇》均兩引。《泰山威德記》、《隋書·牛弘傳》。《諡法》、《御覽》五百六十二,《文苑英華》八百四十,《白虎通·號篇》、《諡篇》同。《北堂書鈔》九十三引作《諡法篇》,《風俗通》引作《號諡篇》,《逸玉篇》謬下諡下諸條皆引《諡法》。共二十三篇。又《曲禮》、《漢書·儒林·王式傳》:"在《曲禮》。"服注曰:"見《大戴》。"《文王世子》、《詩·摽有梅》、《酃譜》疏,皆引《大戴·文王世子》。《禮器》、《御覽》五百二十九引《五經異義》、《大戴禮·禮器》云云。諸書皆引入《大戴》,是《大戴》有此三篇,而今佚矣。合之共二十六篇。漢時《爾雅》在《禮》中。《公羊·宣十二年傳》注引《禮》"天子造舟"四句,疏以爲《釋水》文,可證一。《白虎通·三綱六紀篇》引《釋親》文,爲《禮親屬記》;《風俗通·聲音篇》引《釋樂》文,爲《禮·樂記》,可證二。趙注《孟子》"館甥"引妻父曰外舅兩語,以爲《禮記》,可證三。臧庸、陳壽祺据《廣雅表》,謂《禮》有《爾雅》,可稱卓識。《漢志》《爾雅》三卷二十篇,再合之,恰符所逸四十六篇之目。"以上上王氏《禮記篇目考》,見《國故》第一期。王氏本不以《爾雅》二十篇充數,今以其說尚有難通,特足成之如此。又若《釋文·叙錄》引《別錄》曰:"古文《記》二百四篇。"此當據凡漢世所得古文《記》而言,《記》百三十一篇,合《明堂陰陽》三十三篇,《王史氏》二十一篇,《樂記》二十三篇,《孔子三朝記》七篇,凡二百一十五篇。除《樂記》二十三篇中之十一篇,已具百三十一篇《記》中不計,故爲二百四篇。《隋志》曰:"河間獻王得仲尼弟子及後學者所記一百三十三篇,獻之。至劉向考校經籍,檢得一百三十篇,又得《明堂陰陽記》三十三篇,《孔子三朝記》七篇,《王氏史氏記》二十一篇,《樂記》二十三篇,凡五種,合二百十四篇。"此當據劉向後所校得者言之。《禮記·喪服四制》孔疏云:

"《别録》無此文。"此正劉向所校得者少一篇之證。故《記》百三十一篇,亦止百三十篇矣。合五種之數,當得二百十五篇,亦止二百十四篇矣。然則劉向《别録》必以古文《記》及二《戴記》分載之,《漢志》本劉歆《七略》,《七略》必以《戴記》多《喪服四制》一篇,正符古文《記》之數,不復分載,而二《戴記》之爲古文,愈可明也。錢大昕、陳壽祺俱見及此,惜尚不知分别觀之,故黄以周《禮書通故》,並詆錢、陳,從而爲二《戴》今古文雜糅之説,亦正坐未審耳。是《記》百三十一篇,猶班班可考也。記猶叢書,復别出《孔子三朝記》、《爾雅》等篇,猶之單行本也。唐後,《大戴禮》無傳學者,此亦中國禮教自唐而衰之徵也。清《四庫》著録《禮記正義》六十三卷,孔廣森、汪照皆有《大戴禮補注》。王聘珍《大戴禮解詁》較勝。

明堂陰陽三十三篇　古明堂之遺事。

殘。劉臺拱曰:"今《小戴·月令》、《明堂位》於《别録》屬《明堂陰陽》。而《大戴記》之《盛德》實記古明堂遺事,此三篇其僅存者。"《漢學拾遺》。然則此三十三篇者,必有《記》百三十一篇中之重篇在矣。

王史氏二十一篇　七十子後學者。師古曰:"劉向《别録》云六國時人也。"

亡。《隋志》作王氏、史氏,似誤。《廣韻》曰:"王史,複姓。"

曲臺后倉九篇　如淳曰:"行禮射於曲臺,后倉爲記,故名曰《曲臺記》。《漢官》曰:大射于曲臺。"晋灼曰:"天子射宫也。西京無太學,於此行禮也。"

亡。《儒林傳》曰:"倉説《禮》數萬言,號曰《后氏曲臺記》。"《七略》曰:"宣皇帝時,行射禮,博士后倉爲之辭,至今記之,曰《曲臺之記》"《文選》注六十引。《三輔黄圖》明言"太學在長安西北七里",是晋灼説西京無太學,非也。

中庸説二篇

亡。以志既有《明堂陰陽》,又有《明堂陰陽説》爲例,則此非今存《戴記》中之《中庸》,明也。

明堂陰陽説五篇

亡。

周官經六篇

存。清《四庫》者録《周禮正義》四十二卷。孫詒讓《周禮正義》精博,遠勝舊疏。《荀子》曰:"刑名從商,爵名從周。"楊倞注:"爵名從周,謂五等諸侯及三百六十官也。"《正名篇》。蓋是也。故曰三代雖亡,治法猶存也。漢文帝得魏樂人竇公書,乃《周官‧大宗伯》之《大司樂》章。武帝議封禪,羣儒采《封禪》、《尚書》、《周官》、《王制》之事。《史記‧封禪書》。河間獻王亦採《周官》及諸子言樂事者,作《樂記》。《隋志》曰:"漢時有李氏得《周官》,上於河間獻王,獨闕《冬官》一篇。獻王購以千金,不得,遂取《考工記》以補其處,合成六篇,奏之。"蓋漢猶先得其一章,後得其全書而復不完也。《後漢書‧儒林傳》、《太平御覽‧學部》引楊《物理論》,俱謂《周官》出孔壁,孫詒讓已辨其誤。或謂《周官》即《尚書》之《周官》,馬融、鄭玄已斥其失。然《周官》、《周禮》異名者,班志蓋本《七略》,故稱《周官經》。王莽居攝三年九月,劉歆爲羲和,與博士諸儒議云:"發得《周禮》,以明殷監。"見《莽傳》。故荀悦《漢紀》曰:"劉歆以《周官經》六篇爲《周禮》。王莽時,歆奏以爲《禮經》置博士。"卷二十五。此亦可徵歆奏定《七略》與仕莽朝絕然兩事,而末世妄人詆歆爲莽僞造《周官》一書,非真吠影吠聲之談哉。

周官傳四篇

亡。傳者,對經之名,則西漢傳《周官經》者所爲,蓋如《尚書大傳》之類也。漢人讀書有二法,其一曰訓詁舉大義,通儒以徧讀羣經百家之書者也。其二曰章句義理,所謂章句鄙儒,則即經生博士,抱一經以登利祿之途者也。《尚書大傳》非章句也。《左氏傳》初亦以多古字古言,學者傳訓故而已。丁寬治《易》,亦訓詁舉大義,蓋西漢初師風尚如是。以此相例,則《周官傳》雖亡,猶可推而知。漢武時,諸儒及河間獻王皆嘗刺取《周官》著書,則《周官》不與《書》、《禮》二經之逸篇絕無師說者同科，宜至劉歆而得立於學官博士也。誰謂《周官》西漢無傳授者哉？俞正燮《癸巳類稿》有此說。近劉師培有《西漢周官師說考》二卷。

軍禮司馬法百五十五篇

殘。《七略》本列在兵權謀家，班氏出彼入此也。齊威王使大夫追論古者司馬兵法，而附穰苴於其中，因號曰《司馬穰苴兵法》。司馬遷曰："余讀《司馬兵法》，閎廓深遠，雖三代征伐，未能竟其義，如其文也。"《史記·司馬穰苴傳》。《隋志》兵家《司馬法》三卷，清《四庫》兵家著錄一卷。鄭注《中庸》"索隱行怪"引《司馬法》文。

古封禪羣祀二十二篇

亡。《史记·封禪書》或有採取於是者。

封禪議對十九篇

亡。

漢封禪羣祀三十六篇

亡。

議奏三十八篇　石渠。

亡。沈欽韓曰："《石渠禮議》，唐時尚存。《诗·既醉》疏、《禮·王制》疏俱引《石渠論》，《通典》尤多所引。"

凡禮十三家，五百五十五篇。入《司馬法》一家，百五十五篇。

今計古文經古文記合一家，今文經一家，《明堂陰陽》至《明堂陰陽說》共五家，《周官》經傳合一家，《軍禮司馬法》以下共五家，合計十三家。經七十卷，正作十七篇，合計五百五十四篇，少一篇。

《易》曰："有夫婦、父子、君臣、上下，禮義有所錯。"師古曰："《序卦》之辭也。錯，置也。"

此約文言之也。《易·序卦》曰："有天地然後有萬物，有萬物然後有男女,有男女然後有夫婦,有夫婦然後有父子,有父子然後有君臣,有君臣然後有上下,有上下然後禮義有所錯。"豊、禮古今字。豊者,蠡也。《爾雅·釋魚》釋文:"鱧或作蠡。"朱駿聲曰:"鱧當爲鱧之或禮。"皆豊、蠡可通之證。蓋蠡者,蛤蜊也,豊從豆,上正象蠡形也。蠡者,蓉也。《说文》:"蓉,蠡也。"《廣雅·釋器》:"蓉,瓢也。"案一瓢劃爲二,謂之蓉也。夫婦之所以合卺也。卺、蓉字通。故禮始於夫婦也。《中庸》曰:"君子之道,造端乎夫婦。"

而帝王質文,世所損益,至周曲爲之防,事爲之制。師古曰:"委曲防閑,每事爲制也。"**故曰:"禮經三百,威儀三千。"**韋昭曰:"《周禮》三百六十官也。三百,舉成數也。"臣瓚曰:"禮經三百,謂冠、婚、吉、凶。《周禮》三百,是官名也。"師古曰:"禮經三百,韋说是也。威儀三千,乃謂冠、婚、吉、凶,蓋《儀禮》是也。"

孔子曰:"虞夏之質,殷周之文,至矣。虞夏之文,不勝其質。殷周之質,不勝其文。"《禮記·表記》"周監於二代,郁郁乎文哉!吾從周。"《論語》。蓋三王不相襲禮,五帝不相沿樂,文質代變,帝王亦應時之芻狗耳。"《禮經》三百,威儀三千"者,《中庸》曰"禮儀三百,威儀三千",《禮器》曰"經禮三百,曲禮三千",其實一也。禮經具在,無煩贅釋。即《士禮》十七篇。威儀則《曲禮》、《少儀》、《内則》、《玉藻》、《弟子職》之屬也。王應麟曰:"朱文公從《漢書》臣瓚注,謂《儀禮》乃經禮也,曲禮皆微文小節,如《曲禮》、《少儀》、《内則》、《玉藻》、《弟子職》,所謂威儀三千也。後人多宗朱子之說。若夫三百,舊說有以《周官》三百六十當之者,誤也。

及周之衰,諸侯將踰法度,惡其害己,皆去其籍,自孔子時而不具,至秦大壞。

孔子追跡三代之禮,故曰:"吾說夏禮,杞不足徵也。吾學殷禮,有宋存焉。吾學周禮,今用之,吾從周。"《禮記·中庸》。是故禮者包三代而言,不獨周也。孟子曰:"諸侯惡其害己也,而皆去其籍。"《萬章上篇》。此班志所本也。然諸侯去之,而周室抱殘守缺之史猶存也。春秋、戰國之史,皆隸王官,非諸侯之臣。詳章炳麟

《檢論·春秋故言》。故孟子猶曰："然而軻也，嘗聞其略也。"不然，孟軻惡自而聞之哉。《莊子》曰："其明而在數度者，舊法世傳之，史尚多有之。"《天下篇》。《荀子》曰："循法則度量刑辟圖籍，不知其義，謹守其數，慎不敢損益也。父子相傳，以持王公。是故三代雖亡，治法猶存，是官人百吏之所以取禄秩也。"《榮辱篇》。百吏亦百史也。諸侯雖去其籍，而百史之守，未盡墜於地也。《中庸》曰："文武之政，布在方策。"《論語》曰："文武之道未墜於地，在人。賢者識其大者，不賢者識其小者。"是亦俱可互證。不然，何待秦火而付之一炬哉。

漢興，魯高堂生傳《士禮》十七篇。訖孝宣世，后倉最明。戴德、戴聖、慶普皆其弟子，三家立於學官。

《士禮》十七篇，即今文經十七篇也。高堂生者，謝承曰："秦季，魯人高堂伯。"則伯其字也。《史记·儒林傳》索隱。高堂生授二戴、慶普，《儒林傳》詳之。

《禮古經》者，出於魯淹中 蘇林曰："里名也。" **及孔氏，學七十篇文相似，多三十九篇。及《明堂陰陽》、《王史氏記》所見，多天子諸侯卿大夫之制①，雖不能備，猶痛倉等推《士禮》而致於天子之説。**
師古曰："痛與愈同。愈，勝也。"

劉敞曰："學七十篇，當作'與十七篇文相似'。五十六卷除十七，正多三十九也。"劉説是也。《禮古經》出淹中者，河間獻王所得。《隋志》曰："古經出於淹中，河間獻王好古愛學，收集餘燼，得而獻之，合五十六篇，並威儀之事。"是也。其出於孔氏者，魯恭王壞孔壁所得，而孔安國獻之也。《論衡·佚文篇》曰："魯恭王發孔子宅，得《禮》三百，上言武帝，武帝遣吏發取。"説復微異。鄭玄曰："後得孔氏壁中，河間獻王《古文禮》五十六篇。"亦二事並

① "多"字原缺，據王先謙《漢書補注》補。

舉也。以多三十九篇及《明堂陰陽》、《王史氏記》，其比於三代之禮，良多殘闕。然比於《士禮》十七篇，則所差懸殊。故曰"所見多天子諸侯卿大夫之制，雖不能備，猶瘉倉等推《士禮》而致於天子説"也。惜哉！終漢之世，三十九篇古經，莫爲傳説，名曰《逸禮》，而終逸矣。雖《明堂陰陽》、《王史氏記》，亦盡逸矣。使後之人，觀古不詳，莫遺憾甚矣。近劉師培有《逸禮考》，未刊。

以上禮

樂記二十三篇

殘。《小戴記》有《樂記》篇。孔穎達曰："此於《別錄》屬《樂記》，蓋十一篇合爲一篇，謂有《樂本》、有《樂論》、有《樂施》、有《樂言》、有《樂禮》、有《樂情》、有《樂化》、有《樂象》、有《賓牟賈》、有《師乙》、有《魏文侯》。今雖合此，略有分焉。十一篇入《禮記》，在劉向前也。至劉向爲《別錄》時，更載所入《樂記》十一篇，又載餘十二篇，總爲二十三篇也。《別錄》十一篇下次《奏樂》第十二、《樂器》第十三、《樂作》第十四、《意始》第十五、《樂穆》第十六、《説律》第十七、《季札》第十八、《樂道》第十九、《樂義》第二十、《昭本》第二十一、《招頌》第二十二、《竇公》第二十三，是也。"《樂記》疏。惜此十二篇不入《戴記》而竟亡也。

王禹記二十四篇

亡。王禹事見後。

雅歌詩四篇

亡。

雅琴趙氏七篇　名定，渤海人，宣帝時，丞相魏相所奏。

亡。《別錄》曰："宣帝元康、神爵間，能鼓琴者渤海趙定。"《藝文類聚》四十四。

雅琴師氏八篇　名中，東海人，傳言師曠後。

亡。《別録》曰："師氏雅琴者，名忠，東海下邳人。"《北堂書鈔》一百九。師曠後者，古者學以世傳，蓋出於家學也。

雅琴龍氏九十九篇　名德，梁人。師古曰："劉向《別録》云亦魏相所奏也。與趙定俱召見待詔，後拜爲侍郎。"

亡。《別録》曰："雅琴之意，皆出龍德諸琴雜事中。"《藝文類聚》四十四。

凡樂六家，百六十五篇，出淮南、劉向《琴頌》七篇。

今計家數篇數悉符。

《易》曰："先王作樂崇德，殷薦之上帝，以享祖考。"師古曰："《豫卦·象辭》也。殷，盛也。"**故自黃帝下至三代，樂各有名。**

樂者，樂也。凡樂，樂其所生。本書《禮樂志》。天地者，生之本也；先祖者，類之本也。《大戴禮·禮三本》。《通典》曰："黃帝作《咸池》，少皞作《大淵》，顓頊作《六莖》，帝嚳作《五英》，堯作《大章》，舜作《大韶》，禹作《大夏》，湯作《大濩》，周武王作《大武》，周公作《大勺》。又有《房中之樂》，歌以后妃之德。"

孔子曰："安上治民，莫善於禮；移風易俗，莫善於樂。"師古曰："《孝經》載孔氏之言。"**二者相與並行。**

《樂記》曰："天高地下，萬物散殊，而禮制行矣。流而不息，合同而化，而樂興焉。故聖人作樂以應天，制禮以配地，禮樂明備，天地官矣。"

周衰俱壞，樂尤微眇，以音律爲節，師古曰："眇，細也。言其道精微，節在音律，不可具於書。眇亦讀曰妙。"**又爲鄭衛所亂，故無遺法。**

此言樂至周末而亡也。魏文侯問於子夏曰："吾端冕而聽古樂，則唯恐臥，聽鄭衛之音，則不知倦。敢問古樂之如彼，何也？新樂之如此，何也？"子夏對曰："今君之所問者，樂也。

所好者,音也。夫樂者,與音相近而不同。"《樂記》曰:"感於
物而動,故形於聲,聲相應,故生變,變成方,謂之音。比音而
樂之,及干戚羽旄,谓之樂。"蓋音與樂不同,故子夏云然也。
帝王作樂,原以告成功於神明。干戚羽旄,皆古之武器,故亦
神樂亦軍樂也。戰國紛争,則告成功於神明也難。重以戰術
進步,戰國比春秋迥不相侔,更何論乎周初? 此雅樂根本消
滅之由也夫。

**漢興,制氏以雅樂聲律,世在樂官,頗能纪其鏗鏘鼓舞,而不能
言其義。**師古曰:"鏗音初耕反。"①

服虔曰:"制氏,魯人,善樂事也。"本書《禮樂志》注。世在樂官者,
即《荀子》所謂"不知其義,謹守其數,父子世傳,以持王公"者
也。三代之制,在官世業,西漢而後,此風替矣。

六國之君,魏文侯最爲好古,孝文時得其樂人竇公,師古曰:"桓譚
《新論》云竇公年百八十歲,兩目皆盲,文帝奇之,問曰:'何因至此?'對曰:'臣年十三失
明,父母哀其不及衆技,教鼓琴,臣導引,無所服餌。'**獻其書,乃《周官·大宗
伯》之《大司樂》章也。**

魏文侯受經於子夏,作《孝經傳》。六國之君,尊儒好古,莫文
侯若也。故戰國初世,魏最強,其後弱者,後嗣之衰也。齊召
南曰:"竇公事見正史,必得其實,但桓譚言百八十歲,則可疑
也。魏文侯在位三十八年,而卒時爲周安王十五年。自安王
十五年,計至秦二世三年,即已一百八十一年矣。又加高祖
十二年,惠帝七年,高后八年,而孝文始即帝位,則是二百零
八年也。竇公在魏文侯時已爲樂工,則其年必非甚幼,至見
文帝又未必即在元年,則其壽蓋二百三四十歲矣,谓之百八
十歲,可乎?"《漢書攷證》。齊說甚辨而礭。以此例之,則老子壽

---

① "耕",王先謙《漢書補注》作"衡"。

二百餘歲，亦非不可有之事也。《周官》者，其書蓋合百官之
制而成，散之則仍分寓於各官之守。寶公有書，其一徵也。

武帝時，河間獻王好儒，與毛生等共采《周官》及諸子言樂事者，
以作《樂記》，獻八佾之舞，與制氏不相遠。其內史丞王定傳之，
以授常山王禹。禹，成帝時爲謁者，數言其義，師古曰："數音所角反。"
獻二十四卷記。

此即《王禹记》二十四篇，亦名《樂記》者也。與二十三篇《樂
記》絕不相蒙，不可不辨也。《王禹记》作自河间獻王與毛生
等。毛生蓋即毛萇，爲獻王博士，號曰小毛公者歟。獻王好
儒，多得古書，詳本書《禮樂志》及《河间獻王傳》。武帝時，獻
王來朝，獻雅樂，對三雍宮。然《史記·景十三王傳》記獻王
事甚略，則亦如記魯恭王事以記之也。説詳前論魯恭王事。

劉向校書，得《樂記》二十三篇，與禹不同，其道寖以益微。師古曰：
"寖，漸也。"

言古《樂記》與《王禹记》不同，因是《王禹记》遂益以漸微也。

以上樂

春秋古经十二篇

存。此《左氏春秋》古文經也。河間獻王立《左氏春秋》博士。
本書《景十三王傳》。許慎曰："北平侯張蒼獻《春秋左氏傳》。"《説文
叙》。蒼遠在獻王前，蓋經亦蒼所獻也。十二篇者，春秋十二
公，公各爲篇也。《莊子·天道篇》釋文："一云《春秋》十二公經。"左氏明有
古經，故今文博士謂左氏不傳《春秋》《劉歆傳》、《後漢書·范升傳》、
《晋書·王接傳》。者妄也。

經十一卷 《公羊》、《穀梁》二家。

存。此《公羊》、《穀梁》二家《春秋》今文经也。何休曰："繫閔
公篇于莊公下。"《公羊·閔二年傳》。蓋二家以閔公事短，不足成

篇,併合之,故十一卷。卷亦篇也。

左氏傳三十卷　左丘明,魯太史。

存。《孔子家語》曰:"孔子將修《春秋》,與左丘明乘如周,觀書於周史,歸而修《春秋》之經,丘明爲傳,共爲表裏。"《左傳》杜序正義引陳沈文阿曰《嚴氏春秋》引《觀周篇》云云,此真《孔子家语·觀周篇》,引於汉人,非今王肅偽造《孔子家语·觀周篇》也。嚴氏者,嚴彭祖也。漢興,張蒼獻《左氏傳》,《論衡·案書篇》曰:"魯共王壞孔子教授堂以为宮,得佚《春秋》三十篇,《左氏傳》也。"蓋非事實。亦稱《春秋古文》。故司馬遷曰:"余讀《春秋古文》,乃知中國之虞與荆蠻句吳兄弟也。"《史記·吳世家》。案《劉歆傳》亦曰:"歆校祕書,見《古文春秋左氏傳》。"桓譚曰:"《左氏傳》之與經,猶衣之表裏,相待而成,有经而無傳,使聖人閉門思之,十年不能知也。"《御覽》六百十引《新論》。班固曰:"初,《左氏傳》多古字古言,學者傳訓故而已。及劉歆治《左氏》,引傳文以解经,轉相發明,由是章句義理備焉。"本書《楚元王傳》。故沈欽韓曰:"戰國諸子嘗覩《春秋傳》而成書,如韓非《姦劫弑臣篇》,'《春秋》記之曰:楚王子圍將聘於鄭,未出境,聞王病而返'云云,此全依《左氏傳》也。故《十二諸侯年表序》云:'鐸椒、虞卿、呂不韋之徒,各捃摭《春秋》之文以著書。'是先秦周末,並鑽研窺望其学,獨屈抑於漢耳。"《漢書疏證》。沈說以左氏不立學官爲屈抑,未必盡然。終漢之世,經傳別行,服虔《左氏傳注》猶不言經,是其驗也。杜預作《经傳集解》而後,遂不別行。《左傳疏》。清《四庫》著録《春秋左傳正義》六十卷,然劉文淇《左傳正義》,遠勝孔疏。輓近佻説流行,能駁正者,章炳麟《春秋左傳讀叙録》最精詳。《史记·十二諸侯年表》曰"魯君子左丘明",蓋以内外傳中"君子曰"皆丘明自稱也。《韓非子·外儲説左上篇》引宋襄公泓之戰事,有"君子曰",雖誤,然必因左氏有此文而誤矣。妄人謂"君子曰"皆劉歆偽竄,真瞽説也。

公羊傳十一卷　公羊子,齊人。師古曰:"名高。"

存。公羊傳授,《儒林傳》詳之。清《四庫》著録《春秋公羊傳注疏》二十八卷。陳立《公羊義疏》遠勝舊疏。

穀梁傳十一卷 穀梁子,魯人。師古曰:"名喜。"

存。《尸子》曰:"穀梁俶傳《春秋》十五卷。"《元和姓纂·一屋》穀梁姓下引。漢止十一卷者,蓋後師有所刊落也。《新語·道基篇》引《穀梁傳》,今傳無之,即其證。然穀梁子一人四名,曰俶、又誤作"淑"。曰喜、別本《漢書》又誤作"嘉"。曰寘、《論衡·案書篇》。曰赤,殆聲之訛轉也。桓譚《新論》曰:"《左氏》傳世後百餘年,魯穀梁赤爲《春秋》,殘略多所遺失。又有齊人公羊高緣經文作傳,彌離其本事矣。"《御覽》六百十引。此公、穀之先後也。班志先《公羊》者,蓋以其傳學之盛歟。清《四庫》著録《春秋穀梁傳注疏》二十卷。鍾文烝《穀梁補注》,未佳。

鄒氏傳十一卷

亡。鄒或作騶。王吉能治《騶氏春秋》,見《漢書》本傳。

夾氏傳十一卷 有録無書。師古曰:"夾音頰。"

亡。有録無書者,蓋二劉雖著録,而西京祕府無其書也。《隋志》曰:"王莽之亂,鄒氏無師,夾氏亡。"然《後書·范升傳》曰:"春秋之家,又有騶、夾。今左氏得置博士,騶、夾並復求立。"則祕府雖亡,而其私學仍未絶也。沈欽韓説。

左氏微二篇 師古曰:"微謂釋其微指。"

亡。沈欽韓曰:"微者,《春秋》之支別,顔籀解非。"

鐸氏微三篇 楚太傅鐸椒也。

亡。司馬遷曰:"鐸椒爲楚威王傅,爲《鐸氏微》。"《十二諸侯年表》。《別録》曰:"左丘明授曾申,申授吳起,起授其子期,期授楚人鐸椒。鐸椒作《抄撮》八卷,授虞卿。"王應麟《攷證》引。

張氏微十篇

亡。

虞氏微傳二篇　趙相虞卿。

亡。《別錄》曰："虞卿作《抄撮》九卷，授荀卿，卿授張蒼。"王應麟《玫證》引。

公羊外傳五十篇

亡。沈欽韓曰："蓋董仲舒《玉杯》、《蕃露》、《清明》、《竹林》之類。"然《春秋繁露》一書，本志無明文。

穀梁外傳二十篇

亡。

公羊章句三十八篇

亡。

穀梁章句三十三篇

亡。《釋文·叙錄》曰："尹更始《穀梁章句》十五卷。"是西漢为《穀梁章句》者。但尹書本志無明文。

公羊雜記八十三篇

亡。公孫弘學《春秋雜説》。《史記·平津侯傳》。弘習《公羊》蓋此類。

公羊顏氏記十一篇

亡。沈欽韓曰："顏安樂所説，熹平石經《公羊》碑有顏氏説。"

公羊董仲舒治獄十六篇

亡。《後書·應劭傳》曰："董仲舒作《春秋決獄》二百三十二事。"

議奏三十九篇　石渠論。

亡。《儒林傳》曰："蕭望之等平《公羊》、《穀梁》同異。"《後書·陈元傳》曰："孝宣爲石渠論而《穀梁氏》興。"

國語二十一篇　左丘明著。

存。司馬遷曰："左丘失明，厥有《國語》。"《史记·自序》。班固曰："孔子因魯史記而作《春秋》，而左丘明論輯其本事以为之傳，又纂異同爲《國語》。《司馬遷傳贊》。韋昭曰："丘明復采録前世穆王以來，下訖魯悼、智伯之誅，以爲《國語》。其文不主於經，故號曰《外傳》。"《國語解叙》。案本書《律曆志》稱《春秋外傳》。劉熙《釋名》亦曰《國語》曰《外傳》。《論衡·案書篇》曰："《國語》，《左氏》之外傳也。"清《四庫》史部雜史類著録《國語》二十一卷。以宋天聖、明道本《國語》爲佳。龔麗正有《國語韋昭注疏》，董增齡有《國語正義》。

新國語五十四篇 劉向分《國語》。

亡。本舊有《國語》而分之，故曰《新國語》，即重行编定之書也。

世本十五篇 古史官記黃帝以來訖春秋時諸侯大夫。

亡。劉向曰："《世本》，古史官明於古事者所記，録黃帝以來帝王諸侯及卿大夫系謚名號，凡十五篇。"《史記集解序》索隱引。案本書《司馬遷傳贊》、《後漢書·班彪傳》説略同。趙岐《孟子·滕文公篇》注引古紀《世本》。《史通·書志篇》曰："周撰《世本》，式辨諸宗。"《雜述篇》曰："《世本》辨姓，著自周室。"蓋俱本《別録》。顏之推曰："皇甫謐《帝王世紀》説《世本》左丘明所書，而有燕王喜、漢高祖，由後人所羼，非本文也。"《顏氏家訓·書證篇》。蓋皇甫氏誤讀《漢書·司馬遷傳贊》，而云丘明作也。豈知《司馬遷傳贊》明言又有《世本》，其不蒙上文丘明作，而與有《戰國策》、有《楚漢春秋》並列甚明。且下文言司馬遷據左氏《國語》，采《世本》云云，其不言據左氏《國語》、《世本》，皆班氏不言《世本》丘明作之證。自皇甫氏一誤，而後世猶有承其誤者，不可不辨也。章宗源《隋書經籍志攷證》，亦誤解丘明作。然《史通》曰："楚漢之際，有好事者，録自古帝王公侯卿大夫之世，終乎秦末，號曰《世本》，十五篇。"《正史篇》。豈《世本》有二，古史所述，與楚漢間人所録，異書同名耶？清孫馮翼、雷學淇、張澍、秦嘉謨咸有《世本》輯本。

戰國策三十三篇 記春秋後。

殘。朱一新曰："今高誘、姚宏注本雖分三十三卷，實已缺一篇，蓋後人分析以求合三十三篇之數也。"《漢書管見》。清《四庫》史部雜史類著錄《戰國策注》三十三卷。

奏事二十篇　秦時大臣奏事，及刻石名山文也。

亡。但今存金石刻文尚不鮮。羅振玉有刊行《秦金石刻辭》。

楚漢春秋九篇　陸賈所記。

亡。沈欽韓曰："《隋志》九卷，《唐志》二十卷，《御覽》引之，《經籍考》不載，蓋亡於南宋。"

太史公百三十篇　十篇有錄無書。

存。清《四庫》史部正史類著錄《史記》一百三十卷。王先謙曰："《隋志》題《史記》，蓋晋後著錄，改從今名。王應麟《攷證》載吕氏祖謙説，以張晏所列亡篇之目校之：一、《景紀》篇在；二、《武紀》亡；三、《漢興以來將相年表》書在，闕叙；四、《禮書》自'禮由人起'以下，草具未成；五、《樂書》自'凡音之成'而下，草具未成；六、《律書》自'書曰七正二十八舍'以下，草具未成；七、《三王世家》所載，惟奏請及策書，或如《五宗世家》略敍自出，亦未可知；八、《傅靳蒯成傳》篇在，非褚先生補；九、《日者傳》自'余志而著之'以上，皆史公本書；十、《龜筴傳》自'褚先生曰'以下，乃所補也。"由此觀之，則班言無書，特就中秘所藏言之耳。

馮商所續太史公七篇　韋昭曰："馮商受詔續《太史公》十餘篇，在班彪《別錄》。商字子高。"師古曰："《七略》云商陽陵人，治《易》，事五鹿充宗，後事劉向，能屬文，後與孟柳俱待詔，頗序列傳，未卒，病死。"

亡。馮商續《太史公書》，而書自別行，則凡續《太史公書》者，不必盡屬合爲一也。劉知幾曰："刘向、向子歆及諸好事者，若馮商、衛衡、揚雄、史岑、梁審、肆仁、晋馮、段肅、金丹、馮衍、韋融、蕭奮、劉恂等相次撰續。"《史通·正史篇》。案當有所本。則

續者不止馮商一人，蓋餘俱中祕所不藏，故劉略、班志不
錄與。

太古以來年紀二篇

亡。鄭玄曰："燧人至伏羲一百八十七代。"《六藝論》。又《春秋
命曆序》分開闢至獲麟爲十紀，皆漢古説。

漢著記百九十卷　　師古曰："若今之起居注。"

亡。著、注古字通。著記，即注記也。《律曆志》言漢諸帝《著
紀》。《史記·武紀》正義引《漢帝起居》。

漢大年紀五篇

亡。

凡《春秋》二十三家，九百四十八篇。省《太史公》四篇。

今計《古經》至《虞氏微》共十一家，《公羊顏氏》至《漢大年紀》
共十二家，合計廿三家，中間以《國語》兩種合一家，《太史公》
及《續》合一家，而公、穀《外傳》、《章句》、《雜記》則分攝於公、
穀中不計也。其公、穀二家經各十一卷，合得九百一篇，少四
十七篇。兵權謀、兵技巧皆有班注"省伊尹"、"省墨子"云云，
蓋本《七略》兩載而班志省之。然《太史公書》無重見，此不知
所省何篇也。

古之王者世有史官，君舉必書，所以慎言行，昭法式也。

王念孫曰："式本作戒，字之誤也。《左傳序》正義引此，正作
戒。"《讀書雜志》。是也。不獨王者，戰國之世，趙簡子、孟嘗君
皆有侍史，故古之史多矣。詳《史通·正史篇》。

左史記言，右史記事，事爲《春秋》，言爲《尚書》，帝王靡不同之。

《玉藻》曰："動則左史書之，言則右史書之。"蓋傳聞異辭。劉
子玄曰："《尚書》家者，其先出於太古。至孔子觀書于周室，
得虞、夏、商、周四代之典，乃刪其善者，定爲《尚書》百篇。
《春秋》家者，其先出於三代。案《汲冢瑣語》，太丁時事，目

爲《夏殷春秋》。《國語》曰，晉羊舌肸習于《春秋》。《左傳·
昭二年》，晉韓宣子來聘，見《魯春秋》。斯則《春秋》之目，事
匪一家。故墨子曰‘吾見百國《春秋》’，蓋指此也。"_{《史通·六}
_{家篇》。}

周室既微，載籍殘缺，仲尼思存前聖之業，乃稱曰："夏禮吾能
言之，杞不足徵也；殷禮吾能言之，宋不足徵也。文獻不足故
也，足則吾能徵之矣。"師古曰："《論語》載孔子之言也。徵，成也。獻，賢也。
孔子自謂能言夏、殷之禮，而杞、宋之君文章賢材不足以成之，故我不得成此禮也。"
以魯周公之國，禮文備物，史官有法，故與左丘明觀其史記，據
行事，仍人道，師古曰："仍亦因也。"**因興以立功，就敗以成罰，假日**
月以定曆數，藉朝聘以正禮樂。有所褒諱貶損，不可書見，口
授弟子。

此述孔子所以作《春秋》也。諸侯惡周禮之害己，而皆去其
籍。夏殷之後，宜秉先典，顧文獻不足。文不足者，書策缺
也；獻不足者，耆舊喪也。惟魯宗國，猶秉周禮，故韓宣子來
聘，觀書於太史氏，見《易象》與《魯春秋》，曰："周禮盡在魯
矣。"孔子因魯文獻而作《春秋》，故曰："殷因於夏禮，所損益
可知也；周因於殷禮，所損益可知也。其或繼周者，雖百世可
知也。"使前聖後聖，繼承不已，文獻可徵。文則十二公經也，
獻則師弟授受也。孔子之所以功高百氏者，此也。且列國史
臣出自王官，別有考。如晉之董狐，《左·宣三年》。齊之太史，《左·
襄二十五年》。咸奮直筆。孔子匹夫庶人，而欲藉《春秋》之直筆，
以垂一王之大法，愈非其職也，然而不得已也。故曰："知我
者其唯《春秋》乎，罪我者其唯《春秋》乎。"至其褒諱貶損當
世，大抵尊中國，攘夷狄，譏世卿，進平民，最爲落落大者。不
可書見，口授弟子者，幾不密則害成，謀不密則亡身，是故
《易》者，文王之陰謀革命書也；《春秋》者，孔子之陰謀革命書

也。秦漢之際，陳涉首發難，孔鮒持孔氏禮器往從之，非乃祖尼父之教也哉。《史記》以《陳涉世家》次《孔子世家》後，馬遷猶明此義。蓋文王、孔子皆運厄陽九，不得已也。

弟子退而異言。師古曰："謂人執所見，各不同也。"**丘明恐弟子各安其意，以失其真，故論本事而作傳，明夫子不以空言說經也。《春秋》所貶損大人當世君臣，有威權勢力，其事實皆形於傳，是以隱其書而不宣，所以免時難也。**

此明左丘明所以作傳也。孔子絕四，毋意、毋必、毋固、毋我，故病夫學者說經之各安其意也。司馬遷曰："孔子明王道，干七十餘君莫能用，故西觀周室，論史記舊聞，興於魯而次《春秋》，上記隱，下至哀之獲麟，約其辭文，去其煩重，以制義法，王道備，人事浹。七十子之徒，口受其傳指，爲有所刺譏褒諱挹損之文辭不可以書見也。魯君子左丘明懼弟子人人異端，各安其意，失其真，故因孔子史記具論其語，成《左氏春秋》。鐸椒爲楚威王傅，爲王不能盡觀《春秋》，采取成敗，卒四十章，爲《鐸氏微》。趙孝成王時，其相虞卿上采《春秋》，下觀近勢，亦著八篇，爲《虞氏春秋》。呂不韋者，秦莊襄王相，亦上觀尚古，刪拾《春秋》，集六國時事，以爲八覽、六論、十二紀，爲《呂氏春秋》。及如荀卿、孟子、公孫固、韓非之徒，各往往捃摭《春秋》之文以著書，不可勝紀。"《史記·十二諸侯年表》。由此言之，《左氏傳》其書雖隱，不如《詩》、《書》、《禮》、《樂》四術，可公宣於君卿大夫間，然其授受有人，則未嘗不廣布於學者之間也。

及末世口說流行，故有《公羊》、《穀梁》、《鄒》、《夾》之傳。四家之中，《公羊》、《穀梁》立於學官，鄒氏無師，夾氏未有書。

孔子作《春秋》，起於獲麟之年，亦絕筆於獲麟，距臨歿纔二年。故弟子受師說，蓋尚多明而未融，況末世口說行，浸以失真。桓譚所謂"《左氏》傳世後百餘年，《穀梁》、《公羊》方作"

是也。《公》、《穀》、《鄒》、《夾》説俱見前。

以上春秋

論語古二十一篇　出孔子壁中，兩《子張》。如淳曰："分《堯曰》篇後子張問'何如可以從政'以下爲篇，名曰《從政》。"

亡。此孔壁《古文論語》也。論見前《古文尚書》下。何晏曰："魯恭王壞孔子宅，得《古文論語》。《古論》惟孔安國爲之訓説，而世不傳。馬融亦爲之訓説。鄭玄就《魯論》篇章，考之《齊》、《古》，爲之註。"《論語集解序》。然何晏既云孔安國訓説不傳，而其《論語集解》又採孔安國注，蓋出晏等所僞作歟。沈濤《論語孔注辨僞》已詳之。馬注久佚，鄭注則近有燉煌石室所出《論語注》殘本，僅四卷，題曰孔氏本，鄭氏注，蓋唐人寫者誤題，以爲孔安國《古文論語》本也。

齊二十二篇　多《問王》、《知道》。如淳曰："《問王》、《知道》，皆篇名也。"

亡。此今文《論語》也。《問王》者，《問玉》也。古王、玉字形近易混。許慎《説文·玉部》有孔子論玉語，正出《齊論》，故爲今存《魯論》所無。

魯二十篇

存。此亦今文《論語》也。鄭玄就《魯論》篇章，考之《齊》、《古》爲之注，今存殘本四卷。何晏曰："《魯論》，陳羣、王肅、周生烈皆爲義説。今集諸家之善，名曰《論語集解》。"《論語集解序》。此《論語集解》本又有二，宋邢昺《論語注疏》及梁皇侃《論語義疏》是也。皇本久佚，自日本還歸。清劉寶楠《論語正義》，攷證較舊疏爲詳。

傳十九篇　師古曰："解釋《論語》意者。"

亡。舊本與《魯》二十篇不分行，蓋《魯》傳也。

齊説二十九篇

亡。《王吉傳》曰："王陽説《論語》。"但王陽書本志無明文。

魯夏侯説二十一篇

亡。《夏侯勝傳》曰：“受詔撰《論語説》。”

魯安昌侯説二十一篇　師古曰：“張禹也。”

亡。事詳禹傳。

魯王駿説二十篇　師古曰：“王吉子。”

亡。王吉子者，家學也。

燕傳説三卷

亡。

議奏十八篇　石渠論。

亡。

孔子家語二十七卷　師古曰：“非今所有《家語》。”

亡。今本依託。馬昭曰：“《家語》，王肅所增加。”《禮記·樂記》疏。沈欽韓曰：“肅惟取婚姻、喪祭、郊禘、廟祧與鄭不同者，屬入《家語》，以矯誣聖人。其他固已有之，未可竟謂肅所造也。”《漢書疏證》。沈説不盡然。《家語》篇目猶舊可據，而内容則多所增竄，不僅婚姻、喪祭諸端也。

孔子三朝七篇　師古曰：“今《大戴禮》有其一篇，蓋孔子對魯哀公語也。三朝見公，故曰三朝。”

存。此在《禮記》中而復別出者也。《別録》曰：“孔子三見哀公，作《三朝記》七篇。今在《大戴禮》。”《藝文類聚》五十五。案《大戴禮》出於百三十一篇古文記，中有《三朝記》，《別録》以重出之《三朝記》而云今在《大戴禮》者，蓋明世儒所傳習也。沈欽韓曰：“今《大戴記·千乘》，第六十七。《四代》、六十八。《虞戴德》、六十九。《誥志》、第七十。《小辨》、七十四。《用兵》、七十五。《少閒》七十六。七篇，顏籀僅云有一篇，彼蓋未見《大戴記》也。”

孔子徒人圖法二卷

亡。司馬遷曰：“弟子籍，出古文近是。”《史記·仲尼弟子傳贊》。沈欽韓曰："《文翁石室圖》,七十二弟子舊有圖法,皆出壁中者也。"葉德輝曰："今漢《武梁祠石刻畫像》有曾子母投杼、閔子御後母車及子路雄冠佩劍事,冠作雄形,可想見其遺法。"

凡論語十二家,二百二十九篇。

今計《魯》及《傳》合一家,故合計十二家,二百三十篇,多一篇。

《論語》者,孔子應答弟子、時人及弟子相與言而接聞於夫子之語也。當時弟子各有所記,夫子既卒,門人相與輯而論纂,故謂之《論語》。 師古曰："輯與集同。纂與撰同。"

此釋《論語》一書命名之義也。語,謂言語也;論,謂撰論也。先有孔子與弟子、時人及弟子相與言之語,而後及門人論纂,以成此書也。門人,弟子也。《檀弓》鄭注。鄭玄曰："《論語》,仲弓、子夏等所撰定。"《論語》釋文引。《崇爵讖》曰:"子夏六十四人,共撰仲尼微言。"蓋語亦有非微言,必論撰猶言評論選撰也。古字選、撰義通。而取之。惟其然也,故趙岐曰 :"《論語》者,五經之錧鎋,六藝之喉衿也。"《孟子題辭》。

漢興,有齊、魯之説。

《別錄》曰:"魯人所學,謂之《魯論》。齊人所學,謂之《齊論》。孔壁所得,謂之《古論》。"皇侃《論語疏敍》引。

傳《齊論》者,昌邑中尉王吉、少府宋畸、 師古曰："畸音居宜反。" **御史大夫貢禹、尚書令五鹿充宗、膠東庸生,唯王陽名家。** 師古曰："王吉字子陽,故謂之王陽。" **傳《魯論語》者,常山都尉龔奮、長信少府夏侯勝、丞相韋賢、魯扶卿、前將軍蕭望之、安昌侯張禹,皆名家。張氏最後而行於世。**

"傳魯論"下衍"語"字。王念孫《讀書雜志》。何晏曰:"劉向言《魯論語》二十篇,太子太傅夏侯勝、前將軍蕭望之、丞相韋賢及子玄成等傳之。《齊論語》二十二篇,其二十篇中章句頗多於

《魯論》，琅邪王卿及膠東庸生、昌邑中尉王吉，皆以教授。故有《魯論》，有《齊論》。魯共王時，嘗欲以孔子宅爲宮，壞，得《古文論語》。《齊論》有《問王》、《知道》，多於《魯論》二篇。《古文》亦無此二篇，分《堯曰》下章《子張問》以爲一篇，有兩《子張》，凡二十一篇，篇次不與《齊》、《魯論》同。安昌侯張禹本受《魯論》，兼講《齊》説，善者從之，號曰《張侯論》，爲世所貴，包氏、周氏章句出焉。漢末，大司農鄭玄就《魯論》篇章，考之《齊》、《古》"云云。《論語集解·敍》。此《論語》傳世之源流也。

以上論語

孝經古孔氏一篇　二十二章。師古曰："劉向云古文字也。《庶人章》分爲二也，《曾子敢問章》爲三，又多一章，凡二十二章。"

亡。此孔壁《古文孝經》也。《隋志》曰："《古文孝經》與《古文尚書》同出，孔安國爲之傳，亡於梁亂。隋祕書監王劭於京師訪得孔傳，送至河間劉炫，炫因序其得喪，述其議疏。"《經籍志》。盛大士曰："近汪氏翼滄所得日本國《古文孝經孔傳》一卷。安國作傳，漢人不言，獨《家語》言之。《家語》爲王肅僞撰，而安國之注《孝經》有與《家語》暗合者。《隋志》所載王肅《孝經解》，久佚，今見於邢昺《疏》中，而多與孔傳相同。是必王肅妄作，假稱孔氏，以與己之肊見互相援證。唐司馬貞指斥孔注俚鄙不經，劉炫詭隨，妄稱其善。或遂疑爲炫作，而不知劉炫得之於王劭，劭與炫或皆被欺於王肅。"《孝經徵文敍》。

孝經一篇　十八篇。長孫氏、江氏、后氏、翼氏四家。

存。《隋志》曰："劉向以《孝經》顏芝本比古文，除其繁惑，以十八章爲定，鄭衆、馬融並爲之注。又有鄭氏注，相傳或云鄭玄。"鄭玄注《孝經》甚碻。錢侗《重刊孝經鄭注序》曰："宋均《孝經緯注》引鄭玄《六藝論》序《孝經》云：'玄又爲之注。'《大唐新語》引鄭《孝經序》云：'僕避難於南城山,樓遲巖石之下,念昔先人餘暇,述夫子之志,而注《孝經》.'皆當日作注之證."《隋志》疑之,非也。鄭注久佚,復自日本傳來。嚴可均有鄭注輯本,皮錫瑞有《孝經注疏》,均精善。清《四庫》著録《孝經正義》三卷,唐玄宗注,宋邢昺疏,今通行本也。

長孫氏説二篇

亡。

江氏説一篇

亡。《儒林傳》曰:"博士江公著《孝經説》。"

翼氏説一篇

亡。翼奉也。

后氏説一篇

亡。后倉也。

雜傳四篇

亡。王應麟曰:"蔡邕《明堂論》引魏文侯《孝經傳》,蓋雜傳之一也。"

安昌侯説一篇

亡。安昌侯,張禹也。

五經雜議十八篇　石渠論。

亡。王先謙曰:"此五經總論也。《爾雅》、《小爾雅》諸經通訓,《古今字》經字異同,皆附焉。"

爾雅三卷二十篇　張晏曰:"爾,近也。雅,正也。"

存。在《禮記》中,而此復別出者也。邵晋涵曰:"《漢志》三卷二十篇,今所傳止十九篇,但考諸書之徵引《爾雅》者,似有佚句而無闕篇,班固所言篇弟,今莫可攷。"葉德輝曰:"今本三卷十九篇,《漢志》蓋合《序篇》言之。《詩正義》引《爾雅·序篇》云:'《釋詁》、《釋言》通古今之字,古與今異言也。《釋訓》言形貌也。'此《爾雅》有《序篇》之明證。"葉説爲長。唐世《爾雅》各家本尚多存者，自各家本盡亡，而《序篇》佚矣。崔應榴《吾亦盧稿》謂《爾雅》缺《釋禮篇》，不足據。清《四庫》著録《爾雅注疏》十一卷。郝懿行《爾雅義疏》，遠勝舊疏。

小雅一篇

存。宋祁曰："'小'字下邵本有'爾'字。"錢大昕曰："李善《文選注》引《小爾雅》皆作《小雅》。此書依附《爾雅》而作，本名《小雅》。後人偽造《孔叢》，以此篇竄入，因有《小爾雅》之名，失其舊矣。邵本亦俗儒增入，不可據。"錢説是也。然今本即從偽《孔叢》中重録出之。宋翔鳳有《小爾雅訓纂》，葛其仁有《小爾雅疏證》，胡承珙有《小爾雅義證》。

古今字一卷

亡。王先謙曰："《儒林傳》孔安國以今文字讀《古文尚書》，《論衡》云壁中《古文論語》後更隸寫以傳誦。此蓋列具古今，以便誦覽。"王説是也。此漢世古文、今文所以別也，惜其書不傳。

弟子職一篇　應劭曰："管仲所作，在《管子》書。"

存。在《管子》中，而此其別出者也。沈欽韓曰："今爲《管子》第五十九篇。鄭《曲禮》注引之，蓋漢時單行。"

説三篇

亡。王先謙曰："此《弟子職説》。"

凡孝經十一家，五十九篇。

今計《爾雅》、《小雅》、《今古字》合一家，《弟子職》及《説》合一家，故合計十一家，五十六篇，少三篇。

《孝經》者，孔子爲曾子陳孝道也。

此明《孝經》之所由作也。孔子設爲與曾子問答而作此書，見俞樾《古書疑義舉例》三之《寓言例》。故曰"爲曾子陳孝道也"。夫孝，三皇五帝之本務而萬事之紀也。《吕氏春秋·孝行覽》。孔子道冠百王，法垂萬世，故曰"吾志在《春秋》，行在《孝經》"。何休《公羊

《傳序》引。鄭玄曰："孔子以六藝題目不同,指意殊別,恐道離散,後世莫知根源,故作《孝經》以總匯之。"《六藝論》。哲哉鄭氏！孝崇所生,民族之淵源也。六經萬行,無妨隨世流變,而民族則千古萬古不可二也。唐以前無疑《孝經》者,故東晉、江左一綫之正朔猶延,楊隋、李唐半虜之漢宗重振。南宋朱子之徒,始盛疑經之說。悲夫,重所主而輕所生,宋儒之罪通天,尚忍言哉,尚忍言哉！丁晏《孝經徵文》可闢謬説之妄。

夫孝,天之經,地之義,民之行也。舉大者言,故曰《孝經》。

此變言之,即民族者,天經地義之謂也。鄭玄曰："《孝經》者,三才之經緯,五行之綱紀。孝爲百行之首,經者不易之稱。"

《釋文》引鄭注。聖哉,自孔子没,吾必首敬鄭氏已。

漢興,長孫氏、博士江翁、少府后倉、諫大夫翼奉、安昌侯張禹傳之,各自名家,經文皆同。

《隋志》曰："《孝經》遭秦焚書,爲河間人顏芝所藏。漢初,芝子貞出之,凡十八章。而長孫氏、博士江翁、少府后蒼、諫議大夫翼奉、安昌侯張禹,皆名其學。"

唯孔氏壁中古文爲異。"父母生之,續莫大焉","故親生之膝下",諸家説不安處,古文字讀皆異①。臣瓚曰："《孝經》云'續莫大焉',而諸家之説各不安處之也。"師古曰："桓譚《新論》云《古孝經》千八百七十二字,今異者四百餘字。"

真孔壁古文既亡,其與今文異者,不復可攷。續謂嗣續也。鄭玄注曰："父母生子,骨肉相連屬,復何加焉。"是也。朱一新曰："今《孝經》千八百六十二字。"《漢書管見》。

以上孝經

史籀十五篇　周宣王太史作大篆十五篇,建武時亡六篇矣。師古曰："籀音胄。"

---

　①　"讀皆"原作"皆讀",據中華書局點校本《漢書》改。

亡。倉頡以來，字書無徵，而《史籀》遂爲字書之鼻祖。秦謂之大篆，漢亦稱之曰《史篇》。許慎、應劭皆曰周宣王太史籀作大篆。許曰太史籀，見《説文敍》。應曰太史史籀，見本書《元帝紀》贊注。孟康曰："《史篇》，史籀所作十五篇古文書也。"本書《王莽傳》注。孟説極鵖。蓋秦焚古文而《史籀》爲其所用，故不謂之古文而謂之大篆耳。王新以古文包《史籀》、古籀，均先秦舊文，此亦可驗攻古文者之謬也。唐玄度曰："秦焚《詩》、《書》，惟《易》與《史篇》得全。逮王莽亂，此篇亡失。建武中，獲九篇。章帝時，王育爲作解説，所不通者，十有二三。晋世此篇廢，今略傳字體而已。"《十體書》。張懷瓘曰："凡九千字。"《書斷》。桂馥曰："大篆十五篇，斷六百字爲一篇，共得九千字。"《説文義證》。王鳴盛曰："《説文》謂之《史篇》，《罘部》云：'燕召公名奭，《史篇》名醜。'徐鍇云：'《史篇》，史籀所作《倉頡》十五篇也。'案史籀作大篆十五篇，李斯作《倉頡篇》，鍇誤。今《説文》九千三百五十三字，其書與此志《籀書》九千字以上相合。但《説文》或取古文，或取大篆，或取小篆，以意參酌定之，非專取《史籀》。建武亡六篇，當許氏時已無全本。許氏固不能盡遵用之也。"《十七史商榷》。王説尤詳。古籀、篆文多同，《説文》所録籀文，才二百二十餘字，王國維《史籀篇疏證》。蓋著其特異者也。

八體六技　韋昭曰："八體，一曰大篆，二曰小篆，三曰刻符，四曰蟲書，五曰摹印，六曰署書，七曰殳書，八曰隸書。"

亡。韋注八體原本許慎《説文叙》。王先謙曰："六技，王莽改六書，有古文、奇字、篆書、隸書、繆篆、蟲書六種，下文亦曰六體是也。"蓋八體六書，本無大殊，秦焚古文，故以《史籀》爲大篆，而不名古文。王新定六書，則以古文包大篆，奇字不過古文之特異者，餘蟲書即鳥蟲書，摹印變爲繆篆，刻符併入篆書，殳書併入隸書，獨闕署書而已。俱詳余著《文字學》。

秦新攷文參斠表

秦八體	新六書		
大篆	古文　奇字		
小篆	篆書		
刻符			
蟲書	鳥蟲書		
摹印	繆篆		
署書			
殳書	佐書		
隸書			

蒼頡一篇　上七章,秦丞相李斯作;《爰歷》六章,車府令趙高作;《博學》七章,太史令胡母敬作。

亡。王先謙曰:"此下文所云閭里書師合并者也。"其篇目可攷者,如鄭玄《周禮》注引《倉頡鞄䩜篇》、《柯欘篇》是也。《考工記》注。其文句可攷者,如有曰"幼子承詔",《說文叙》引。有曰"游敖周章,黮黶黗黗,甄黝黔黓,黯黮赫赧,儵赤白黄",近出《流沙墜簡》尚有數句,不盡錄。有曰"豨信京劉",王先謙曰:梁庾元威云:漢晉正史及古今字書,並云《蒼頡》九篇,是李斯所作。今竊尋思,必不如是。其九章論豨、信、京、劉等,今案此志止言七章,則是八以下,或後人所益。"有曰"漢取天下,海內並厠,豨黥韓覆,畔討滅殘"。《顏氏家訓·書證篇》引。案此亦當在八章以下。然則《史籀》文句不可攷,《倉頡》以四字爲句,與後世《千字文》相似。此亦漢晉江左文章句式之初基也。自唐後科舉既盛,而文人不讀書,讀書不必識字,小學之書,直至宋而幾盡亡矣。清孫星衍、任大椿、梁章鉅咸有《倉頡》輯本。

凡將一篇　司馬相如作。

亡。其文句可攷者,有曰"黄潤纖美宜制襌",《文選·蜀都賦》注引。有曰"鐘磬竽笙筑坎侯",《藝文類聚》引。則與《急就》文句相似矣。唐陸羽《茶經》引,蓋非完句。《唐志》猶存,亦亡於宋。

急就一篇　元帝時黄門令史游作。

存。姬漢《史篇》盡亡,惟此僅存,足爲知古之標式,皆以三字或七字爲句，所謂口訣文體也。晁公武曰：“凡三十二章，雜記姓名諸物五官等字，以教童蒙。急就者，謂字之難知者，緩急可就而求焉。”《郡齋讀書志》。今本三十四章，末有《齊國》、《山陽》二章，乃後漢人所加耳。唐顏師古《急就篇》注、宋王應麟補注，清《四庫》小學類著録四卷。

元尚一篇　成帝時將作大匠李長作。

亡。

訓纂一篇　揚雄作。

亡。王先謙曰：“此下所謂作《訓纂》，順續《蒼頡》也。”揚雄曰：“《史篇》莫大於《倉頡》，作《訓纂》。”本傳。《隋志》曰：“《三蒼》三卷，李斯作《蒼頡篇》，揚雄作《訓纂篇》，後漢郎中賈魴作《滂喜篇》，故曰《三蒼》。”徐鉉曰：“賈魴以《三倉》之書皆爲隸字，隸字始廣而篆籀轉微。”《説文篆韻譜叙》。

別字十三篇

存。錢大昕曰：“即揚雄所撰《方言》十三卷也。本名《輶軒使者絶代語釋別國方言》，或稱《別字》，或稱《方言》，皆省文。”《三史拾遺》。清《四庫》小學類著録《方言》十三卷。戴震有《方言疏證》，錢繹有《方言箋疏》，均翔實。

蒼頡傳一篇

亡。

揚雄蒼頡訓纂一篇

亡。王先謙曰：“此合《蒼頡》、《訓纂》爲一。下文所云又易《蒼頡》中重復之字，凡八十九章也。”

杜林蒼頡訓纂一篇

亡。王先謙曰：“此蓋於揚雄所作外，別有增益，各自爲書。《説文》引杜林説。”

杜林蒼頡故一篇

亡。王先謙曰："此下文所云杜林爲作訓故也。"《隋志》梁有《蒼頡》二卷，杜林注，亡。

凡小學十家，四十五篇。入揚雄、杜林二家三篇。

今計《倉頡》、《倉頡傳》合一家，杜林《蒼頡訓纂》及《故》合一家，合計十家，其《八體六技》以八計也。

《易》曰："上古結繩以治，後世聖人易之以書契，百官以治，萬民以察，蓋取諸《夬》。"師古曰："《下繫》之辭。""**夬，揚于王庭**"，師古曰："《夬卦》之辭。"**言其宣揚於王者朝庭，其用最大也。**

夬者，決也，訣也。故《史篇》成文，以口訣作成之也。《史篇》既利用口訣成文，其施行於政府民間也易。故書契肇作，政象開明，百官以治，萬民以察已。《韓非子》曰："古者蒼頡之作書也，自環者謂之私，背私謂之公。"《五蠹篇》。《鶡冠子》曰："蒼頡作法，書從甲子，成史李官，蒼頡不道，然非蒼頡文墨不起。"《近迭篇》。《淮南子》曰："蒼頡之初作書也，以辨治百官，領理萬事，愚者得以不忘，智者得以志遠。"《泰族訓》。蓋蒼頡書，周季猶存，故姬、漢學者，咸稱之歟。

古者八歲入小學，故《周官》保氏掌養國子，教之六書，師古曰："保氏，地官之屬也。保，安也。"**謂象形、象事、象意、象聲、轉注、假借，造字之本也。**師古曰："象形，謂畫成其物，隨體詰屈，日、月是也。象事，即指事也，謂視而可識，察而見意，上、下是也。象意，即會意也，謂比類合誼，以見指撝，武、信是也。象聲，即形聲，謂以事爲名，取譬相成，江、河是也。轉注，謂建類一首，同意相受，考、老是也。假借，謂本無其字，依聲託事，令、長是也。文字之義，總歸六書，故曰立字之本焉。"

《食貨志》曰："八歲入小學，學六甲五方書計之事。"亦見《大戴禮·保傳篇》、《白虎通·辟雍篇》。稱《周官》者，蓋猶劉歆《七略》舊文也。許慎曰："《周禮》八歲入小学。"《說文叙》。蓋以劉說爲即《周禮說》。而其說六書，見師古注引。與班不同。鄭衆曰："六書，象形、會意、轉注、處事、假借、諧聲也。"《周官·保氏》注。又與許不同。其詳，別於《文字學》中論之。

漢興，蕭何草律，師古曰：“草，創造之。”**亦著其法，曰：“太史試學童，能諷書九千字以上，乃得爲史。又以六體試之，課最者以爲尚書、御史、史書令史。**韋昭曰：“若今尚書蘭臺令史也。”臣瓚曰：“史書，今之太史書。”**吏民上書，字不正，輒舉劾。”**

倍文曰諷，《周官·大司樂》鄭注。猶今言背誦默寫也。六體者，八體之訛也。《說文叙》作八體。王先謙曰：“淺人見下六體字而妄改耳。”許慎曰：“尉律：學僮十七已上，始試諷籀書九千字，乃得爲史。《魏書·江式傳》作史。案古史、吏字通。賈誼《陳政事疏》云“不習爲吏”，《新書》作“不習爲史”。又以八體試之，郡移太史；不正，輒舉劾之。”《說文叙》。應劭亦曰：“能通《倉頡》、《史籀篇》，補蘭臺令史。滿歲爲尚書郎。”《通典》引《漢官儀》。蓋諷籀書九千字者，周制也；試以八體者，秦制也。漢承秦，秦承周，而漢遂兼承周、秦之制也。史，吏員也；令，巧善也；史書令史者，巧善於史書之吏員也。史書者，隸書也。故漢元帝、《本紀贊》。應劭曰“史籀所作大篆”非也。孝成許皇后、《外戚傳》。王尊、本傳。嚴延年、《酷吏傳》。楚王侍者馮嫽《西域傳》。等皆善之也。錢大昕《三史拾遺》曰：“《後漢書·安帝紀》：‘年十歲，好學史書。’《皇后紀》：‘鄧皇后六歲能史書，喜正文字。’諸所稱善史書者，無過諸王后妃嬪侍之流，略知隸楷，已足成名。《魏志·管寧傳》，潁川胡昭善史書，與鍾繇、邯鄲淳、衞覬、韋誕，並有尺牘之迹，動見模楷，則史書之即隸書明矣。”案亦見《十七史商榷》。隸書不過八體之一，而爲史者必課以八體，此漢隸之所以多變形也。《史籀》十五篇，西京完在。班曰“諷書九千字”，泛言之；許曰“諷籀書九千字”，鑿言之；應曰“通《倉頡》、《史籀篇》”，混言之，自以許能鑿指言之爲尤明也。萬石君奏事，誤書“馬”字，與尾當五，而四，不足一，惶恐懼譴死。《史記·萬石君傳》。是漢世正字之嚴，可見已。

六體者，古文、奇字、篆書、隸書、繆篆、蟲書，師古曰：“古文謂孔子壁中書。奇字即古文而異者也。篆書謂小篆，蓋始皇使程邈所作也。隸書亦程邈所獻，主於

徒隸,從簡易也。繆篆謂其文屈曲纏繞,所以摹印章也。蟲書謂爲蟲鳥之形,所以書幡
信也。"**皆所以通知古今文字,摹印章,書幡信也。**

顏説小篆程邈作,妄也。王先謙曰:"此方釋王新所定六體,
上所云六技也。'皆所以'云云,總上言之。"王説是也。八體
六技,至是盡釋之矣。八體六技本無大異,特勝於後世巧立
名目,妄分三十六種,宋王愔。五十八體晉徐子安。之類,是其善
也。《説文》凡兩引奇字,即"儿"、"兂"二字,別詳諸家《説文敍》釋。

**古制,書必同文,不知則闕,問諸故老。至於衰世,是非無正,人用
其私**。師古曰:"各任私意而爲字。"**故孔子曰:"吾猶及史之闕文也,今亡
矣夫!"**師古曰:"《論語》載孔子之言,謂文字有疑,則當闕而不説。孔子自言,我初涉學,
尚見闕文,今則皆無,任意改作也。"**蓋傷其寖不正**。師古曰:"寖,漸也。"

黃帝正名百物。《周官》:"外史掌達書名於四方。"《管子》曰:
"戈兵一度,書同名,治同軌。"《君臣》上篇。孔子後乎管子,猶同文
也。《中庸》曰:"今天下車同軌,書同文。"子思後乎孔子,猶同
文也。至七國而殊,田疇異畝,車涂異軌,律令異灋,衣冠異制,
言語異聲,文字異形。《説文敍》。故秦并天下,而有同書文之令
矣。雖然,履霜至冰,闕文之歎,仲尼之憂世,不亦遠乎。不知闕
疑而用其私者,如馬頭人爲長,人持十爲斗,虫者屈中,《説文敍》。
泉貨爲白水真人《後漢書·光武紀贊》之類,此雖漢事,亦足以喻。

《史籀篇》者,周時史官教學童書也,與孔子壁中古文異體。

此明秦、漢所祖最古而完存之《史篇》也。許慎曰:"宣王太史
籀著大篆十五篇,與古文或異。至孔子書六經,左丘明述《春
秋傳》,皆以古文。"《説文敍》。然《史籀》文字傳自西周,實西周
古文也。孔壁古文寫於東周,實東周古文也。孔子時聖,自
垂一王法,不必盡同西周也。秦起西周舊都,蓋即用其文,故
尊《史籀》爲大篆。且秦本無儒,《詩》、《書》百家語,皆起山
東,則東周古文者,皆山東古文也。秦既滅山東之國,而焚其

書，宜不復存其字。所用《史籀》大篆雖本亦古文，以與山東古文異，得不廢已。

《蒼頡》七章者，秦丞相李斯所作也；《爰歷》六章者，車府令趙高所作也；《博學》七章者，太史令胡母敬所作也：文字多取《史籀》篇，而篆體復頗異，所謂秦篆是也。

此明秦篆之所由來也。秦滅古文，而其文字仍不能不有所本。蓋自太古以來，樂不相沿，禮不相襲，大都變其名而不變其實。此雖文字，亦一徵已。許慎曰："秦始皇帝初兼天下，丞相李斯乃奏同之，罷其不與秦文合者。斯作《蒼頡篇》，中車府令趙高作《爰歷篇》，太史令胡母敬作《博學篇》，皆取《史籀》大篆，或頗省改，所謂小篆者也。"《說文叙》。

是時始造隸書矣，起於官獄多事，苟趨簡易，師古曰："趨讀曰趣，謂趨向之也。易音弋豉反。"**施之於徒隸也。**

此明隸書之所由作也。許慎曰："秦燒滅經書，滌除舊典，大發隸卒，興役戍，官獄職務繁，初有隸書，以趨約易，而古文由此絕矣。"《說文叙》。故隸書爲今文，隸書作而古文革。然當起於始皇二十六年初兼天下，書同文字，許說猶有未瞭也。且隸書亦有由來，非突然發生，別於《文字學》中詳之。

漢興，閭里書師合《倉頡》、《爰歷》、《博學》三篇，斷六十字以爲一章，凡五十五章，并爲《倉頡篇》。師古曰："并，合也，總合以爲《倉頡篇》也。"

此明漢世通行之《倉頡篇》與秦稍異也。凡古書流傳，恆多省併。六十字爲一章，五十五章，三千三百字也。

武帝時司馬相如作《凡將篇》，無復字。元帝時黃門令史游作《急就篇》，成帝時將作大匠李長作《元尚篇》，皆《倉頡》中正字也。《凡將》則頗有出矣。至元始中，徵天下通小學者以百數，各令記字於庭中。揚雄取其有用者以作《訓纂篇》，順續《倉頡》，又易《倉頡》中重復之字，凡八十九章。臣復續揚雄作十三章，韋昭曰:"臣,班固自謂也,作十三章,後人不別,疑在《蒼頡》下篇三十四章中。"**凡一百二章,無復字,六藝羣書所載略備矣。**

此明漢續秦字也。宋祁曰"李長下當有'作'字"是也。平帝元始五年,徵天下通知逸經、古記、天文、曆算、鍾律、小學、史篇、方術、《本草》以及五經、《論语》、《孝經》、《爾雅》教授者,詣京師。《平帝紀》。許慎曰:"孝平時,徵沛人爰禮等百餘人,令説文字未央廷中,以禮爲小學元士。黃門侍郎揚雄采以作《訓纂篇》,凡《蒼頡》已下十四篇,凡五千三百四十字。羣書所載,略存之矣。"《說文叙》。蓋至秦焚《詩》、《書》百家語,而六藝缺,九流殘。漢復重文,西京末葉,典藝整然可觀,而文字亦隨以略備也。六十字爲一章,《蒼頡》五十五章,三千三百字。揚雄續易爲八十九章,增多三十四章,當得二千四十字。合三千三百字,爲五千三百四十字。班固增十三章,又得七百八十字。凡八十九章,合十三章,得一百二章,六千一百二十字。比諸許慎《說文》所收九千三百五十三文,重一千一百六十三者,猶爲少也。然則姬、漢史篇雖盡亡,而《說文》一書,其爲後世最古之字書(Old Dictionary)也,何疑哉?

《蒼頡》多古字,俗師失其讀,宣帝時徵齊人能正讀者,張敞從受之,傳至外孫之子杜林,爲作訓詁,并列焉。

《蒼頡》多古字,故廣義言之,小篆亦古文之流也。并列焉者,杜林訓詁,《七略》所無,而班氏列入之也。

以上小學

凡六藝一百三家,三千一百二十三篇。入三家,一百五十九篇;出重十一篇。都計易十三家,二百九十四篇;書九家,四百十二篇;詩六家,四百十六篇,[①]禮十三家,五百五十五篇;樂六家,百六十五

---

① "詩六家四百十六篇"原缺,據上文補。

篇；春秋二十三家，九百四十八篇；論語十二家，二百二十九篇；孝經十一家，五十九篇；小學十家，四十五篇；適符一百三家，三千一百二十三篇之數。至班注入三家云云，書入劉向《稽疑》一篇，併入《五行傳記》，則不計家。故禮入《司馬法》一家，百五十五篇；小學入揚雄、杜林二家，三篇，適符三家一百五十九篇之數。又樂出淮南、劉向等《琴頌》七篇，春秋省《太史公》四篇，此即并目曰出重十一篇者歟。

六藝之文：《樂》以和神，仁之表也；《詩》以正言，義之用也；《禮》以明體，明者著見，故無訓也；《書》以廣聽，知之術也，《春秋》以斷事，信之符也。五者，蓋五常之道，相須而備。

六藝本六而不五，自秦火燒殘，五而不六，而漢人乃以五常說五經，此漢人之曲說也。司馬遷曰："《易》著天地陰陽四時五行，故長於變；《禮》經紀人倫，故長於行；《書》記先王之事，故長於政；《詩》記山川谿谷禽獸草木牝牡雌雄，故長於風；《樂》樂所以立，故長於和；《春秋》辯是非，故長於治人。"《史記·自序》。然則班志所述，豈非西京後變之說哉。

而《易》爲之原。故曰："《易》不可見，則乾坤或幾乎息矣。"蘇林曰："不能見《易》意，則乾坤近於滅息也。"師古曰："此《上繫》之辭也。幾，近也，音鉅依反。"**言與天地爲終始也。**

易者，如也。從無而至有，至不可見，則是萬有盡亡也。與天地爲終始者，指"物如"言之而已。其"真如"，固天地雖亡而常存。本《韓非·解老》。

至於五學，世有變改，猶五行之更用事焉。師古曰："更，互也，音工衡反。"**古之學者耕且養，三年而通一藝，承其大體，玩經文而已，是故用日少而畜德多，**師古曰："畜讀曰蓄。蓄，聚也。《易》大畜卦象辭曰：'君子以多識前言往行，以蓄其德。'"**三十而五經立也。**

此仍漢人之曲說也。因孔子十五志學，三十而立，遂爲此費解也。豈知樂正"崇四術以造士,春秋教以禮、樂,冬夏教以《詩》、《書》",是豈可以三年通一藝之格閡之哉?不然,則此古者指春秋戰國以後而言。然七十二弟子身通六藝,無五經之可言,更何論乎五常?附會五經五常五行之說者,惟施於秦火而後之漢可耳。承其大體玩經文而已者,惟訓詁通大義者能之。

後世經傳既已乖離,博學者又不思多聞闕疑之義,師古曰:"《論語》稱孔子曰:'多聞闕疑,慎言其餘,則寡尤。'言爲學之道,務在多聞,疑則闕之,慎於言語,則少過也,故志引之。"**而務碎義逃難,便辭巧說,破壞形體;**師古曰:"苟爲僻碎之義,以避佗人之攻難者,故爲便辭巧說,以析破文字之形體也。"**說五字之文,至於二三萬言。**師古曰:"言其煩妄也。桓譚《新論》云:秦近君能說《堯典》,篇目兩字之說至十餘萬言,但說'曰若稽古'三萬言。"**後進彌以馳逐,故幼童而守一藝,白首而後能言;安其所習,毀所不見,**師古曰:"己所常習則保安之,未嘗所見者則妄毀誹。"**終以自蔽。此學者之大患也。**

《新論》曰"秦近君"者,秦延君之訛也。此指章句鄙儒而言也。發明章句自子夏,《後漢書·徐防傳》。漢世利祿之路既開,一經說至百萬餘言,本書《儒林傳》。直與後世科舉時代之八比經義相去一間耳。此西漢今文經說,所以後世罕傳也歟。馬瑞辰曰:"漢儒說經,莫不先詁訓詁。《漢書·揚雄傳》言雄少而好學,不爲章句,訓故通而已。《儒林傳》言丁寬作《易說》二萬言,訓故舉大義而已。而《後漢書·桓譚傳》亦言譚徧通《五經》,皆訓詁大義,不爲章句,則知訓詁與章句有辨。章句者,離章辨句,委曲支派,而語多傅會,繁而不殺。蔡邕所謂前儒特爲章句者,皆用其意傳,非其本旨。劉勰所謂秦延君之注《堯典》十萬餘字,朱普之解《尚書》三十萬言。所以通人惡煩,羞學章句也。詁訓則博習古文,通其轉注假借,不煩章解句釋,而奧義自闢,班固所謂古文讀應爾雅,故解古今語而可知也。"馬說至通,見《毛詩傳箋通釋》,特附錄於此。

序六藝爲九種。

易、詩、書、禮、樂、春秋、論語、孝經、小學,九種也。

見存六藝今古文表

古文	今文	不明
《費氏古文易》王弼注本 《古雜》 或說即《易緯乾鑿度》等 《尚書古文經》枚本		《周書》
	《尚書大傳》	
《毛詩》 《毛詩故訓傳》		
《士禮》《儀禮》	《士禮》《儀禮》	
《禮記》大小戴		《司馬法》
《周官經》		
《春秋古經》	《春秋經》	
《左氏傳》	《公羊傳》 《穀梁傳》	
《國語》		《國策》
	《魯論語》	
《孔子三朝記》在《大戴記》		
	《孝經》鄭玄注本	
《爾雅》當在《大戴記》		《小雅》《小爾雅》 《弟子職》 《別字》《方言》。此書通古今語者

三、諸子略

晏子八篇　名嬰,謚平仲,相齊景公,善與人交,有列傳。師古曰:"有列傳者,謂《太史公書》。"

存。清《四庫》史部傳記類著錄《晏子春秋》八卷。班注有列傳者,師古謂《太史公書》。然班氏或注或不注,如老、莊、申、韓有傳不注,蓋從略也。《七略》曰:"《晏子春秋》七篇,在儒家。"《史記·管晏列傳》注。孫星衍曰:"《晏子》八篇,見《藝文志》。後人以篇爲卷,又合《雜上》《下》二篇爲一,則爲七卷,見《七略》及《隋》《唐志》。宋時析爲十四卷,見《崇文總目》,實是劉向校本,非僞書也。《晏子》文最古質,疑出於齊之《春秋》,即《墨子·明鬼篇》所引。嬰死,其賓客哀之,集其行事成書。雖無年月,尚仍舊名。凡稱子書,多非自著,無足怪者。柳宗元文人無學,謂墨氏之徒爲之,可謂爲無識。"《晏子春秋序》。孫說近是。梁章鉅曰:"其書如梁丘據、高子、孔子皆譏晏子三心。路寢之葬,一以爲逢于何,一以爲盆成适,蓋由後人采掇所就,故書中歧誤重複若此。"《退菴隨筆》。梁說非也。追錄者傳聞異辭,或故張大之,本非晏子自著書也。通行孫星衍校本爲善,兼《音義》校本。黃以周《晏子春秋校勘》亦佳。盧文弨《群書拾補》中有《晏子春秋校正》。

子思二十三篇　名伋,孔子孫,爲魯繆公師。

殘。司馬遷曰:"子思作《中庸》。"《孔子世家》。沈約曰:"《禮記·中庸》、《表記》、《坊記》、《緇衣》,皆取《子思子》。"《隋書·音樂志》。案《意林》引《子思子》十餘條,一見於《表記》,再見於《緇衣》,則沈約之言信矣。或曰:"子思魯人,嘗居宋,而《中庸》稱華、嶽,是非所宜言也。"不知此正子思所以形容祖德之廣崇，二《南》、《大雅》嘗言江漢矣，豈必囿於咫尺之間哉？宋鈃宋人，尹文齊人，作華山冠以自表，此亦可爲《中庸》稱華、嶽無可疑之例證。《中庸》獨稱"子曰"，稱"仲尼曰"，故司馬遷謂子思作《中庸》。其《表記》、《坊記》、《緇衣》，開端皆稱"子言之"，蓋子思語而弟子述之也。稱"子云"、"子曰"者，引孔子語也。晁公武曰"《子思子》七卷，載孟軻問牧民之道何先，子思曰先利之"云云，《郡齋讀書志》。蓋北宋時書尚完存。惟汪晫編《子思子》一卷，清《四庫》儒家類著錄，殊不足取。則未見此書也。今僅存《禮記》中四篇，清黃以周有《子思子》輯本。

曾子十八篇　名參，孔子弟子。

殘。晁公武曰："《隋志》《曾子》二卷，目一卷。《唐志》《曾子》二卷。今此書亦二卷，凡十篇，蓋唐本也。視漢亡八篇，視隋亡目一篇。考其書已見於《大戴禮》，世人久不讀之，文字謬誤爲甚。"《郡齋讀書志》。王應麟說略同。然宋汪晫編《曾子》一卷，清《四庫》儒家類著錄，殊不足取。則亦未見此書也。十篇者，《大戴禮》之《曾子立事》、宋人所見本作《修身》。《曾子本孝》、《曾子立孝》、《曾子大孝》、《曾子事父母》、《曾子制言上》、《曾子制言中》、《曾子制言下》、《曾子疾病》、《曾子天圓》是也。《曾子大孝篇》有曾子弟子樂正子春與其門弟子問對事，則其書亦門弟子所記也。清阮元有《曾子註釋》。

漆雕子十三篇　孔子弟子漆雕啓後。

亡。《史記·仲尼弟子傳》曰："漆雕開字子開，"蓋名啓，字子開，《史記》避景帝諱也。班注漆雕啓後者，蓋家學也，啓之後人所記歟。馬國翰有輯本。《玉函山房叢書》，下仿此。

宓子十六篇　名不齊，字子賤，孔子弟子。師古曰："宓讀與伏同。"

亡。王充曰："宓子賤、漆雕開、公孫尼子之徒，亦論情性，與世子相出入。"《論衡·本性篇》。蓋孔子歿而儒分爲八，漆雕氏之

儒居其一，此派實最與黄老道德之術相近者也。沈欽韓曰："《趙
策》作服子。"馬國翰有輯本。

景子三篇 說宓子語，似其弟子。

亡。兵形勢家《景子》十三篇，蓋非同書。沈欽韓曰"孟子書
有景子。"馬國翰有輯本。

世子二十一篇 名碩，陳人也，七十子之弟子。

亡。王充曰："周人世碩以爲人性有善有惡，舉人之善性，養
而致之，則善長；惡性，養而致之，則惡長。如此，則性各有陰
陽善惡，在所養焉。故世子作《養書》一篇。"《論衡·本性篇》。案
《繁露·俞序篇》世子曰："功及子孫，光輝百世，聖世之德，莫失於世。故子先言《春
秋》，詳己而略人。"此亦可爲《春秋》言性命天道之證也。此以世子爲周人，
與班注異，蓋傳聞異辭。馬國翰有輯本。

魏文侯六篇

亡。文侯受經於子夏。馬國翰有輯本。

李克七篇 子夏弟子，爲魏文侯相。

亡。法家《李子》三十二篇，兵權謀家《李子》十篇，蓋俱非一
書。馬國翰有輯本。

公孫尼子二十八篇 七十子之弟子

殘。雜家《公孫尼》一篇，蓋非同書。沈約曰："《禮記·樂記》
取《公孫尼子》。"《隋書·音樂志》。劉瓛曰："《緇衣》公孫尼子所
作。"《釋文》引。劉説非也。馬國翰有輯本。

孟子十一篇 名軻，鄒人，子思弟子，有列傳。師古曰："《聖證論》云軻字子車，而
此志無字，未詳其所得。"

存。清《四庫》著録《孟子正義》十四卷，孫疏係僞託。兵陰陽家《孟子》一
篇，蓋非同書。司馬遷曰："孟子與萬章之徒序《詩》、《書》，述
仲尼之意，作《孟子》七篇。"《史記》本傳。趙岐曰："七篇二百六
十一章，三萬四千六百八十五字。又有《外書》四篇，《性善》、

《辨文》、《說孝經》、《爲正》。其書不能宏深，似非孟子本真也。"《孟子題辭》。今《外書》遂不可見。明季姚士粦等所傳熙時子注《孟子外書》四卷，其中有僞古文《大禹謨》之"人心惟危"云云，宋儒程朱所謂十六字心傳者，出宋後人僞託無疑。自南宋淳熙中，朱子取《孟子》與《大學》、《中庸》、《論語》合爲《四書》，遂入經部。故唐以前周公、孔子並稱，宋以後孔子、孟子並稱，此中國文化一大升降之機也。周公、孔子皆集前古獻典而制經，孟子則發表其一己所欲言而已。故自孟子之說橫流，而文化偏趨於簡單，豈非儒教之不幸哉？焦循《孟子正義》、周廣業《孟子四考》俱善。

孫卿子三十三篇 名況，趙人，爲齊稷下祭酒，有列傳。師古曰："本曰荀卿，避宣帝諱，故曰孫。"

存。清《四庫》儒家類著錄《荀子》二十卷。王應麟曰："當作三十二篇。"蓋傳刊之誤也。荀書《議兵篇》稱孫卿子，此自著其氏也。《史記》作荀卿。謝墉曰："漢不避嫌名，荀淑、荀爽俱用本字。《左傳》荀息以下，並不改字，何獨於荀卿改之。蓋荀、孫二字同音，語遂移易，如荆卿又爲慶卿也。"《荀子校敍》。自孟子道性善，荀子反之而言性惡，後世性善之說勝，遂伸孟而黜荀。不知性本無記，謂曰善曰惡，皆非其本然也。惟荀子書多見二戴《禮記》，如《小戴記》之《三年問》，全出《禮論篇》；《樂記》、《鄉飲酒禮》所引，俱出《樂論篇》；《聘義》"貴玉賤珉"語，亦與《法行篇》大同。《大戴禮記》之《禮三本篇》出《禮論篇》、《勸學篇》即《荀子》首篇，而以《宥坐篇》末"見大水"一則，附之哀公問五義，出《哀公篇》之首。則楊倞謂"荀子之書，羽翼六經，增廣孔氏，非諸子之言"者，豈虛語哉。謝校《荀子注》、王先謙《荀子集解》俱善。盧文弨校《荀子》尚疏。

芋子十八篇 名嬰，齊人，七十子之後。師古曰："芋音弭。"

亡。芋者，芉字之訛也。芉、吁字通。司馬遷曰："阿之吁子。"《史記·孟子荀卿傳》。七十子之後者，蓋其子孫也。七十子無芉姓者，不知爲誰之後也。

内業十五篇 <small>不知作書者。</small>

亡。《管子》有《内業篇》，古書多重複，或此竟包彼書也。馬
國翰有輯本。

周史六弢六篇 <small>惠、襄之間，或曰顯王時，或曰孔子問焉。師古曰：“即今之《六弢》也，蓋言取天下及軍旅之事。弢字與韜同也。”</small>

亡。沈濤曰：“此列之儒家，則非今之《六韜》也。六乃大字之
誤，《人表》有周史大弢，弢當爲弢字之誤。《莊子·則陽篇》仲
尼問於太史大弢，蓋即其人。此乃其所著書，故班氏有孔子
問焉之說。顏以爲《太公六韜》，誤矣。”

周政六篇 <small>周時法度政教。</small>

亡。

周法九篇 <small>法天地，立百官。</small>

亡。

河間周制十八篇 <small>似河間獻王所述也。</small>

亡。班注曰似者，不知作者而推擬其人之詞。

讕言十篇 <small>不知作者，陳人君法度。如淳曰：“讕音粲爛。”師古曰：“說者引《孔子家語》云孔穿所造，非也。”</small>

亡。

功議四篇 <small>不知作者，論功德事。</small>

亡。

甯越一篇 <small>中牟人，爲周威王師。</small>

亡。馬國翰有輯本。

王孫子一篇 <small>一曰《巧心》。</small>

亡。兵形勢家《王孫》十六篇，蓋非同書。嚴可均曰：“王孫，
姓也，不知其名，巧心亦未詳。《意林》僅有目錄，而所載《王
孫子》文爛脫，從《北堂書鈔》等書采出二十四事，省并復重，
僅得五事。繹其言，蓋七十子之後，言治道者。”《鐵橋漫稿》。孫

德謙曰:"一曰《巧心》者,書之別名也。"《漢書藝文志舉例》。馬國翰有輯本。

公孫固一篇 十八章。齊閔王失國,問之,固因爲陳古今成敗也。

亡。班注十八章,与《羊子》注云百章,豈皆以其原書分章甚明耶。司馬遷曰:"公孫固、韓非之徒,往往捃摭《春秋》之文以著書。"《史記·十二諸侯年表》。

李氏春秋二篇

亡。

羊子四篇 百章。故秦博士。

亡。

董子一篇 名無心,難墨子。

亡。王充曰:"儒家之徒董無心,墨家之徒纏子,相見講道。纏子稱墨家右鬼神是,引秦繆公有明德,上帝賜之九年。董子難以堯、舜不賜年,桀、紂不夭死。"《論衡·福虛篇》。錢大昕曰:"無心蓋六國時人,《風俗通》亦引其語。"馬國翰有輯本。

俟子一篇 李奇曰:"或作侔子。"

亡。王先謙曰:"《風俗通》有俟子,古賢人,著書。應仲遠嘗爲《漢書音義》,則所見本必作俟矣。"

徐子四十二篇 宋外黃人。

亡。馬國翰有輯本。

魯仲連子十四篇 有列傳。

亡。馬國翰有輯本。

平原老七篇 朱建也。

亡。宋祁曰"老,一作君",是也。馬國翰有輯本。

虞氏春秋十五篇。虞卿也。

亡。《史記》有傳,作《春秋》,見《十二諸侯年表序》。馬國翰有輯本。

高祖傳十三篇　高祖與大臣述古語及詔策也。

亡。高祖嘗手敕太子曰："吾遭亂世，當秦禁學，自喜謂讀書無益。洎踐阼以來，時方省書，乃使人知作者之意，追思昔所行，多不是。"見《古文苑》。由此觀之，漢高與明祖先後輝映矣。

陸賈二十三篇

殘。本傳曰："陸賈，楚人。凡著十二篇，號其書曰《新語》。"《史記》本傳同。案《新語》之名，亦見班固《答賓戲》、《論衡・書解篇》。此作二十三篇，蓋兼他所著者計之。梁《七錄》曰："《新語》二卷，陸賈撰。"《史記正義》引。《隋》、《唐志》同。宋不復著錄，王應麟曰："今存《道基》、《雜事》、《輔政》、《無爲》、《資質》、《至德》、《懷慮》七篇。"《攷證》。嚴可均曰："此書蓋宋時佚而復出，出而不全。至明弘治間，莆陽李廷梧字仲陽，得十二篇足本刻之。《羣書治要》載有八篇，其《辨惑》、《本行》、《明誡》、《思務》四篇，皆非王伯厚所見，而與明本大致相合。《文選》張載《雜詩》注引'建大功於天下者，必垂名於萬世也'。① 《古詩・行行重行行》注引'邪臣之蔽賢，猶浮雲之障日月'，今在《辨惑篇》。王粲《從軍詩》注引'聖人承天威，承天功。與之爭功，豈不難哉'，今在《本行篇》。《意林》所載'衆口毀譽，浮石沈水。羣邪相抑，以直爲曲'，今在《辨惑篇》。'玉斗酌酒，金椀刻鏤，所以夸小人，非厚己也'，今在《本行篇》。足知多出五篇，是隋、唐原本。至《論衡・本性篇》陸賈曰：'天地生人也，以禮義之性。人能察己，所以受命則順，順謂之道。'今十二篇無此文。《論衡》但云陸賈，不云《新語》，或當在《漢志》之二十三篇中。又《道基篇》引《穀梁傳》曰'仁者以治親，義者以利尊'，是《穀梁》舊傳，故今本無此文。因知瑕丘江公所受于魯

---

① 按《文選》卷二十九，"張載"當作"張協"。

申公者,其本曾經更定,非穀梁赤之舊。漢代子書,《新語》最純最早,貴仁義,賤刑威,述《詩》、《書》、《春秋》、《論語》,紹孟、荀而開賈、董,卓然儒者之言。史遷僅目爲辯士,未足以盡之。"見戊申《國粹學報·藏書志》。案清《四庫》儒家類著録《新語》二卷,說之不瞭。

劉敬三篇

亡。馬國翰有輯本。凡三事,蓋即其文。

孝文傳十一篇　文帝所稱及詔策。

亡。《史記·文紀》,凡詔皆稱"上曰",蓋即此類之文。文帝黄老之治,而入儒家,道儒固相通也。

賈山八篇

亡。本傳《至言》一篇,蓋在其中。

太常蓼侯孔臧十篇　父聚,高祖時以功臣封,臧嗣爵。

亡。《文選·兩都賦序》注引《孔臧集》曰:"仲尼之後,少以才博知名,稍遷御史大夫,辭曰:'臣代以經學爲家,乞爲太常,專修家業。'武帝遂用之。"是其書,唐世猶存。今《孔叢子》末附《連叢》,未必出臧書。賦詳《詩賦略》。

賈誼五十八篇

殘。本傳曰:"凡所著述五十八篇。"錢大昭曰:"今《新書》止五十六篇。"闕《問孝》、《禮容語上》二篇。章炳麟曰:"賈生書引用左氏内,外傳極多,而其中《道術篇》、《六術篇》、《道德說篇》,正是訓故之學,有得於正名爲政之學者也。"《春秋左傳讀敍録》。盧文弨《賈誼新書》校本、劉師培《賈子新書校補》俱善。

河間獻王對上下三雍宮三篇

亡。張純嘗案河間《古辟雍記》,欲奏之。《後漢書》本傳。沈欽韓曰:"漢多以明堂、辟雍、靈臺爲一,故謂之三雍。"馬國翰有輯本。

董仲舒百二十三篇

亡。本傳曰:"仲舒所著,皆明經術之意,及上疏條教,凡百二

十三篇。而說《春秋》事得失,《聞舉》、《玉杯》、《蕃露》、《清
明》、《竹林》之屬,① 復數十篇。"是百二十三篇,在《繁露》之
外,書早亡已。惟《賢良三策》當在其内。

兒寬九篇

亡。馬國翰有輯本。

公孫弘十篇

亡。馬國翰有輯本。

終軍八篇

亡。馬國翰有輯本。

吾丘壽王六篇

亡。馬國翰有輯本。

虞丘說一篇　　難孫卿也。

亡。孫卿,儒也,難孫卿而復列於儒,此九流之内又各家自爲
說,不一致也。王先謙曰:"虞、吾字同,虞丘即吾丘也。此壽
王所著雜說。"

莊助四篇

亡。傳作嚴助,避明帝諱,此作莊助,蓋本《七略》舊文。

臣彭四篇

亡。

鈎盾兄從李步昌八篇　　宣帝時數言事。

亡。宋祁曰"兄,當作宂",是也。《漢官》曰:"鈎盾令吏從官四
十人。"《續漢書·百官志》。

儒家言十八篇　　不知作者。

亡。

桓寬鹽鐵論六十篇　　師古曰:"寬字次公,汝南人也。孝昭帝時,丞相御史與諸賢

---

① "聞舉",武英殿本、中華書局點校本《漢書》皆作"聞舉"。

良文學論鹽鐵事，寬撰次之。"

存。桓寬事及所著《鹽鐵論》見《公孫賀劉屈氂傳贊》。王應麟所見本，十卷六十篇，今分十二卷，篇同，清《四庫》儒家類著錄《鹽鐵論》十二卷。然通行本仍止十卷。章炳麟曰："漢論著者，鹽鐵駁議，御史大夫、丞相史言此，而文學賢良言彼，不相剴切。有時牽引小事，攻劫無已，則論已離其宗。其文雖博麗哉，以持論，則不中矣。"《國故論衡·論式篇》。張敦仁重刻《鹽鐵論》附《考證》，王先謙《鹽鐵論》校本，俱善。盧文弨《羣書拾補》中有《鹽鐵論校補》。孫星衍亦有校本。

劉向所序六十七篇　《新序》、《說苑》、《世說》、《列女傳頌圖》也。

殘。清《四庫》子部儒家類著錄《新序》十卷、《說苑》二十卷，史部傳記類著錄《列女傳》七卷。稱曰所序者，蓋猶今之叢書也。本傳曰："向采傳記，著《新序》、《說苑》，凡五十篇；序次《列女傳》，凡八篇；著《疾讒》、《摘要》、《救危》及《世頌》，凡八篇。"《別錄》曰："臣向與黃門侍郎歆所校《列女傳》，種類相從爲七篇。"《初學記》卷二十五。蓋合《頌義》一篇爲八篇也。《疾讒》、《摘要》、《救危》、《世頌》，蓋皆《世說》中篇目，即《世說》也。《隋志》，《新序》三十卷，《說苑》二十卷。卷即是篇。是五十篇，合《世說》八篇，《列女傳》八篇，凡十六篇，又加《列女傳圖》一篇，恰符《漢志》六十七篇之數。今《世說》八篇亡，《列女傳圖》一篇亦亡，宋本《列女傳》附顧虎頭圖，或出漢圖。《新序》亡二十篇，存十篇，凡餘三十八篇。嚴可均曰："宋本《說苑》有劉向序，言凡二十篇，七百八十四章。今本《說苑》尚少一百四十五章，是亦非完書也。"《鐵橋漫稿》。《列女傳》八篇，郝懿行妻王圓照，汪遠孫妻梁端，俱有注本。盧文弨《羣書拾補》中有《新序校補》、《說苑校補》。

揚雄所序三十八篇　《太玄》十九，《法言》十三，《樂》四，《箴》二。

殘。陳振孫曰："《太玄》，本傳三方、九州、二十七篇、八十一家、二百四十三表、七百二十九贊,分爲三卷。有《首》、《衝》、《錯》、《測》、《攡》、《瑩》、《數》、《文》、《棿》、《圖》、《告》十一篇,與本經三卷,共爲十四卷。"《書録解題》。朱一新曰:"《太玄》本十四篇,據《別録》有《玄問》一篇,疑即《解難》之類,合十五篇。《新論》亦稱經三篇,傳十二篇,與《別録》合。本傳謂章句尚不存焉,則此亡佚四篇,當爲章句無疑。"《漢書管見》。今《太玄經》十卷,晋范望注本所分也。清《四庫》術數類著録。《法言》十三卷。清《四庫》儒家類著録。《樂》未詳。或曰雄有《琴清英》也。《後書》曰:"揚雄依《虞箴》作《十二州二十五官箴》,其九箴亡闕。"《胡廣傳》。則尚餘二十八箴。《全上古三代文》。案陳遵傳之《酒箴》,即《都酒賦》也。沈欽韓曰:"'箴二'下有脱字。"或曰即指《十二州》、《二十五官》兩種箴言之。

右儒五十三家,八百三十六篇。入揚雄一家三十八篇。

今計五十二家,八百四十七篇,家數與後總數合,明是"二"誤作"三",但多十一篇耳。

儒家者流,蓋出於司徒之官,助人君順陰陽明教化者也。游文於六經之中,留意於仁義之際,祖述堯舜,憲章文武,宗師仲尼,以重其言。師古曰:"祖,始也。述,修也。憲,法也。章,明也。宗,尊也。言以堯舜爲本始而遵修之,以文王、武王爲明法,又師尊仲尼之道。"**於道最爲高。**

《書》曰:"契,百姓不親,五品不遜,汝作司徒,敬敷五教,在寬。"《堯典》。《淮南子》曰:"周公繼文王之業,持天子之政,以股肱周室,輔翼成王,懼爭道之不塞,臣下之危上,故縱馬華山,放牛桃林,敗鼓折枹,搢笏而朝,以寧靜王室,鎮撫諸侯,移風易俗。孔子修成康之道,述周公之訓,以教七十子,使服其衣冠,脩其篇籍,故儒者之學生焉。"《要略訓》。此唐、虞、周、孔之教,爲後世祖述,故冠百家之首。晏子,齊相也。然齊非不冠帶之國也,故澤其四經。《管子·戒篇》。而晏子知禮,是亦儒也。若夫高祖、孝文，有陸賈、賈生而導之，足藉儒術以潤色鴻業矣。

孔子曰："如有所譽，其有所試。"師古曰："《論語》載孔子之言也。言於人有所稱譽者，輒試以事，取其實效也。譽音弋於反。" **唐虞之隆，殷周之盛，仲尼之業，已試之效者也。**

孔子之學，源於唐虞三代之政治，百家皆政論，而儒其一也。故孔子曰："能以禮讓爲國乎？何有？"《論語》。其辭雖不驗於當世，而千萬世以後，猶莫能有以易之者。蓋有事實而後有理論，其理論出於事實，終有不可磨滅之精神。中唐以後，禮教寖衰，而中國亦不振，此又非其已試之效者乎？嗚呼！

然惑者既失精微，而辟者又隨時抑揚，違離道本，師古曰："辟讀曰僻。" **苟以譁衆取寵。**師古曰："譁，讙也。寵，尊也。譁音呼華反。" **後進循之，是以五經乖析，儒學寖衰，此辟儒之患。**師古曰："寖，漸也。辟讀曰僻。"

惑者爲誰？章句鄙儒如秦延君是也。辟者爲誰？曲學阿世如公孫弘是也。二者皆違離道本，苟以譁衆取寵。雖然，其猶愈於中唐以後之經儒乎？

以上儒

伊尹五十一篇　湯相。

亡。《呂覽·本味篇》述伊尹之言，當出此書，司馬遷曰："伊尹從湯，言素王九主之事。"《史記·殷本紀》。則所謂君人南面之術也。馬國翰有輯本。

太公二百三十七篇　呂望爲周師尚父，本有道者。或有近世又以爲太公術者所增加也。師古曰："父讀曰甫也。" **謀八十一篇，言七十一篇，兵八十五篇**

殘。《七略別錄》曰："師之尚之父之，故曰師尚父。"《詩·大明》正義引。《史記》曰："後世之言兵及周之陰權皆宗太公爲本謀。"《齊世家》。案《秦策》亦曰蘇秦得《太公陰符》之謀。班氏云："或有近世又以爲太公術者所增加也。"小說家《鬻子》注亦有云"後世所加”，俱明原書而有後之傳學者附益。不悟六藝百家之書，多有然者，班豈舉此以例彼邪？錢大昭曰：“《謀》、《言》、《兵》，就二百三十七篇而言，《太公》其總名也。”沈欽韓曰：“《謀》者即太公之《陰謀》，《言》者即太公之《金匱》，凡善言書諸金版，《羣書治要》引《武韜》太公云云，文王曰：“善，請登之金版。”又《文選注》，《太公金匱》曰：“詘一人之下，申萬人之上。武王曰：請著金版。”《大戴記·踐阼篇》、《呂覽》、《新書》、《淮南》、《說苑》所稱皆是。《兵》者即《太公兵法》，《說苑·指武篇》引《太公兵法》。”《疏證》。《隋》、《唐志》、《通志》著錄太公書多種，《通考》僅餘《六韜》而已，莊子稱《金版六弢》，《徐無鬼篇》。《淮南子》亦言《金縢豹韜》。《精神訓》。今《六韜》與《羣書治要》所載異，乃宋元豐間所刪定本也。《通志》載《改正六韜》四卷。清《四庫》兵家類著錄六卷。孫星衍有校本及輯佚文，《平津館叢書》本。黃奭復有輯本。《漢學堂叢書》。

辛甲二十九篇　紂臣，七十五諫而去，周封之。

亡。馬國翰有輯本。

鬻子二十二篇　名熊，爲周師，自文王以下問焉，周封爲楚祖。師古曰：“鬻音弋六反。”

殘。清《四庫》雜家類著錄《鬻子》一卷。小說家亦有《鬻子》。《隋志》道家《鬻子》一卷，小說家無。《舊唐志》小說家《鬻子》一卷，道家無。《新唐書》仍歸道家，蓋本一書而轉輾相隸，今斷從《隋志》。葉夢得曰：“今一卷止十四篇，本唐永徽中逄行珪所獻。庾仲容《子鈔》云六篇，馬總《意林》亦然。其所載辭，略與行珪先後差不倫。”《文獻通考》。嚴可均曰：“《史記·楚世家》曰‘鬻熊子事文王，早卒。其子曰熊麗，熊麗生熊狂，熊狂生熊繹。熊繹當周成王時。’蓋文王師爲鬻熊，成王問爲熊繹，中間隔熊麗、熊狂兩世，《鬻子》非專記鬻熊之語，故其書于文王、周公、康叔皆曰昔者。昔者，後乎鬻子之言也。古書不必手著，

《鬻子》蓋康王、昭王後史臣所録，或鬻子子孫所記。今世流傳逢行珪注本。宋又有陸佃校本，分爲十五篇，瑣碎尤甚。逢本，《道藏》作二卷。以上《鐵橋漫稿》。以《羣書治要》、《文選注》、《意林》等書校對，無甚異同。《文選·宣德皇后令》注引‘武王率兵車以伐紂，紂虎旅百萬，陣於商郊，起自黃鳥，至於赤斧，《御覽》三百一引作赤烏。三軍之士，靡不失色。武王乃命太公把白旄以麾之，紂軍敗走。’今本無之，則視唐本又多殘闕矣。”以上見戊申《國粹學報·藏書志》。嚴說是也。蓋逢本去其妄爲標題，猶古本殘帙，而非僞作，故與僞《列子》所引三條不類，而與《賈子》所引六條甚相類也。《賈子·大政篇》。蓋《賈子》文正有本。清《四庫》据僞《列子》謂此即小說家之《鬻子》，不知其說與班注《賈子》俱不合也。葉德輝亦有輯本。

筦子八十六篇 名夷吾，相齊桓公，九合諸侯，不以兵車也，有列傳。師古曰：“筦讀與管同。”

殘。清《四庫》法家類著録《管子》二十四卷。《七略》曰：“《管子》十八篇在法家。”《史記·管晏傳贊》正義。今本志入道家。晋傅玄謂：“《管子》半爲後之好事者所加。”劉恕《通鑑外紀》引。葉適謂：“以其言毛嬙西施、吳王好劍推之，當是《春秋》末年人所爲。”《水心集》。俞正燮曰：“《小問篇》有秦穆公，或後人追改。”《癸巳類稿·書管子後》。梁章鉅曰：“《小稱篇》毛嬙西施，天下之美人；《小問篇》百里徯，秦國之飯牛者，秦穆公舉而相之；《輕重甲篇》稱梁趙，《戊篇》稱代趙，皆非其真。”《退菴隨筆》。嚴可均曰：“八十六篇至梁、隋時亡《謀失》、《正言》、《封禪》、《言昭》、《修身》、《問霸》、《牧民解》、《問乘馬》、《輕重丙》、《輕重庚》十篇。宋時又亡《王言篇》。近人編書目者，謂此書多言《管子》後事，蓋後人附益者多，余不謂然。先秦諸子，皆門弟子，或賓客，或子孫撰定，不必手著。”《鐵橋漫稿》。嚴說是也。古之顯達者多養士，士即宦學事師者也。師之身後，士傳其學，及子孫傳習，世世附益。且《韓非子》言"今治藏管商之法者家有之"，《五蠹篇》。尤可證其傳業之廣矣。故《管子》書有《經言》、《外言》、《內言》、《短語》、《區言》、《襍篇》、《管子解》、《管子輕重》諸目，明非出於一手也。《通志》房玄齡、尹知章二家注。房注見杜佑《指略序》，尹注見《唐書》本傳。或房創而尹繼也。今存尹注，殊陋。清洪頤煊《管子義證》，戴望《管子校正》，頗有考訂。

老子鄰氏經傳四篇　姓李，名耳，鄰氏傳其學。

殘。清《四庫》道家類著録《老子》衆家本。《鄰氏傳》亡，今《老子經》不詳何本。《七略》曰："劉向定著二篇八十一章，上經三十四章，下經四十七章。"董思靖《道德經集解序說》引。則今本《老子道德經》八十一章，猶《七略》、《別録》之舊。惟分上經三十七章，下經四十四章，則又異矣。今存王弼注本最古，河上公本更在王後，次之。陸游曰："晁以道謂王輔嗣本《老子》曰《道德經》，不析乎道德而上下之，猶近於古。今此本久已離析。"《放翁題跋》。是在宋季已失王注定本也。僞河上公注本，上篇首章曰《體道》，下篇首章曰《論德》，惟尚無《道經》、《德經》之標目。然初唐人已有之，如賈公彥《周禮疏》引《老子道經》、師氏疏引《老子道經》云："道可道，非常道。"顏師古《漢書注》、李賢《後漢書注》，皆引老子《道經》、《德經》《漢書·魏豹傳》注引老子《道經》云："國家昏亂有忠臣。"《田橫傳》注引老子《德經》云："貴以賤爲本，高以下爲基。"《楚元王傳》注引老子《德經》云："知足不辱。"《西域傳》注引老子《德經》云："天下有道，却走馬以糞。"又《嚴助傳》、《酷吏傳》注俱稱老子《道經》之言。《後漢書·翟酺傳》注引老子《道經》云："魚不可以脱於泉。"是也。故玄宗《御注道德經》分《老子》《道經》卷上，《德經》卷下。大抵老子本領，盡於首章觀妙觀徼二事，妙者虛無也，徼者因循也。《說文》云："徼，循也。"故司馬談曰："道家以虛無爲本，因循爲用也。"《史記·自序》。自王弼陰用佛說"羣有以至虛爲宗，萬品以終滅爲驗"，《列子》張湛序。誤解徼曰"歸終也"，不知虛無爲本，則老佛同也。而因循爲用，則老佛一積極，一消極，迥殊也。爾後《老子》注家甚衆，大抵疎陋不足觀。畢沅《老子考異》，考衆本異同，猶多未盡。

老子傅氏經說三十七篇　述老子學。

殘。《傅氏說》亡。今《老子經》不詳何本。牟融曰："吾覽佛經之要有三十七品，《老氏道經》亦三十七篇。"《理惑論》。則東漢之末，《傅氏經》猶存也。或曰："即今《老子》上經三十七章。"孫詒讓《札迻》。然章篇不侔，蓋非也。

老子徐氏經說六篇　字少季，臨淮人，傳《老子》。

殘。《徐氏說》亡，今《老子經》不詳何本。

劉向說老子四篇

亡。今《說苑》、《新序》有述老子語，當即其說。

文子九篇　老子弟子，與孔子並時，而稱周平王問，似依託者也。

亡。《韓非子》曰："齊王問治國於文子。"《內儲·必罰篇》。《別錄》曰："墨子書有文子，文子即子夏之弟子，問於墨子。"《史記·孟子荀卿傳》引。王充曰："以孔子爲君，顏淵爲臣，尚不能譴告，況以老子爲君，文子爲臣乎？老子、文子似天地者也。"《論衡·自然篇》。蓋文子下及六國，而其道甚高，《文選·曹子建表》李注謂即辛文子計然，近人江瑔謂即文種，俱非。《隋志》："《文子》十二卷，《七略》有九篇，梁《七錄》十卷，亡。"豈《七略》本亡，而十二卷僞本行耶？今本即王氏《攷證》謂北魏李暹注本。李注久佚，然《唐書·宗室表》有兩李暹，恐亦非北魏人也。清《四庫》道家類著錄《文子》，《守山閣叢書》校本附校勘記，辨僞尤明。章炳麟曰："今之《文子》，半襲《淮南》，所引《老子》，亦多怪異，其爲依託甚明。《文選·奏彈曹景宗》注引《文子》曰：'起師十萬，日費千金。'張湛曰：'日有千金之費，'又《天監三年策秀才文》注引《文子》曰：'羣臣輻湊。'湛曰：

'如衆輻之集于轂也。'則張湛曾注此書。今本疑即張湛僞
造，與《列子》同出一手也。其書蓋亦附輯舊文，如僞《古文尚
書》之爲者。故'不爲福始，不爲禍先'二語，曹子建《求親親
表》已引之。子建所見，當是《七略》舊本，而張湛摭拾其文，
雜以僞語耳。"《菿漢微言》。章說存參。班注云依託者，猶言僞
造也。後論《力牧》詳之。

蜎子十三篇　名淵，楚人，老子弟子。師古曰："蜎，姓也，音一元反。"

亡。蜎淵或作環淵，環、蜎古字通。《楚策》范環，《史記‧甘茂傳》作范蜎，即
其證。或作娟嬛，《淮南子‧原道訓》。或作便蜎。曹植《七啓》。司馬遷
曰："環淵學黃老道德之術，著上下篇。"《史記‧孟子荀卿傳》。則
無十三篇也。高誘曰："娟嬛，白公時人。"《文選‧七啓》引《淮南注》
作蜎環，今《淮南注》無此文。與環淵爲稷下先生不合，蓋非也。《田完
世家》：環淵，賜列第，爲上大夫。

關尹子九篇　名喜，爲關吏，老子過關，喜去吏而從之。

亡。《莊子》曰："關尹、老聃悅古之道術。"《天下篇》。高誘曰：
"關尹喜師老子也。"《呂覽‧審色篇》注。列子嘗問於關尹子，《莊
子‧達生篇》，《呂覽‧審己篇》。又嘗師壺丘子林，《莊子‧應帝王篇》作壺
子，《呂覽‧下賢篇》作壺丘子林，《淮南子‧精神訓》作壺丘子林，《人表》作狐丘子林，
皆一人也。鄭子產爲相，往見壺丘子林。《呂覽‧下賢篇》。以此推
之，則關尹從老子之年時可知也。今《關尹子》一卷，清《四庫》道
家著錄，亦曰《文始真經》。宋人僞書，更出《文子》下，無算矣。僞書以
僞作之時代不同，亦足覘文化之升降。

莊子五十二篇　名周，宋人。

殘。《別錄》曰："莊子，宋之蒙人也。作人姓名，使相與語，是
寄辭於其人，故有《寓言篇》。"《史記‧老莊申韓傳》索隱引。陸德明
曰："《漢志》，《莊子》五十二篇，即司馬彪、孟氏所注是也。言
多詭誕，或似《山海經》，或類《占夢書》，故注者以意去取。其

《內篇》衆家並同，自餘或有《外》而無《雜》，惟郭子玄所注，特會莊生之旨，故爲世所貴。"司馬彪注二十一卷五十二篇。字紹統，河內人。《內篇》七，《外篇》二十八，《雜篇》十四，《解釋》三，爲音三卷。孟氏注十八卷五十二篇。不詳何人。郭象注三十三卷三十三篇。字子玄，河內人。《內篇》七，《外篇》十五，《雜篇》十一，爲音三卷。今即郭注三十三篇本矣。清《四庫》道家著錄。然司馬彪注本，《隋志》、注云二十一卷，今闕。《新》《舊唐志》、《舊唐》二十一卷，《新唐》二十一卷，又音一卷，蓋後得復完。《通志》十六卷，蓋復闕。咸著錄，《通考》始無，則亡於南宋矣。故唐、宋類書所引《莊子》，往往今本所無。《莊子》本多記古史，故文或詭誕似《山海經》。自晉人尚虛無，多所刊落，遂喪《莊子》之全，亦可唏矣。古今《莊子》注家甚衆，類多不切。王樹枏曰："其書《內篇》即內聖之道，《外篇》即外王之道。《天下篇》。所謂靜而聖，動而王也。《天道篇》。《雜篇》者，雜述內聖外王之事，篇各爲意，猶今人之雜記也。"王先謙有《集解》，郭慶藩有《集釋》，咸勝舊注。

列子八篇 名圄寇，先莊子，莊子稱之。

亡。《尸子》曰："列子貴虛。"《廣澤篇》。道家以清虛爲治也。今本《列子》八篇，清《四庫》道家類著錄。前有劉向《敍錄》曰"《列子》內外書，凡二十篇，以校，除復重十二篇，定著八篇"云云。張湛序稱其祖錄於外家王氏舅始周，始周從兄正宗輔嗣，皆好集文籍。馬叙倫曰："劉向《敍錄》亦依託。蓋《列子》書早亡，故不甚稱於作者。魏晉以來，好事之徒，聚歛《管子》、《晏子》、《論語》、《山海經》、《墨子》、《尸佼》、《韓非》、《吕氏春秋》、《韓詩外傳》、《淮南》、《説苑》、《新序》、《新論》之言，附益晚説，成此八篇，假爲向《敍》以見重。汪繼培謂：'其會稡補綴之迹，諸書具在，可覆按也。'知言哉。輔嗣爲《易》注，多取諸《老》、《莊》，而此書亦出王氏，豈弼之徒所爲歟？"《列子僞書考》。案清《四庫》道家類著録《列子》八卷,已疑其僞。馬說近是。然以王弼《老子注》與張湛《序》互證,王注《老子》曰:"常無欲,可以觀其始物之妙;常有欲,可以觀其終物之徼。"與張湛《序》稱"《列子》書大略明羣有以至虛爲宗,萬品以終滅爲驗",適相應照。雖可推定爲弼僞作,而《周穆王篇》取《穆天子傳》,疑此書即湛所綴拾而成也。若劉向《叙》,附隨本書,不在《七略》、《別録》,故後人得僞爲也。且《淮南子》曰:"兼愛、尚賢、右鬼、非命,墨子之所立也,而楊子非之。全性保真,不以物累形,楊子之所立也,而孟子非之。"《氾論訓》。以墨子《兼愛》、《尚賢》諸篇目例之,必《全性》、《保真》皆楊朱書篇名。本志不載楊朱書,而淮南猶及見之。全性保真者,謂守清靜,離情慾。《淮南子·原道訓》高注云:"出生道,謂去清浄也;入死道,謂匿情欲也。"可證。而《列子·楊朱篇》乃一意縱恣肉慾,仰企桀紂若弗及,直是爲惡近刑,豈不大相刺謬哉?此篇尤當出湛臆造,非有本已。盧文弨《羣書拾補》中有《列子張湛注校正》、汪繼培亦有《列子注》校本,秦恩復有覆宋本《列子》盧重元注。

老成子十八篇

亡。老、考古字通,今本《列子·周穆王篇》釋文作考成子。

長盧子九篇　楚人。

亡。《史記》曰:"楚有長盧。"《孟子荀卿傳》。《長盧子》曰:"山嶽河海水金石火木,此積形成乎地者也。"《御覽》三十七引《吕氏春秋》。

王狄子一篇

亡。

公子牟四篇　魏之公子也,先莊子,莊子稱之。

亡。《人表》曰:"魏公子牟。"蓋魏之公子。魏得中山,以邑子牟,《吕覽·開春論》注。故曰公子魏牟,《趙策》。亦曰中山公子牟,《莊子·讓王篇》、《吕覽·審爲篇》、《淮南子·道應訓》。亦曰范魏牟。《荀子·非十二子篇》注引《韓詩外傳》。孫詒讓曰："牟、莫一語之轉，蓋即子莫也。"《籀膏述林》。案《孟子》曰："子莫執中無權。"馬國翰有輯本。

田子二十五篇 名駢，齊人，游稷下，號天口駢。師古曰："駢音步田反。"

亡。《史記》曰："田駢，齊人，學黃老道德之術。"《七略》曰："齊田駢好談論，故齊人爲語曰天口駢。"王應麟《考證》。齊田氏本陳氏也，故高誘曰："齊陳駢作《道書》二十五篇，齊生死，等古今。"《呂覽·不二篇》注。馬國翰有輯本。

老萊子十六篇 楚人，與孔子同時。

亡。孔子曰："德恭而行信，終日言不在尤之內，在尤之外。國無道，處賤不悶，貧而能樂，蓋老萊子之行也。"《大戴禮記·衛將軍文子篇》。《別錄》曰："老萊子，古之壽者。"《文選·天台山賦》注引。馬國翰有輯本。

黔婁子四篇 齊隱士，守道不詘，威王下之。師古曰："黔音其炎反。下音胡稼反。"

亡。馬國翰有輯本。

宮孫子二篇 師古曰："宮孫，姓也，不知名。"

亡。

鶡冠子一篇 楚人，居深山，以鶡爲冠。師古曰："以鶡鳥羽爲冠。"

疑。《隋》《唐志》三卷，必非原書也。韓愈曰："《鶡冠子》十有六篇。"《讀鶡冠子》。陸佃曰："自《博選》至《武靈王問》凡十有九篇。而退之讀此云十有六篇者，非全書也。"《鶡冠子序》。今本三卷十九篇同。清《四庫》雜家類著錄。沈欽韓曰："其中龐煖論兵法，《漢志》本在兵家，爲後人傅合。"王闓運曰："道家《鶡冠子》一篇，縱橫家《龐煖》二篇，《隋志》道家有《鶡冠》三卷，無《龐煖》書，而篇卷適相合，隋以前誤合之，凡龐子言皆宜入煖書。"《湘綺樓集·題鶡冠子》。然沈說爲勝。兵家《龐煖》三篇，汪刻本《漢書》作二篇，合此《鶡冠子》一篇，正符三篇之數。《後漢書·續輿服志》："鶡者勇雉，爲武冠。"道家與兵家相通，本志兵權謀家原有《鶡冠子》言兵之篇，此亦後世所以誤合兵家《龐煖》爲一歟。或曰："《五行志》引《周書》曰'知天文者冠鷸冠'，禮家謂之術士冠。今《鶡冠子》書皆述三才變通，其篇目有《天則》、《天權》、《能天》以及《環流》、《王鈇》、《泰鴻》、《泰錄》等篇，率多談天之語。'鶡'字恐'鷸'字之誤。"然古天文乃係有形之天，《鶡冠子》所談者，道家言無形之天耳，未可遽易"鶡"爲"鷸"也。

周訓十四篇 師古曰："劉向《別錄》云：人間小書，其言俗薄。"

亡。

黃帝四經四篇

亡。《隋志》曰："漢時諸子道書之流，有三十七家，大旨皆去健羨，處沖虛而已。其《黃帝》四篇，《老子》二篇，最得深旨。"《道經部》。蓋懸揣之談。《黃帝四經》，《隋志》已不著錄也。王氏《攷證》引《史記正義》曰"《黃帝道書》十卷"，亦見《玉海》卷二十八。未審其詳。《史記》稱黃老言，《田叔傳》、《張釋之傳》、《鼂錯傳》、《儒林傳》、《武安侯傳》、《孟子荀卿傳》、《申不害韓非傳》、《汲黯鄭當時傳》。稱黃帝老子言，《陳丞相世家》、《外戚世家》、《樂毅傳》、《日者傳》。無慮各數見。先黃帝而後老子者，宜也。班志乃抑黃帝於老子之後，蓋本二劉。或謂《谷神》一章，《列子》引作《黃帝書》，《黃帝書》正襲《老子》，故二劉校書抑之耳。然此正倒見老子襲《黃帝書》則可耳。《金人銘》一首，讀於孔子，是亦豈襲《老子》者哉。大抵漢氏百年之大計，在尊儒，故抑黃老。而《黃帝》之文，質勝而野，猶不若《老子》之辭簡意遠，故更抑置於後矣。今《黃帝書》雖亡，凡見引於《韓非》、《揚權篇》。《呂覽》、《應同》、《去私》、《圜道》、《遇合》、《審時》等篇。《賈子》、《宗首》、《修政上》。《淮南》、《繆稱訓》、《泰族訓》。僞《列子》、《天瑞》、《力命》。僞《文子》、《符言》、《上仁》、

《六韜》、《漢書》賈誼《陳政事疏》。等書者，率多透宗之警語，不愧道家之鼻祖，但不識爲即此《四經》之文否耳。

黃帝銘六篇

殘。《黃帝金人銘》見於《荀子》、詳余《自序》。《太公金匱》、劉向《說苑》，王應麟《攷證》據《皇覽》，嚴可均《全上古三代文》據《太公陰謀》、《太公金匱》，知即《黃帝六銘》之一，取《說苑》足之。《黃帝巾几銘》見於《路史》，《疏仡紀》。是《六銘》尚存其二也。孔子讀《金人銘》曰："此言雖鄙，而中事情。"《說苑·敬慎篇》。蓋孔子尚文，故鄙之耳。不知上古語質，不飾以文，此真草昧初狀。劉班尊儒，從而抑之，斯無識已。劉勰曰："蓋上古遺語，而戰代所記。"《文心雕龍·諸子篇》。孔子尚得讀之，豈戰代所記哉？

黃帝君臣十篇　起六國時，與老子相似也。

亡。"慎到、田駢、接子、環淵皆學黃老道德之術。"《史記·孟荀傳》。前此未聞有此術也，故曰起六國時歟。云與《老子》相似者，明不同書。雜家《子晚子》亦云："齊人好議兵，與《司馬法》相似。"可證也。書不同而文句或有同者，魏晋人僞造《列子》引《老子·谷神章》，稱《黃帝書》曰，豈猶及見此書歟？《周官》："外史掌三皇五帝之書。"宰予問《黃帝》於孔子，孔子難之。《大戴禮·五帝德》。周室既衰，史播五帝之書於民間，則其書雖出於六国時，而實傳自上古也。《尸子》曰："黃帝取合己者四人，使治四方。"《御覽》七十九。《史記》曰："黃帝舉風后、力牧、常先、大鴻以治民，順天地之紀，幽明之占，死生之說，存亡之難。"《五帝本紀》。或皆出此書。

雜黃帝五十八篇　六國時賢者所作。

亡。

力牧二十二篇　六國時所作，託之力牧。力牧，黃帝相。

亡。兵陰陽家《力牧》十五篇，班注語意略同，然未必同書。

《淮南子》曰："黃帝治天下而力牧、大山稽輔之。"《覽冥訓》。或據此書。劉勰曰："《風后》、《力牧》篇述者，蓋上古遺語，而戰代所記。"《文心雕龍·諸子篇》。其詞亦視班注爲恕。故班注於道家《文子》、《力牧》之外，又如農家《神農》注云"六國時，諸子託之神農"，小說家《師曠》注云"其言淺薄，似因託"，《天乙》注云"其言非殷時，皆依託"，《黃帝说》注云"迂誕依託"，兵家《封胡》、《風后》、《力牧》、《鬼容區》注皆云"依託"。此類語絕不施之於六藝，是其攻諸子甚矣。

孫子十六篇　六國時。

亡。班注云六國時，則非兵權謀家之吳、齊二孫子也。

捷子二篇　齊人，武帝時說。

亡。王念孫曰："捷子，六國時人。《人表》在尸子之後，鄒子之前。《史記》作接子，《田完世家》、《孟荀傳》正義說同。注'武帝時說'四字，乃涉下條注'武帝時說於齊王'而衍。"《讀書雜志》。是也。或據《元和姓纂》，別捷子、接子爲二人，蓋非。

曹羽二篇　楚人，武帝時，說於齊王。

亡。

郎中嬰齊十二篇　武帝時。師古曰："劉向云故待詔，不知其姓，數從游觀，名能爲文。"

亡。

臣君子二篇　蜀人。

亡。

鄭長者一篇　六國時。先韓子，韓子稱之。師古曰："《別録》云鄭人，不知姓名。"

亡。《韓非子》嘗稱其說。《外儲說右》兩引《鄭長者》言。應劭曰："春秋之末，鄭有賢人著書一篇，號《鄭長者》。"慧苑《華嚴經音義下》引。

楚子三篇

亡。

道家言二篇　近世，不知作者。

亡。

右道三十七家，九百九十三篇。

今計家數適符。惟《太公》二百三十七篇，當除去《謀》八十一篇，《言》七十一篇，《兵》八十五篇不計，則得八百一篇，少百九十二篇。若不除去而計之，則得一千零三十八篇，多四十五篇。

道家者流，蓋出於史官，歷記成敗存亡禍福古今之道，然後知秉要執本，清虛以自守，卑弱以自持，此君人南面之術也。

"君人"當爲"人君"之訛。王念孫說。《穀梁傳序疏》、《爾雅序》引此，皆不誤。道家誠出於史官，伊尹、太公非史官也，則其權首，非自黃帝而誰與？黃帝立史官以來，史氏世守其緒，下至周末，老子爲柱下史，爰播黃帝之書於民間。不然，則黃老道德之術，曷爲而來哉？司馬談家世爲史，猶知此義，故先黃老而後六經，其明驗也。自武帝崇儒，而劉略、班志咸體此旨，不獨先六經而後黃老也，抑且黃、老而老、黃之，先老而後黃矣。然試問合于歷史自然之序否，其乖戾一也。儒家助人君明教化，道家人君南面之術，先儒而後道，是未有人君而已有助人君者也，其乖戾二也。故於此而謂之漢氏之政策則可，謂之學術當然，則無是處。

合於堯之克攘，師古曰："《虞書·堯典》稱堯之德曰'允恭克攘'，言其信恭能讓也，故志引之云。攘，古讓字。"**《易》之嗛嗛，一謙而四益，此其所長也。**師古曰："四益，謂天道虧盈而益謙，地道變盈而流謙，鬼神害盈而福謙，人道惡盈而好謙也。此《謙》卦象辭。嗛字與謙同。"

史掌文書，《書》、《易》所載，史無不得其緒也。錢大昕曰："古書言旁字與口旁字往往相通，故謙或爲嗛。"一謙而四益者，天益之、地益之、神益之、人益之也。

及放者爲之，則欲絕去禮學，兼棄仁義，師古曰：“放，蕩也。”曰獨任清虛可以爲治。

《史記》曰：“莊子散道德，放論。”《老莊申韓傳贊》。是所謂放者也。然老莊同歸小國寡民之治，有什伯之器而不用，是其黃金天國，故與三代大國之制殊已。

以上道

宋司星子韋三篇　景公之史。

亡。子韋事詳《呂覽》、《制樂篇》。《論衡》。《變虛篇》。馬國翰有輯本。

公檮生終始十四篇　傳鄒奭《始終》書。師古曰：“檮音疇，其字從木。”

亡。錢大昭曰：“作《終始》者鄒衍，非鄒奭也。”注“始終”亦誤，當作“終始”。

公孫發二十二篇　六國時。

亡。

鄒子四十九篇　名衍，齊人，爲燕昭王師，居稷下，號談天衍。

亡。鄒子曰：“政教文質者，所以云救也，當時則用，過則舍之，有易則易也，故守一而不變者，未睹治之至也。”《漢書·嚴安傳》引。則與《易》言“一陰一陽之謂道”無不合，而與董仲舒言“天不變，道亦不變”者，大相逕庭也。說者謂鄒子疾晚世之儒墨，守一隅而欲知萬方。《鹽鐵論·論鄒篇》。觀其與淳于髡微言，實長於游說。故揚雄曰：“鄒衍以頡亢而取世資。”《解嘲》。蓋陰陽家固與縱橫家之陰陽捭闔相通歟。馬國翰有輯本。

鄒子終始五十六篇　師古曰：“亦鄒衍所說。”

亡。《史記》曰：“齊威、宣之時，騶子之徒論著《終始》、《五德》之運，及秦帝，齊人奏之。”《封禪書》。《七略》曰：“鄒子有《終始》、《五德》，從所不勝，土德後，木德繼之，金德次之，火德次之，水德次之。"《文選·魏都賦》注。蓋其學出於言五帝之運行也。

乘丘子五篇　六國時。

亡。"乘"當作"桑"，沈欽韓、葉德輝說。

杜文公五篇　六國時。師古曰："劉向《別録》云韓人也。"

亡。

黄帝泰素二十篇　六國時韓諸公子所作。師古曰："劉向《別録》云：或言韓諸公孫之所作也。言陰陽五行，以爲黄帝之道也，故曰《泰素》。"

亡。

南公三十一篇　六國時。

亡。南公曰："楚雖三户，亡秦必楚。"《史記·項羽本紀》。後楚卒亡秦，蓋猶今之預言家。

容成子十四篇

亡。《世本》曰："黄帝使容成作調曆。"亦見《吕覽·勿躬篇》。莊子稱容成氏曰："除日無歲，無内無外。"《則陽篇》。此抑次於南公之後，當亦如道家之黄帝矣。朱一新曰"疑六國時人作"，非也。

張蒼十六篇　丞相北平侯。

亡。《蒼傳》曰："著書十八篇，言陰陽律曆事。"篇數不同，蓋"八""六"字形近易訛。

鄒奭子十二篇　齊人，號曰雕龍奭。師古曰："奭音試亦反。"

亡。《七略》曰：[1]"鄒衍之所言五德終始，天地廣大，盡言天事，故曰'談天'。騶奭修衍之文，若雕鏤龍文，故曰'雕龍'。"《史記·孟荀傳》集解引。

閭丘子十三篇　名快，魏人，在南公前。

亡。

---

[1]　"七略"，中華書局點校本《史記》作"别録"。

馮促十三篇

亡。

將鉅子五篇　六國時，先南公，南公稱之。

亡。

五曹官制五篇　漢制，似賈誼所條。

亡。賈誼草具儀法，用五爲官，見本傳。《五曹算經》所說，不識即本此否。

周伯十一篇　齊人。六國時。

亡。

衛侯官十二篇　近世，不知作者。

亡。錢大昭曰"侯，當作'候'"，官名也。

于長天下忠臣九篇　平陰人，近世。師古曰："劉向《別録》云：傳天下忠臣。"

亡。古言忠孝傳諸五行，董仲舒曰："五行者，乃忠臣孝子之行也。"《春秋繁露·五行之義篇》。又《五行對篇》亦有此義。故于長書入陰陽家歟。

公孫渾邪十五篇　平曲侯。

亡。公孫賀之祖。《賀傳》作昆邪，昆、渾同也。

雜陰陽三十八篇　不知作者。

亡。

右陰陽二十一家，三百六十九篇

今計二十一家，三百六十八篇，少一篇。

陰陽家者流，蓋出於羲和之官，敬順昊天，歷象日月星辰，敬授民時，此其所長也。

羲和之官，詳于《堯典》。仲叔四子，分宅四裔。南交則今之安南也，朔方、幽都則今之黑龍江之上源也。別詳余《穆天子傳西征今地攷》。東西至日之所出入，則更遠矣。本其實測，而著歷象，故古之陰陽家，未可輕量也。

及拘者爲之，則牽於禁忌，泥於小數，師古曰：“泥，滯也。音乃計反。”**舍人事而任鬼。**師古曰：“舍，廢也。”

　　鬼神魑祥小數有驗有不驗，故君子知之而不任也。司馬談曰：“陰陽之術，大祥而衆忌諱，使人拘而多所畏。”《史記·自序》。

以上陰陽

李子三十二篇　名悝，相魏文侯，富國强兵。

　　亡。儒家《李克》七篇，兵權謀家《李子》十篇，蓋俱非同書。《食貨志》言“李悝爲魏文侯作盡地力之教”，與《史記·貨殖傳》言“當魏文侯時，李克務盡地力”正合。故知克、悝一人，克、悝疊韻，故古字通。而此其法家言也，蓋自著之書。《晋書·刑法志》言悝撰次諸國法，著《法經》六篇，商鞅受之以相秦。《唐六典》注曰：“六法：一盜法，二賊法，三囚法，四捕法，五雜法，六具法。”黄奭有輯本。孫星衍謂即《漢志》之《李子》三十二篇，《李子法經序》。似失之。

商君二十九篇　名鞅，姬姓，衛後也，相秦孝公，有列傳。

　　殘。清《四庫》法家類著録《商子》五卷。兵權謀家《公孫鞅》二十七篇，蓋非同書。商君以《法經》六篇入秦，《後魏·刑罰志》。而燔《詩》、《書》。《韓非子》曰：“藏商、管之法者家有之。”《五蠹篇》。蓋《商君書》與《管子》同，亦出傳學者之手。《更法篇》首句即稱孝公之謚，又《來民篇》曰：“今三晋不勝秦，四世矣，自魏襄王以來，野戰不勝，則城必拔。”《弱民篇》曰：“秦師至鄢郢，舉若振槁，唐蔑死於垂沙，莊蹻發於内楚。”此皆秦昭王時事，非商君所及見也。晁公武曰：“二十九篇，今亡三篇。”《郡齋讀書志》。嚴萬里曰：“今二十六篇，又亡其二，實二十四篇。”嚴校《叙目》。攷所謂三亡篇者，《羣書治要》載商鞅《六法篇》，餘不可攷。所謂又亡其二者，《刑約》第十六及無目之第二十一兩篇也。近人校注者，有王時潤《商君書斠詮》、朱師轍《商君書解詁》。

申子六篇　名不害，京人，相韓昭侯，終其身，諸侯不敢侵韓。師古曰：“京，河南京縣。”

殘。《淮南子》曰：“今商鞅《開塞》，申子之《三符》，韓非子之《孤憤》。”《泰族訓》。是申子有《三符篇》也。《史記》曰：“申子之學本於黃老，而主刑名，著書二篇，號曰《申子》。”《老莊申韓傳》。《別錄》曰：“《申子》學號曰刑名者，循名以責實。其尊君卑臣，崇上抑下，合於六經也。”《史記·張叔傳》索隱引。今民間所有上下二篇，中書六篇皆合，二篇已備，過太史公所記。”王應麟引《史記》本傳注，與今《史記集解》微異。《七略》曰：“孝宣皇帝重申不害《君臣篇》。”《御覽》二百二十一。《七錄》曰：“《申子》二卷。”《史記》本傳正義引。《隋志》注：“梁有三卷亡。”新、舊《唐志》仍三卷，《通志》、《通考》無，《御覽》有《申子》。則亡於南宋矣。今僅《羣書治要》載《大體篇》，蓋亦不完。凡六篇目，《三符》、《君臣》、《大體》三篇目可徵而已。馬國翰有輯本，未盡。王潤時有輯佚文。

處子九篇　師古曰：“《史記》云，趙有處子。”

亡。處即劇也。今《史記》處子作劇子。《孟荀傳》。

慎子四十二篇　名到，先申、韓，申、韓稱之。

殘。清《四庫》雜家類著錄《慎子》一卷。司馬遷曰：“慎到，趙人，學黃老道德之術，故著十二論。”楊倞曰：“慎到本黃老之術，明不尚賢不使能之道。”《荀子·解蔽篇》注。案《非十二子篇》以慎到、田駢同譏，《儒效篇》又以慎、墨同詆，正與《韓詩外傳》以老、墨爲俗儒略同也。王應麟曰：“《漢志》四十二篇，今三十七篇亡，惟有《威德》、《因循》、《民雜》、《德立》、《思人》五篇，滕輔注。”《攷證》。沈欽韓曰：“今五篇亦非完篇矣。”《疏證》。嚴可均曰：“《隋志》、《舊》、《新唐志》皆十卷，滕輔注。《崇文總目》三十七篇，《書錄解題》稱麻沙刻本纔五篇，余所見明刻本亦皆五篇，今從《羣書治要》寫出七篇,有注,即滕輔注。其多出之篇,曰《知忠》、曰《君臣》,其《威德篇》多出二百五十三字。雖亦節本,視陳振孫所見本爲勝。《藝文類聚》六十有汉滕輔《祭牙》文,《隋志》梁有晋太學博士《滕輔集》、《慎子注》,爲漢爲晋,未敢定之。"《鐵橋漫稿》。錢熙祚亦有校本,附輯佚文。

韓子五十五篇。 名非,韓諸公子,使秦,李斯害而殺之。

存。司馬遷曰:"韓非喜刑名法術之學,而其歸本於黄老。作《孤憤》、《五蠹》、《内》、《外儲》、《說林》、《說難》十餘萬言。人或傳其書至秦,秦王見《孤憤》、《五蠹》之書。"《史記》本傳。然又曰:"韓非囚秦,《說難》、《孤憤》。"《史記·自序》。則似非之書,作於入秦之後,蓋當以前說爲勝也。王應麟曰:"非書有《存韓篇》,故李斯言非終爲韓,不爲秦也。後人誤以范睢書廁於其書之間,乃有舉韓之論。《通鑑》謂非欲覆宗國,則非也。"《考證》引程氏說。然王氏說亦未盡確,《韓非子》第一篇《初見秦》,確爲非書,非范睢書也。《戰國策》作張儀說秦王書,更誤不可從。吾家千里定從吳師道說。顧千里校本及識誤、王先慎《集解》俱善。盧文弨《羣書拾補》中有《韓非子校正》。

游棣子一篇 師古曰:"棣音徒計反。"

亡。

晁錯三十一篇

亡。《史記》曰:"晁錯學申、商刑名於軹張恢。"本傳。馬國翰有輯本。

燕十事十篇 不知作者。

亡。

法家言二篇 不知作者。

亡。

右法十家,二百一十七篇。

今計家數篇數悉符。

法家者流，蓋出於理官，信賞必罰，以輔禮制。《易》曰"先王以明罰飭法"，<small>師古曰："《噬嗑》之象辭也。飭，整也，讀與敕同。"</small>**此則所長也。**

理、李古字通，獄官也，今猶曰大理院。賈誼曰："夫禮者禁於將然之前，而法者禁於已然之後。是故法之所用易見，而禮之所爲生難知也。若夫慶賞以勸善，刑罰以懲惡，先王執此之政，堅如金石，行此之令，信如四時，據此之公，無私如天地耳，豈顧不用哉？"<small>《漢書》本傳。</small>是故禮法二者，猶今言道德法律二者，譬猶國家之兩輪，廢一而不行。抑弼之云者，其過重視禮，而以法爲輔助品，微異於今之說。此所以今日中國猶有隻輪不進之象歟。<small>今禮法皆衰，而人心輕法尤甚。</small>

及刻者爲之，則無教化，去仁愛，專任刑法而欲以致治，至於殘害至親，傷恩薄厚。<small>師古曰："薄厚者，變厚爲薄。"</small>

李斯以督責亡秦，其前車已。周壽昌曰："顏解未晰，此即《大學》所云於所厚者薄之意，蓋專指秦商鞅、漢鼂錯爲說。"

以上法

鄧析二篇。<small>鄭人，與子產並時。師古曰："《列子》及《孫卿》並云子產殺鄧析。据《左傳》，昭公二十年子產卒，定公九年駟歂殺鄧析而用其竹刑，則非子產所殺也。"</small>

疑。載籍多言子產誅鄧析，見《荀子·宥坐篇》、《呂覽·離謂篇》、《說苑·指武篇》、偽《列子·力命篇》。而《左傳》言駟歂殺之，蓋別一鄧析也。《荀子》曰："山淵平，天地比，齊秦襲，入乎耳，出乎口，鉤有鬚，卵有毛，是說之難持者也，而惠施、鄧析能之。"<small>《不苟篇》。</small>案《非十二子篇》亦詆鄧析好治怪說，玩琦辭。《淮南子》曰："公孫龍析於辭而貿名，鄧析巧辯而亂法。"<small>《詮言訓》。</small>劉向曰："鄧析好刑名，操兩可之說，設無窮之辭。"<small>《荀子》楊倞注引。</small>是鄧析書當與公孫龍、惠施相似，今不然也。惟《韓非子》曰："堅白無厚之詞章，而憲令之法息。"《問辯篇》。故王應麟曰："鄧析書《無厚》、《轉辭》二篇,其論無厚者,言之異同,與公孫龍同類。"《玉證》。蓋堅白無厚者,堅白異同之別語。《荀子·禮論篇》、《儒效篇》俱詆堅白異同之說,《修身篇》詆堅白異同有厚無厚之察。《公孫龍子》有《堅白論篇》。《莊子·天下篇》述惠施小同異、大同異、無厚不可積諸說,《史記·孟荀傳》言公孫龍爲堅白異同之辨,《平原君傳》言龍善爲堅白之辯,蓋稱之有詳略也。龍、析可同者祇此耳。然《莊子》言"以無厚入有間",《養生主》。是析之術,亦歸於黃老。《說苑·敬慎篇》載叔向稱老聃說,則老子先鄧析也。無厚者,至薄之別名,此刑名之所以慘礉也。晁公武曰："析書大旨訐而刻,真其言也。其間時勦取他書,頗駁雜不倫,豈後人附益之與。"《郡齋讀書志》。嚴可均曰："《崇文總目》言劉歆校爲二篇,今本二篇即歆所分,而前有劉向奏稱除復重爲一篇者,蓋歆冠以向奏,唐本相承如此也。知者,《意林》及楊倞注《荀子》皆云向,不云歆也。因據各書引見,改補五十餘事,疑者闕之。舊三十二章,今合並爲三十一章,節次或不相屬,而詞恉完具,各書徵用,鮮出此外。惟《御覽》八十《符子》引鄧析言曰'古詩云堯、舜至聖,身如脯腊,桀、紂無道,肌膚二尺',今本無之,當是佚脫。"《鐵橋漫稿》。由嚴之說,則是今本猶仍唐人所見本也。清《四庫》法家類著錄。

尹文子一篇　說齊宣王。先公孫龍。師古曰："劉向云與宋鈃俱游稷下。鈃音形。"

亡。劉歆曰："其學本于黃老,居稷下,與宋鈃、彭蒙、田駢等同學于公孫龍。"《容齋續筆》十四引。《隋》、《唐志》二卷,即今本《尹文子》上下二篇,復有殘闕。清《四庫》雜家類著錄。然《莊子》曰："宋鈃、尹文作爲華山冠以自表,接萬物以別宥爲始。語心之容,命之曰心之行。以聏合驩,以調海内,見侮不辱,救民之鬥,禁攻寢兵,救世之戰。"《天下篇》。宥、囿古字通。《尸子》

曰："料子貴別囿。"即別宥也。**別宥者，辨去囿隔也。**別、辨一声之轉，義同。
《呂覽》有《去宥篇》。**尹文接萬物，首尚辨去囿隔，今書乃曰："接萬**
物使分，別海內使不雜。"《大道篇》。馬敍倫說。**不合者一。聊、赧**
古字通。聊本作惡，惡、赧一声之轉。別詳《莊子天下篇講疏》。**尹文以騂顏**
寢兵，和調天下，今書乃曰："以名法治國，萬物所不能亂；以
權術用兵，萬物所不能敵。"《仁義篇》。**不合者二。且稱引老子**
三條，說多鄙倍。《說苑》述尹文語，《君道篇》。文絕不類，徵訓
徵終，先漢未有。王弼《老子注》云："徵，歸終也。"於是《列
子》曰："死也者，德之徵也。"《天瑞篇》。《尹文子》亦曰："窮則徵
終，徵終則反始。"《大道篇》。**二書之出同時，而義亦相照，其爲**
魏、晉間人所依託無疑。沈欽韓曰："以大道爲書，而雜以山
雞鳳皇，字長子曰盜，次子曰毆，亦詼嘲無稽甚矣。"馬敍倫
曰："今《尹文子》二篇，詞說庸近，不類戰國時文，陳義尤雜，
出仲長統所撰定。然仲長統之序，前儒證其偽作，蓋與二篇
並出偽作。"《莊子義證·天下篇》。**馬說至碻。汪繼培、錢熙祚、王**
時潤咸有校本。

公孫龍子十四篇　趙人。師古曰："即爲堅白之辨者。"

殘。**公孫龍，字子秉，**《列子釋文》。**莊子謂惠子曰："儒墨楊秉**
四，與夫子爲五。"《徐无鬼篇》。**又曰："駢於辨者，纍瓦結繩，竄**
句游心於堅白同異之間，而敝跬譽無用之言，非乎？而楊墨
是已。"《駢拇篇》。**蓋名者凡治學者所共有之事也，今惟《公孫龍**
子》尚爲確信之書。《別錄》曰："公孫龍持白馬之論以度關。"
《初學記》卷七。案羅振玉近刻《古籍叢殘》有唐寫本古類書第一種，《白馬》注云"公
孫龍度關，關司禁曰：馬不得過。公孫曰：我馬白，非馬。遂過。"可爲《別錄》之證。
又《韓非子·外儲說左上篇》："兒說乘白馬而過關。"亦一類之事。**則以其《白**
馬論》爲最著名也。《隋志》不著錄，《舊唐志》三卷，賈公彥之
子賈大隱曾爲作注。《通志》一卷，亡八篇，則殘於宋矣。故

今本止六篇。然首篇《跡府》，疑非原書。凡爲辨者，有事以爲例，則易喻，即事而爲辨，則易迷，故公孫龍責秦王以非約，《呂覽·淫辭篇》。折孔穿之詞悖，《跡府篇》。其言明且清。惟書中如《白馬》至《名實》五篇，類以一詞累變不窮，轉而益深，幾令人莫明其所謂，必繩以名家科律，然後瞭焉。此又讀其書，初覺詭異，而實不詭異也。清《四庫》雜家類著録。王潤時有校本。

成公生五篇　與黃公等同時。師古曰："姓成公。劉向云與李斯子由同時。由爲三川守，成公生游談不仕。"

亡。

惠子一篇　名施，與莊子並時。

亡。惠施，宋人也。《呂覽·淫辭篇》高注。其學去尊《呂覽·愛類篇》。而多方，其書五車，《莊子·天下篇》。爲魏惠王相。《莊子·秋水篇》。魏惠王即梁惠王。當惠王之時，五十戰而二十敗，大術之愚，爲天下笑，乃請令周太史更著其名。《呂覽·不屈篇》。故《老子》曰"辯者不善"，得非惠施之謂乎？及施死，而莊子猶曰："自夫子之死也，吾无與之言矣。"《莊子·徐无鬼篇》、《說苑·說叢篇》。述其歷物之意，《天下篇》。蓋即施書一篇大旨所在。馬國翰有輯本。

黃公四篇　名疵，爲秦博士，作歌詩，在秦時歌詩中。師古曰："疵音才斯反。"

亡。

毛公九篇　趙人，與公孫龍等並游平原君趙勝家。師古曰："劉向《別録》云論堅白同異，以爲可以治天下。此蓋《史記》所云'藏於博徒'者。"

亡。

右名七家，三十六篇

今計家數篇數悉符。

名家者流，蓋出於禮官。古者名位不同，禮亦異數。孔子曰："必也正名乎！名不正則言不順，言不順則事不成。"師古曰："《論語》載孔子之言也。言欲爲政，必先正其名。"**此其所長也。**

晉太子曰仇，少子曰成師，師服曰：“名自名也，物自定也。今適庶名反逆，此後晉其能毋亂乎？”《史記·晉世家》。《管子》曰："名者，聖人之所以紀萬物也。"《心術上篇》。《韓非子》曰："名正物定，名倚物徙，故聖人執一以靜，使名自命，令事自定。"《揚權篇》。然則黃帝、孔子咸主正名，固言治之首務，以紀萬物，安得而不有數。惟道法儒墨紛紛咸首重在此，而用之又各不同歟。

及警者為之，晉灼曰："警，訐也。"師古曰："警音工釣反。"**則苟鉤鈲析亂而已。**師古曰："鈲，破也，音普革反，又音普狄反。"

晉注非也。警、繳古字通，煩也。《史記·自序》服虔注。所謂"名家苟察繳繞"，《史記·自序》、《漢書·司馬遷傳》。如淳曰："繳繞猶纏繞，不通大體也。"是也。公孫龥辭而貿名，猶不免乎此弊。

以上名

尹佚二篇　周臣，在成、康時也。

亡。尹佚亦曰尹逸，《周書·克殷解》。又曰史佚。《周書》尹逸，《史記·周本紀》作史佚。魯惠公使宰讓請郊廟之禮於天子，天子使史角往，惠公止之。其後在於魯，墨子學焉。《呂覽·當染篇》。豈史角之先，出自尹佚，故以佚書為墨家冠，且以其出於清廟之守耶？《周頌》曰："於穆清廟。"馬國翰有輯本。

田俅子三篇　先韓子。蘇林曰："俅音仇。"

亡。田俅即田鳩也，見《韓非》、《外儲說右上篇》。《呂覽》《首時篇》。之書。《隋志》曰："梁有《田俅子》一卷。"然唐宋類書，時見稱引。多言符瑞，亦明鬼之意歟？馬國翰有輯本。

我子一篇　師古曰："劉向《別錄》云為墨子之學。"

亡。應劭曰："我子，六國時人。"《元和姓纂》二十三哿引《風俗通》。

隨巢子六篇　墨翟弟子。

亡。《隋》、《唐志》、《通志》咸一卷。洪邁曰"書今不存"，則亡於宋矣。其尚儉、《史記·自序》正義引韋昭說。明鬼，傳墨之術。馬國翰有輯本。亦見孫詒讓《墨子閒詁》附《墨語下》。

胡非子三篇　墨翟弟子。

亡。《隋》、《唐志》、《通志》咸一卷。洪邁曰："今不存。"葉德輝曰："其書大恉與《貴義》、《尚同》相近。"馬國翰有輯本。亦見孫詒讓《墨子閒詁》附錄。

墨子七十一篇　名翟，爲宋大夫，在孔子後。

殘。墨翟，魯人也。《呂覽·當染》、《慎大篇》注。孔丘、墨翟無地爲君，無官爲長，《呂覽·順說篇》。蓋爲孔子服役者七十人，《韓非子·五蠹篇》。爲墨子服役者百八十人。《淮南子·泰族訓》。孔墨之競起於當時，其遺烈之盛，可思矣。《淮南子》曰："孔墨皆修先聖之術，通六藝之論。"《主術訓》。然非也。墨子長於《詩》、《書》、《春秋》，遺書可覆案也。《詩》、《書》、《春秋》猶不足以破鬼神，惟《易》足以破之。《易》明天地萬物之原，故無鬼神。說見前。使墨氏而通六藝，則不爲明鬼之說矣。墨非其姓，以日夜勤勞，面目黧墨得號。別有考。故其道近於釋氏之小乘，西方之天主。《別錄》曰："墨子書有文子。文子，子夏之弟子，問於墨子。如此，則墨子者在七十子後也。"《史記·孟荀傳》引。其書宋世已亡九篇，久無善本。清《四庫》雜家類著錄。清畢沅校本，孫詒讓《墨子閒詁》，孫尤勝。

右墨六家，八十六篇

今計家數篇數悉符。

墨家者流，蓋出於清廟之守。茅屋采椽，是以貴儉；師古曰："采，柞木也，字作採，本從木。以茅覆屋，以採爲椽，言其質素也。采音千在反。"**養三老五更，是以兼愛**；**選士大射，是以上賢**；**宗祀嚴父，是以右鬼**；如淳曰："右鬼，謂信鬼神。若杜伯射宣王，是親鬼而右之。"師古曰："右猶尊尚也。"**順四時而**

行，是以非命；蘇林曰："非有命者，言儒者執有命，而反勸人修德積善，政教與行相反，故譏之也。"如淳曰："言無吉凶之命，但有賢不肖善惡。"**以孝視天下，是以上同：**如淳曰："言皆同，可以治也。"師古曰："《墨子》有《節用》、《兼愛》、《上賢》、《明鬼神》、《非命》、《上同》等諸篇，故志歷序其本意也。視讀曰示。"**此其所長也。**

此蓋釋墨家之術，出自周清廟之守也。故《左氏傳》曰："清廟茅屋，昭其儉也。"《桓二年》。此貴儉之所出也。其餘養三老五更，選士大射，宗祀嚴父，順四時而行，以孝視天下，無一不可附會《孝經》、三《禮》而爲之辭。然儒家之道，至孔子而昌，墨家之道，亦至墨子而盛。《淮南子》曰："墨子背周道而用夏政。"《要略訓》。準斯以談，當以夏爲說。則禹思天下有溺者，猶己溺之也，《孟子·離婁下篇》。蓋《兼愛》之所出也。禹南省方，濟於江，黃龍負舟，熙然而稱曰："我受命於天，竭力而勞萬民。生，寄也；死，歸也。何足以滑和。"《精神訓》。蓋《非命》之所出也。禹又菲飲食而致孝乎鬼神，惡衣服而致美乎黻冕，卑宮室而盡力乎溝洫，《論語》。蓋貴儉、上賢、右鬼、尚同之所出也。《禮記·射義》曰："天下將祭，必先習射於澤。澤者所以擇士也。"故致孝鬼神，致美黻冕，皆祭事而兼包射事。孔子年事稍先，猶循循周道，未遽變革。百家言黃帝，變周最烈。然其自居也猶厚，惟墨子崛起其間，反周從夏，日夜不休，勞形天下。《莊子》曰："墨子真天下之好也，將求之不得也，雖枯槁不舍也，才士也夫。"《天下篇》。嗚呼！斯言不虛美矣，千萬世以後，有以勞働爲神聖，則墨之爲人傑，不尤大彰明較著哉！

及蔽者爲之，見儉之利，因以非禮，推兼愛之意，而不知別親疏。

此蔽者蓋指墨子節葬非禮，兼愛無父，皆孟子所譏。然由今觀之，孟子之說有不盡然矣。

以上墨

蘇子三十一篇 名秦，有列傳。

殘。《史記》本傳曰："秦得周書《陰符》，伏而讀之，期年以出揣摩。"裴駰曰："《鬼谷子》有《揣摩篇》。"《集解》。王劭曰："《揣情》、《摩意》是《鬼谷》之二章名。"《索隱》引。案《太平御覽》引亦稱《揣情》、《摩意篇》。今本作《揣》、《摩》二篇。服虔曰："抵音紙。隙音義。謂罪敗而復抨彈之，《蘇秦書》有此法。"顏師古曰："隙與戲同音，戲亦險也。《鬼谷子》有《抵戲篇》也。"《漢書·杜周傳贊》注。是諸家皆以《鬼谷子》爲即《蘇秦書》，而服虔爲漢經師大儒，其言尤可信也。《漢書·主父偃傳》注。服虔曰："蘇秦法百家書說也。"此亦一證。惟《鬼谷子》曰："周有豪士居鬼谷，號爲鬼谷先生，蘇秦、張儀往見之，擇日而學。"《御覽》五百三十引。故《史記》蘇秦、張儀傳皆本此說，則宜《鬼谷子》自《鬼谷子》，《蘇秦書》自《蘇秦書》，不相同也。然《說苑》引《鬼谷子》曰："人之不善，而能矯之者難矣。"《善說篇》。或本蘇秦述其師說，故劉向《別錄》原題《鬼谷子》。班志本《七略》，從其核實，題名《蘇子》，未可知也，《隋志》《鬼谷子》三卷，樂注。《新唐志》二卷，蘇秦撰，又三卷樂臺注。樂臺曰："蘇秦欲神祕其道，故假名鬼谷。"《蘇秦傳》索隱引。案兩《唐志》、《通志》皆作樂臺，《意林》、王氏《攷證》作樂壹。其言或別有本。今書自《捭闔》至《符言》十二篇，尚有佚篇，清《四庫》雜家類著錄。明胡應麟《筆叢》謂《隋志》有三十一篇，無據。司馬遷稱："聖人不朽，時變自守。虛者時之常也，因者君之綱也。"《索隱》謂"其詞出《鬼谷》"，今本無之，蓋在佚篇中矣。秦恩復重校本佳，嘉慶十年刻。近王時潤亦有校本。

張子十篇 名儀，有列傳。

亡。

龐煖二篇 爲燕將。師古曰："煖音許遠反。"

亡。兵權謀家有《龐煖》三篇，蓋非同書。

闕子一篇

亡。應劭曰："闕，姓也。縱橫家有闕子著書。"《後漢書·獻帝紀》注引《風俗通》。嚴可均曰："《闕子》，劉逵注《吳都賦》、酈道元注《水經·雎水》，並採用之，當是先秦古書。"《鐵橋漫稿》。馬國翰有輯本。

國筮子十七篇

亡。

秦零陵令信一篇　難秦相李斯。

亡。《文選·吳都賦》注有引秦零陵令信上書曰："荆軻挾匕首，卒刺陛下。"即此。

蒯子五篇　名通。

亡。本傳曰："論戰國時說士權變，亦自序其說，凡八十一首，號曰《雋永》。"馬國翰有輯本。

鄒陽七篇

亡。馬國翰有輯本。

主父偃二十八篇

亡。本傳曰："偃學長短縱橫術。"馬國翰有輯本。

徐樂一篇

亡。馬國翰有輯本。

莊安一篇

亡。即嚴安，此本《七略》，故作《莊安》。馬國翰有輯本。

待詔金馬聊蒼三篇　趙人，武帝時。師古曰："《嚴助傳》作膠蒼，而此志作聊。志傳不同，未知敦是。"

亡。錢大昭曰："《風俗通》有聊蒼，爲漢侍中，著子書。"《廣韻》二蕭引。據此，則作膠者通叚字。

右縱橫十二家，百七篇。

今計家數篇數悉符。

縱橫家者流，蓋出於行人之官。孔子曰：“誦《詩》三百，使於四方，不能專對，雖多，亦奚以爲？”師古曰：“《論語》載孔子之言也。謂人不達於事，誦《詩》雖多，亦無所用。”**又曰：“使乎，使乎！”**師古曰：“亦《論語》載孔子之言，歎使者之難其人。①”**言其當權事制宜，受命而不受辭，此其所長也。**

《詩》曰：“藝麻如之何，橫縱其畝。”“橫”字據《韓詩》。東西耕曰橫，南北耕曰縱。中國，農業之國也，轉被其耕稼之詞於行人之術。使臣曰行人，春秋朝聘頻煩，斯職尤重，賦詩斷章，增輝壇坫，孔子欲進庶人於朝，故曰：“不學《詩》，無以言。”而教弟子誦《詩》，貴能奉使專對。其後子貢一出，存魯亂齊破吳強晉而霸越。《史記·仲尼弟子傳》。故孔子者，春秋之縱橫大師，而子貢者，春秋之縱橫大家也。蘧伯玉使人於孔子，孔子與之坐，而問夫子何爲，使者對曰：“夫子欲寡其過而未能也。”故孔子贊歎之曰：“使乎，使乎！”美其能於辭不受諸主，而善制宜以應賓也。《莊子·則陽篇》《淮南子·原道訓》皆有蘧伯玉知非之文，況對孔子，尤宜直對以實，故爲美也。《論衡·問孔篇》謂孔子曰：“使乎，使乎！”非之也，非其不當代人謙。此王充野言，不足據。然則私人賓朋之間，酬酢之詞，亦比諸縱橫之屬也。國交私交，本主忠信，而有時乎行權者，豈得已哉？如子貢之爲，興亡係乎數國之鉅，而爲救魯祖國，不可非也。

及邪人爲之，則上詐諼而棄其信。師古曰：“諼，詐言也，音許遠反。”

邪人者，蘇、張是也。戰國之世，一詐諼之世也。春秋交聘，猶賦詩斷章，口道禮義忠信，及戰國而此風絕矣。國際道德盡亡，說詳《日知錄》。蘇秦說秦王不成，而東合六國以抗秦，曰從。張儀說山東諸國不成，而西入秦，用秦以破六國之從，曰橫。從橫之起，由此擾擾，以至秦漢興亡。《韓非子》曰：“從橫之黨，

---

①　“使”下原缺“者”，據中華書局點校本《漢書》補。

借力於國，從者合衆弱以攻一強也，衡者事一強以攻衆弱也，皆非所以持國也。《五蠹篇》。然就彼善於此而論，則蘇秦先迷而後復，功愈於張儀。張儀，魏人也，寧爲祖國之罪人也。秦自孝公而後，坐收山東之士，以滅山東之國，故滅六國者六國也。《容齋隨筆》二曰：“六國所用相，皆其宗族及國人，如齊之田忌、田嬰、田文，韓之公仲、公叔，趙之奉陽、平原君，魏王至以太子爲相。獨秦不然，其始與之謀國以開霸業者，魏人公孫鞅也，其他若樓緩趙人，張儀、魏冉、范睢皆魏人，蔡澤燕人，呂不韋韓人，李斯楚人，皆委國聽之，卒以兼天下。”六國之主，不恤其士，以至宗社邱墟，誠不足責。而六國之士，懷才無所用，未嘗思有以易其祖國之政教，輒求逞於異邦。既逞矣，又輒復借異邦之力，以反噬祖國，如商鞅之徒，類是其人也。在諸夏同種列邦，宜不可以近世之國界論，然揆諸公山不狃言“君子不以所惡廢鄉”之義，豈非君子之道，淪喪已盡哉。故夫孔子遠矣，玄聖素王，將以自立也，奸七十二君而不遇，則退老尼山，制經立教，以待諸千萬世之後。

以上縱橫

孔甲盤盂二十六篇　黃帝之史，或曰夏帝孔甲，似皆非。

亡。古謂鍾鼎亦曰盤盂，《墨子·兼愛下篇》曰：“琢於盤盂。”《魯問篇》作鍾鼎。田蚡學盤盂書。見本書。《七略》曰：“盤盂書者，其傳言孔甲爲之。孔甲，黃帝之史也。書盤盂中爲誡法，或於鼎，名曰銘。”王氏《攷證》。案《田蚡傳》應劭注略同。班氏非之，似近苛也。

大命三十七篇　傳言禹所作，其文似後世語。師古曰：“命，古禹字。”

亡。《賈子》引《大禹》曰：“民無食也，則我弗能使也；功成而不利於民，我弗能勸也。”《修政語》上篇。與《周書·大聚篇》引《禹之禁》，《文傳篇》引《夏箴》文俱相似，蓋皆在此《大禹》書中。然班注謂其文似後世語者，必以其明暢流利，適與晚周百家語相似，故云然也。不知言有文質，未可一概而論。故黃帝《金人銘》決不如《詩》、《書》之溫文爾雅，由《金人銘》質言而《詩》、《書》文言也。則假如《大禹》書而有似乎百家之文，亦何害其爲禹書哉？

伍子胥八篇 <small>名員，春秋時爲吳將，忠直遇讒死。</small>

疑。兵技巧家《伍子胥》十篇，蓋非同書。《越絕書》明言：“一說子胥作，外者非一人作。”洪頤煊曰：“今本《越絕》，篇次錯亂。以末篇證之，本八篇，《太伯》第一，《荆平》第二，《吳》第三，《計倪》第四，《請糴》第五，《九術》第六，《兵法》第七，《陳恒》第八，與雜家《伍子胥》篇數正同。”<small>《讀書叢錄》。</small>蓋《越絕》本分內外傳。《崇文總目》稱舊有《內記》八，《外傳》十七，今文題闕舛，裁二十篇。《內傳》八篇，今存《荆平》、《王吳》、《計倪》、《請糴》、《陳成恒》、《九術》六篇。《計倪》猶稱內。審其文字，當即雜家之《伍子胥》書，而餘爲後漢袁康作也。<small>《文選注》、顏延年《待遊曲阿後湖詩》、張協《七命》兩注。</small>《太平御覽》三百十五。並引《越絕書》伍子胥水戰法，<small>《御覽》七又七百引《越絕書》子胥船軍之教。</small>當爲《兵法篇》之佚文。<small>《舊唐志》《伍子胥兵法》一卷，或即《越絕書·兵法篇》之單行者。</small>

子晚子三十五篇 <small>齊人，好議兵，與《司馬法》相似。</small>

亡。孫德謙曰：“《子晚子》者，以子墨子證之，蓋兵家大師也，以其學術通博，而所長則在兵耳。”<small>《漢書藝文志舉例》。</small>

由余三篇 <small>戎人，秦穆公聘以爲大夫。</small>

亡。兵形勢家《繇叙》二篇，蓋非同書。由繇、余叙，通叚字。司馬遷曰：“由余，其先晋人也，亡入戎，戎王使觀秦，秦繆公問曰：‘中國以詩書禮樂法度爲政，然尚時亂，今戎夷無此，何以爲治？’由余曰：‘此乃中國所以亂也。夫自上聖黃帝作爲禮樂法度，身以先之，僅以小治。及其後世，日以驕淫，阻法度之威，以督責於下，下罷極則以仁義怨望於上，上下交爭怨而相篡弒,至於滅宗,皆以此類也。夫戎夷不然,上含淳德以遇其下①,下懷忠信以事其上。一國之政猶一身之治,不知所以治,此真聖人之治也。'"《史記·秦本紀》由是觀之,不獨見黃老之治即戎夷之道,復可見雜家以道德爲歸,亦自由余啓之。馬國翰有輯本。

尉繚二十九篇　六國時,師古曰:"尉,姓;繚,名也,音了,又音聊。劉向《別録》云繚爲商君學。"

亡。兵形勢家有《尉繚》三十一篇,蓋非同書。然《隋志》雜家《尉繚子》五卷,謂"梁并録六卷,梁惠王時人"。則已合兵家《尉繚》而爲一矣。《初學記》、《御覽》六百八十四。引《尉繚子》,並雜家言,是其書唐宋猶存。《史記》曰:"大梁人尉繚來說秦王,其計以散財物,賂諸侯强臣,不過三十萬金,則諸侯可盡。"《始皇本紀》。此當爲雜家《尉繚》,非梁惠王時之兵家《尉繚》。《世本》魏無哀王,《史記》有誤,故據《汲冢紀年》。梁惠王末年,即周慎靚王三年,當西紀前三百十八年②,至始皇十年,當西紀前二百三十六年,中隔八十九年。爲商君學者,蓋不必親受業,如有爲神農之言者許行,是其比也。

尸子二十篇　名佼,魯人,秦相商君師之。鞅死,佼逃入蜀。師古曰:"佼音絞。"

亡。注魯人者,晋人之訛也。《史記》曰:"楚有尸子。"《孟荀傳》。《別録》疑謂其在蜀。《孟荀傳》注引。王應麟曰:"今案《尸子》書,晋人也,名佼,秦相衞鞅客也。鞅謀事畫計,立法理民,未嘗不與佼規也。商君被刑,佼恐並誅,乃逃入蜀,造二十篇書,凡六萬餘言。"《攷證》。《隋》、《唐志》並著録,宋時全書已亡。清汪繼培有輯本,孫星衍有校本。

---

① "遇"原作"愚",據《史記》改。
② "三百十八"原作"二百十五",據張培瑜《中國先秦史歷表》(齊魯書社1987年版)改。

呂氏春秋二十六篇　秦相呂不韋輯智略士作。

存。司馬遷曰："呂不韋上觀尚古，刪拾《春秋》，集六國時事，以爲八覽六論十二紀，爲《呂氏春秋》。"《史記·十二諸侯年表》。又曰："不韋遷蜀，世傳《呂覽》。"《史記·自序》。然今二十六篇以十二紀八覽六論相次，稍與古異。清《四庫》雜家類著録。夫秦本無儒，異國之士，輻湊於秦，形成帝業，於是雜家之學大盛。《由余》、《尉繚》、《尸子》、《呂覽》先後踵輝，此亦一時之奇觀也。今僅《呂覽》尚存。高誘曰："此書所尚，以道德爲標的，以無爲爲綱紀，以忠義爲品式，以公方爲檢格，與孟軻、荀卿、淮南、揚雄相表裏也。"《呂覽序》。蓋"其書沈博絶麗，彙儒墨之恉，合名法之源"，本畢沅語。而以黃老道德爲宗，示天下政治之大歸。秦失其道，而漢以黃老致治者且百餘年，是書可不謂之雞鳴知旦者哉？然亦於此，可見黃老之學，適所以造成秦漢專制之治。畢沅校本佳。梁玉繩有《呂子校補》及《續補》。陳昌齊有《呂氏春秋正誤》。

淮南內二十一篇　王安。

存。清《四庫》雜家類著録。其書有曰："此《鴻烈》之《泰族》也。"《要略訓》。則自名曰《鴻烈》，故高誘曰："其大較歸之於道，號曰《鴻烈》。鴻，大也。烈，明也。以爲大明道之言也。劉向校定撰具，名之《淮南》。"《淮南子敍》。《西京雜記》曰："淮南王安著《鴻烈》二十一篇。鴻，大也。烈，明也。言大明禮教，號爲《淮南子》。"卷三。蓋《七略》、《別録》始題曰《淮南》矣。班固曰"淮南王安好書，所招致率多浮辯"，《景十三王傳》。誠爲定論。然安當西漢盛期，多見古書，其囊括羣籍，幾欲上掩《尸》、《呂》。《天文訓》一篇，最爲奧博，後世陰陽五行之說多祖之，即其驗也。高誘未諳術數，注甚簡略。清錢塘有《天文訓補注》，其父錢大昕謂"可上窺渾蓋宣夜之原，旁究堪輿叢辰之應"云。通行莊逵吉校《道藏》本，然非其舊,有藏本是而各本非者,多改從各本;其藏本與各本同誤者,一概不能釐正。更有未曉文義而輒行刪改,及妄生異說者。王念孫別有精校本,較勝。又陳昌齊有《淮南子正誤》。

淮南外三十三篇　　師古曰:"《内篇》論道,《外篇》雜說。"

亡。本傳曰"外書甚衆",即此。

東方朔二十篇

殘。《別録》曰:"朔之文辭,《客難》、《非有先生論》,此二篇最善。其餘有《封泰山》、《責和氏璧》及《皇太子生禖》、《屏風》、《殿上柏柱》、《平樂觀賦獵》、《八言》、《七言》上下、《從公孫弘借車》,凡朔書具是矣。"《朔傳》注引。然本傳具述劉向所録朔書,無《七諫》。本志《詩賦略》無《楚辭》,亦無東方朔賦,蓋有漏略。

伯象先生一篇　　應劭曰:"蓋隱者也,故公孫敖難以無益世主之治。"

亡。公孫敖難伯象先生,見《新序》佚篇。《御覽》八百十一引《新序》,今本無之。

荆軻論五篇　　軻爲燕刺秦王,不成而死,司馬相如等論之。

亡。亦謂《荆軻讚》,見《文章緣起》、《文心雕龍》。王氏《考證》。

吳子一篇

亡。兵權謀家《吳起》四十八篇,蓋非同書。

公孫尼一篇

亡。儒家《公孫尼子》二十八篇,蓋非同書。

博士臣賢對一篇　　漢世,難韓子、商君。

亡。

臣說三篇　　武帝時所作賦。師古曰:"說者,其人名,讀曰悦。"

亡。沈濤曰:"注'賦'字誤衍。"

解子簿書三十五篇

亡。

推雜書八十七篇

亡。

雜家言一篇　_{王伯，不知作者。師古曰："言伯王之道。伯讀曰霸。"}

雜家言一篇　王伯，不知作者。師古曰："言伯王之道。伯讀曰霸。"

亡。

右雜二十家，四百三篇　入兵法。

今計二十家，三百九十三篇，少十篇。陶憲曾曰："'入兵法'上，挩'出蹴鞠'三字。兵書四家，惟兵技巧入《蹴鞠》一家，二十五篇，而諸子家下，亦注出《蹴鞠》一家，二十五篇，是《蹴鞠》正從此出而入兵法也。"

雜家者流，蓋出於議官。兼儒、墨，合名、法，知國體之有此，師古曰："治國之體，亦當有此雜家之說。"**見王治之無不貫，**師古曰："王者之治，於百家之道，無不貫綜。"**此其所長也。**

管子曰："黃帝立明堂之議者，上觀於賢也；堯有衢室之問者，下聽於人也；舜有告善之旌，而主不蔽也；禹立諫鼓於朝，而備訊唉；湯有總街之庭，以觀人誹也；武王有靈臺之復，而賢者進也。"桓公曰："吾欲效而爲之，其名云何。""名曰嘖室之議，請以東郭牙爲之。"《桓公問篇》。"則置以爲大諫臣。"《吕覽·勿躬篇》。此正班志之所謂議官也。孔子曰"天下有道，則庶人不議"者，議官不失職故也。

及盪者爲之，則漫羨而無所歸心。　師古曰："漫，放也。羨，音弋戰反。"

盪、蕩古字通。漫羨即漫衍也。盪者蓋指淮南王，故其本傳斥之曰"好書多浮辯"。

以上雜

神農二十篇　_{六國時，諸子疾時怠於農業，道耕農事，託之神農。師古曰："劉向《別錄》云：疑李悝、商君所說。"}

神農二十篇　六國時，諸子疾時怠於農業，道耕農事，託之神農。師古曰："劉向《別錄》云：疑李悝、商君所說。"

亡。《周官》:"外史掌三皇五帝之書。"故《管子》稱神農之數,《揆度篇》。《吕覽》述神農之教,《愛類篇》。鼂錯誦神農之法。本書《食貨志》。漢武帝崇儒而後,頗擯百家,故此書亦在所疑之列矣。馬國翰有輯本。

野老十七篇　六国时,在齊、楚間。應劭曰:"老年居田野,相民耕種,故號野老。"

亡。馬國翰有輯本。

宰氏十七篇　不知何世。

亡。《范蠡傳》曰:"陶朱公師計然,姓宰氏,字文子,葵邱濮上人。"《元和姓纂》十五《海》"宰氏"姓下引。葉德輝曰:"據此,則唐人所見《史記·貨殖傳》裴駰集解曰'計然者,葵邱濮上人,姓辛氏',本作宰氏。"是宰氏即計然。注言不知何世,蓋書中僅論農事而不載其事跡也。馬國翰有輯本,題曰《范子計然》。

董安國十六篇　漢代内史,不知何帝時。

亡。

尹都尉十四篇　不知何世。

亡。《别錄》曰:"《尹都尉》書有種芥、葵、蓼、薤、葱諸篇。"《御覽》九百八十。沈欽韓曰:"《齊民要術》引氾勝之曰尹澤取減法。"《種穀篇》。似尹都尉名澤也。馬國翰有輯本。

趙氏五篇　不知何世。

亡。沈欽韓曰:"疑即趙過。"過見《食貨志》。

氾勝之十八篇　成帝時爲議郎。師古曰:"劉向《别錄》云使教田三輔,有好田者師之,徙爲御史。氾音凡,又音敷劍反。"

亡。《晋書》曰:"漢遣輕車使者氾勝之督三輔種麥,而關中遂穰。"《食貨志》。《通志》農家《氾勝之書》二卷,《通考》無,蓋亡於宋末矣。馬國翰、洪頤煊咸有輯本。

王氏六篇　不知何世。

亡。

蔡葵一篇　宣帝時，以言便宜，至弘農太守。師古曰：“劉向《別錄》云邯鄲人。”

亡。馬國翰有輯本。

右農九家，百一十四篇。

今計家數篇數悉符。

農家者流，蓋出於農稷之官。播百穀，勸耕桑，以足衣食，故八政一曰食、二曰貨。孔子曰“所重民食”，師古曰：“《論語》載孔子稱殷湯伐桀告天辭也。言爲君之道，所重者在人之食。”**此其所長也。**

神農播百穀，禹稷躬稼。酈生曰：“知天之天者，王事可成；不知天之天者，王事不可成。王者以民人爲天，而民人以食爲天。”《史記》本傳。伏生曰：“八政何以先食，食者萬物之始，人所本者也。”《尚書大傳》。蓋猶今世云經濟爲萬事之母也。

及鄙者爲之，以爲無所事聖王，師古曰：“言不須聖王，天下自治。”**欲使君臣並耕，誖上下之序。**師古曰：“誖，亂也，音布内反。”

有爲神農之言者許行，欲與民並耕而食，孟子嘗斥之，是也。

以上農

伊尹說二十七篇　其語淺薄，似依託也。

亡。道家名《伊尹》，此名《伊尹說》，必非一書。禮家之《明堂陰陽》，與《明堂陰陽說》爲二書，可比證。然亦可明道家、小說家一本矣。

鬻子說十九篇　後世所加。

亡。道家名《鬻子》，此名《鬻子說》，亦必非一書。與《伊尹說》一書，正同例。

周考七十六篇　考周事也。

亡。

青史子五十七篇　古史官記事也。

亡。青史氏之記，述古胎教。《大戴禮·保傅篇》。劉勰曰：“《青

史》曲綴於街談。"《文心雕龍·諸子篇》。馬國翰有輯本，亦見丁晏
《佚禮扶微》。

師曠六篇　见《春秋》，其言淺薄，本與此同，似因託也。

亡。兵陰陽家《師曠》八篇，蓋非同書。《師曠》曰："南方有
鳥，名曰羌鷲，黃頭赤目，五色皆備。"《說文·鳥部》引。或在此
書。師曠事詳《周書》、《太子晉解》。《左傳》、襄十四年，昭八年。《國
語》、《晉語》八。《韓非》、《十過篇》。《呂覽》、《長見篇》。《說苑》《建本
篇》。諸書。

務成子十一篇　稱堯問，非古語。

亡。堯學於務成子附。《韓詩外傳》五。《尸子》曰："務成昭之教
舜曰，避天下之逆，從天下之順，天下不足取也；避天下之順，
從天下之逆，天下不足失也。"《荀子·大略篇》楊倞注引。務成子附
與務成昭，蓋即一人。自經劉略、班志衡定，而荀卿、韓嬰所
稱之務成子，儒者莫復掛齒矣。使如《尸子》所稱，而以爲詞
旨淺顯，非古語，必文章爾雅，通一經之士不能曉《史記·樂書》。
而後爲古耶？則漢武新莽優爲之，此吾所以愈不能釋然於班
氏之言也。

宋子十八篇　孫卿道宋子，其言黃老意。

亡。宋子者宋鈃，《荀子·非十二子篇》、《莊子·天下篇》。宋人也。《孟
子》趙注，《荀子》楊注。鈃、牼、榮古字通，故亦曰宋牼，《孟子·告子篇》
亦曰宋榮子。《莊子·逍遙遊》、《韓非子·顯學篇》。與尹文同道，爲華
山之冠以自表，接萬物以別宥爲始，以聏合歡，以調海內，故
見侮不辱，救民之鬭，禁攻寢兵，救世之戰。以此周行天下，
上說下教，雖天下不取，强聒而不舍也。《天下篇》。此正小說家
之模範也。《荀子》亦嘗引其說，《正論篇》稱"子宋子曰"。而以與墨
翟同譏，曰："不知壹天下，建國家之權稱。"《非十二子篇》。則猶
今帝國主義與社會主義之衝突也夫。馬國翰有輯本。

天乙三篇　天乙謂湯，其言非殷時，皆依託也。

亡。湯曰："學聖王之道者，譬其如日。靜思而獨居，譬其若火。"《賈子·修政語上》。又曰："予有言，人視水見形，視民知治不。"《史記·殷本紀》。此賈誼、司馬遷之所述也，使亦在此《天乙》書中者，班氏之注爲不辭矣。

黃帝說四十篇　迂誕依託。

亡。

封禪方說十八篇　武帝時。

亡。

待詔臣饒心術二十五篇　武帝時。師古曰："劉向《別錄》云：饒，齊人也，不知其姓，武帝時待詔，作書名曰《心術》。"

亡。

待詔臣安成未央術一篇　應劭曰："道家也，好養生事，爲未央之術。"

亡。《老子》曰："荒兮其未央哉。"又曰："緜緜若存，用之不勤。"未央者，未已也，未盡也。勤亦盡也。《淮南子·原道訓》高注。

臣壽周紀七篇　項國圉人，宣帝時。

亡。項國未詳。

虞初周說九百四十三篇　河南人，武帝時以方士侍郎號黃車使者。應劭曰："其說以《周書》爲本。"師古曰："《史記》云虞初洛陽人，即張衡《西京賦》'小說九百，本自虞初'者也。"

亡。雒陽虞初見《郊祀志》。本志篇帙，莫此爲衆。莊子曰："飾小說以干縣令。"《外物篇》。而此固非以干縣令者，亦如後世小說，爲娛樂之具已。

百家百三十九卷

亡。甘茂事下蔡史舉先生，學百家之說。《史記》本傳。范睢曰："五帝三代之事，百家之說，吾亦知之。"《史記》本傳。司馬遷曰："百家言黃帝。"《五帝本紀》。服虔曰："長短縱橫術，蘇秦法百家書說也。"《漢書·主父偃傳》注。仲長統曰:"百家雜說,請用從火。"
《後漢書》本傳。蓋言百家者各有所指,故莊子曰:"飾小說以干縣
令。"《外物篇》。荀子曰:"小家珍說。"《正名篇》。鄭玄曰:"小道如
今諸子書也。"《後漢書·蔡邕傳》注。是九流百家皆可名曰小說矣。
然班志此小說之《百家》自別有所指。應劭曰:"案《百家書》,
宋城門失火,取汲池中以沃之,魚悉露見,但就取之。"《御覽》八
百六十八引《風俗通》。斯亦至淺露已,故宜別爲小說書歟。

右小說十五家,千三百八十篇。

今計十五家,一千三百九十篇,多十篇。

小說家者流,蓋出於稗官。　如淳曰:"稗音鍛家排。《九章》'細米爲稗'。街
談巷說,其細碎之言也。王者欲知閭巷風俗,故立稗官使稱說之。今世亦謂偶語爲稗。"
師古曰:"稗音稊稗之稗,不與鍛排同也。稗官,小官。《漢名臣奏》唐林請省置吏,公卿
大夫至都官稗官,各減什三,是也。"**街談巷語,道聽塗說者之所造也。**

稗者,小也。小官之稱稗官,猶小販之稱稗販也。據顏注則
漢猶置是官,亦有所出也。

孔子曰:"雖小道,必有可觀者焉,致遠恐泥,是以君子弗爲也。"
師古曰:"《論語》載孔子之言。泥,滯也,音乃細反。"

今《論語》作子夏曰,不作孔子曰。子夏亦述孔子語,如有子
曰:"君子務本,本立而道生。"《說苑》作孔子曰,《建本篇》。即其
例也。

**然亦弗滅也。閭里小知者之所及,亦使綴而不忘。如或一言可
採,此亦芻蕘狂夫之議也。**

然則稗官者,閭胥里師之類也。周語曰:"庶人走,嗇夫馳。"

凡諸子百八十九家,四千三百二十四篇。　出《蹴鞠》一家,二十五篇。

都計儒五十二家,八百三十六篇;道三十七家,九百九十三
篇;陰陽二十一家,三百六十九篇;法十家,二百一十七篇;名

七家，三十六篇；墨六家，八十六篇；縱橫十二家，百七篇；雜二十家，四百三篇；農九家，百一十四篇；小說十五家，千三百八十篇。合得百八十九家，四千五百四十一篇，多二百一十七篇。

諸子十家，其可觀者九家而已。皆起於王道既微，諸侯力政，時君世主，好惡殊方，師古曰："好音呼到反。惡音一故反。"**是以九家之術蠭出並作，**師古曰："蠭與鋒同。"**各引一端，崇其所善，以此馳說，取合諸侯。其言雖殊，辟猶水火，相滅亦相生也**。師古曰："辟讀曰譬。"**仁之與義，敬之與和，相反而皆相成也。**

六藝經傳古文，或出孔壁，或出民間。今文有師弟授受，亦有詳有不詳。諸子十家，咸出王官。《曲禮》曰："在官言官。"鄭玄曰："官，謂版圖文書之處。"《曲禮》注。古者書藏官府，是以諸子出於百官之史也。史掌文書。《黃帝》、《天乙》、《伊尹》、《太公書》雖作於盛時，而藏諸故府。亦至晚周，官失其守，而流布民間，故並列於諸子爾。自向、歆校書，而文籍益便逐寫，故揚子《法言》肇有書肆之名，《吾子篇》。王充遂得觀書洛陽市肆矣。十家去小說，故曰九家。九家亦曰九流，向歆所定，故張衡曰"劉向父子領校祕書，閱定九流"也。《後漢書》本傳。水火相滅，還復相生，其理至微，其事至恒，推驗羣物，莫不皆然。天有陰陽，地有山川，鳥獸草木有雌雄牝牡，人事有仁義敬和。

《易》曰："天下同歸而殊塗，一致而百慮。"師古曰："《下繫》之辭。"**今異家者各推所長，窮知究慮，以明其指，雖有蔽短，合其要歸，亦六經之支與流裔**。師古曰："裔，衣末也。其於六經，如水之下流，衣之末裔。"**使其人遭明王聖主，得其所折中，皆股肱之材已**。師古曰："已，語終之辭。"

《老子》曰："三十輻共一轂，當其無，有車之用。"《申子》曰："明君使其臣並進輻湊，莫得專君。"《羣書治要》卷三十六引。故思議所極，必極於刑名玄言。班志之言，亦幾玄言矣。且《詩》、《書》、《禮》、《樂》、《易》、《春秋》策皆用二尺四寸，《孝經》謙半之。《論語》八寸策，又謙焉。據鄭玄《論語序》及《孝經鉤命決》推定之。諸子尺書，《論衡·書解篇》。亦八寸策也。八寸云尺，約言之。故《論語》，儒也，而多有道墨名法之微恉，則諸子焉不可爲六經之支與流裔哉。劉勰曰："述道言治，枝條五經。"《文心雕龍·諸子篇》。故先梁猶多達識，晦肓否塞，自宋儒始。

仲尼有言："禮失而求諸野"。 師古曰："言都邑失禮，則於野外求之，亦將有獲。"**方今去聖久遠，道術缺廢，無所更索，**師古曰："索，求也。"**彼九家者，不猶瘉於野乎？** 師古曰："瘉與愈同。愈，勝也。"**若能修六藝之術，而觀此九家之言，舍短取長，則可以通萬方之略矣**。師古曰："舍，廢也。"

搏國不在敦古，因革惟務便民，禮失求野，數典則可，謂六藝九流，可通萬方之略，吾見其欿然也。惟一二特質，終有不可磨滅之精神，發揮光大，又必與時消息而後可，其詳則非今兹所及。

四、詩賦略

屈原賦二十五篇　楚懷王大夫，有列傳。

存。今《楚辭》《離騷》一篇，《九歌》十一篇，《天問》一篇，《九章》九篇，《遠游》、《卜居》、《漁父》三篇，凡二十五篇。其《懷沙》一賦，爲原沉江之預賦。不歌而誦謂之賦，然《九歌》有歌之名，蓋可歌也。《宋書·樂志》有《楚辭鈔》《山鬼》一篇，爲樂章可歌。《國殤》一篇，酷似軍歌，卒之三戶亡秦，原目瞑矣。且原爲辭賦之祖，於此亦可見其不朽之精神哉。王逸言："劉向典校經書，分《楚辭》爲十六卷。"《楚辭章句序》。而舊本《楚辭》亦題"護左都水使者光禄大夫臣劉向集"，集部之名，蓋始此。惟班志無《楚辭》，豈以原本《七略》而從略耶？《楚辭》自有楚音，漢宣帝徵能爲《楚詞》，九江被公召見誦讀，《王褒傳》。隋世釋道騫猶能爲之，《隋志》。蓋與古文讀應爾雅，適爲南北相對者。

唐勒賦四篇　楚人。

亡。宋玉賦曰："景差、唐勒等並造《大言賦》。"《御覽》六百六十三引。蓋非今存《大言賦》。班志無《楚辭》，亦無景差。

宋玉賦十六篇　楚人，與唐勒並時，在屈原後也。

存。《楚辭》《九辯》十一篇，《招魂》一篇，《文選》《風賦》、《高唐賦》、《神女賦》、《登徒子好色賦》四篇，凡十六篇。《古文苑》等載《諷賦》、《笛賦》、《釣賦》、《大言賦》、《小言賦》五篇，非玉作。張惠言曰："皆五代、宋人聚斂假託爲之。"嚴可均亦曰："《笛賦》有宋意送荆卿之語，非宋玉作。"

趙幽王賦一篇

疑。本傳歌一篇，或即此。

莊夫子賦二十四篇　<small>名忌，吳人。</small>

　　殘。《楚辭》《哀時命》一篇，王逸曰："嚴夫子所作也。"避明帝諱，故曰嚴。班志蓋本《七略》舊文。

賈誼賦七篇

　　殘。《楚辭》《惜誓》一篇。王逸曰："不知誰作，或曰賈誼。"《史記》本傳《弔屈原賦》一篇，《鵩鳥賦》一篇，《漢書》本傳同。《古文苑》《旱雲賦》一篇，凡四篇。又有《虞賦》，殘。<small>嚴輯《上古三代文》。</small>

枚乘賦九篇

　　殘。《文選》枚乘《七發》一篇，《西京雜記》《柳賦》一篇，《古文苑》載其《梁王菟園賦》一篇。《藝文類聚》六十五同。又有《臨霸池遠訣賦》<small>《文選》王粲《七哀詩》注引</small>。亡。

司馬相如賦二十九篇

　　殘。《史》《漢》本傳《子虛賦》、<small>《文選》分"亡是公"以下爲《上林賦》。</small>《哀秦二世賦》、《大人賦》三篇，《文選》《長門賦》一篇，《古文苑》《美人賦》一篇，<small>《藝文類聚·人部》、《學記·人部》同。張惠言曰："恐六朝人所擬。"</small>凡五篇。又有《梨賦》、<small>《文選·魏都賦》注引。</small>《魚葅賦》，<small>《北堂書鈔》百六十四引。</small>並殘。《梓桐山賦》，<small>《玉篇·石部》</small>。亡。

淮南王賦八十二篇

　　殘。《藝文類聚》《屛風賦》一篇。<small>《全上古三代文》。</small>《別錄》曰："淮南王有《熏籠賦》。"<small>《御覽》七百十二。</small>亡。

淮南王羣臣賦四十四篇

　　殘。《楚辭》《招隱士》一篇，淮南小山之所作也。淮南賓客，分造辭賦，以類相從，或稱大山，或稱小山，猶《詩》有《大雅》、《小雅》也。

太常蓼侯孔臧賦二十篇

　　亡。《孔臧集》詳見儒家。僞《孔叢子》曰："臧嘗爲賦二十四

篇,四篇別不在集。"末附《連叢》,載其《諫格虎賦》①、《楊柳
賦》、《鴞賦》、《蓼蟲賦》四篇,未審何出。

陽丘侯劉隁賦十九篇　師古曰:"隁音偃。"

亡。《王子侯表》作揚丘。

吾丘壽王賦十五篇

亡。

蔡甲賦一篇

亡。

上所自造賦二篇　師古曰:"武帝也。"

存。《外戚傳》《傷悼李夫人賦》一篇,《文選》《秋風辭》一篇。

兒寬賦二篇

亡。

光禄大夫張子僑賦三篇　與王褒同時也。

亡。

陽成侯劉德賦九篇

亡。即劉向之父,表、傳俱作"陽城"。

劉向賦三十三篇

殘。《楚辭》《九歎》九篇、《古文苑》《請雨華山賦》一篇,本書
《高祖頌》一篇,《高帝紀贊》。凡十一篇。又有《雅琴賦》、疑即樂家
所出《琴頌》。《圍棋賦》,並殘。《麒麟角杖賦》、《芳松枕賦》等,
並亡。《全上古三代文》。

王褒賦十六篇

殘。《楚辭》《九懷》九篇,本傳《聖主得賢臣頌》一篇,《文選》
《洞簫賦》一篇,凡十一篇。又有《甘泉宮頌》、《碧雞頌》,詳《全
上古三代文》。並殘。

①　"格"字原缺,據《漢魏叢書》本《孔叢子》補。

右賦二十家,三百六十一篇。

今計家數篇數悉符。此屈原賦之屬,蓋主抒情者也。

以上屈賦之屬

陸賈賦三篇

亡。《文心雕龍》曰:"漢室陸賈,首發奇采,賦孟春而選典誥,其辨之富矣。"《才略篇》。

枚皋賦百二十篇

亡。本傳曰:"凡可讀者,百二十篇。"

朱建賦二篇

亡。

常侍郎莊忽奇賦十一篇　枚皋同時。師古曰:"《七略》云:'忽奇者,或言莊夫子子,或言族家子莊助昆弟也。從行至茂陵,詔造賦。'"

亡。《嚴助傳》作嚴葱奇,此本《七略》。

嚴助賦三十五篇　師古曰:"上言莊忽奇,下言嚴助,史駁文。"

亡。顏注是也。由此可知班氏有本《七略》舊文,有不本《七略》舊文者。

朱買臣賦三篇

亡。

宗正劉辟彊賦八篇

亡。辟彊,楚元王孫。

司馬遷賦八篇

殘。《藝文類聚》載其《悲士不遇賦》一篇。

郎中臣嬰齊賦十篇

亡。道家有郎中嬰齊,即此。

臣說賦九篇　師古曰:"說,名,音悦。"

亡。

臣吾賦十八篇

亡。

遼東太守蘇季賦一篇

亡。

蕭望之賦四篇

亡。

河南太守徐明賦三篇　　字長君，東海人，元、成世歷五郡太守，有能名。"

亡。徐明見《王尊傳》。

給事黃門侍郎李息賦九篇

亡。非《衛霍傳》之李息。

淮阳憲王賦二篇

亡。

揚雄賦十二篇

存。後注云："入揚雄八篇。"蓋《七略》據雄傳言作四賦，止收《甘泉賦》、《河東賦》、《校獵賦》、《長楊賦》四篇，班氏更益八篇，故十二篇也。其八篇，則本傳《反離騷》、《廣騷》、《畔牢愁》三篇，《古文苑》《蜀都賦》、《太玄賦》、《逐貧賦》三篇，又有《覈靈賦》、《文選》、《御覽》。《都酒賦》即《酒箴》，亦作《酒賦》，《全上古三代文》。二篇，凡八篇。然若益以《解嘲》、《解難》、《趙充國頌》、《劇秦美新》諸篇，則溢出十二篇之數矣，豈此諸篇不在內耶？

待詔馮商賦九篇

亡。《別錄》曰："待詔馮商作《鐙賦》。"《藝文類聚》八十一引。

博士弟子杜參賦二篇。師古曰："劉向《別錄》云'臣向謹與長社尉杜參校中祕書'。劉歆又曰'參，杜陵人，以陽朔元年病死，死時年二十餘'。"

亡。《晏子春秋敍錄》云"臣向謹與長社尉臣參校讎"云云，即此杜參。亦見《北史·文苑》之《樊遜傳》。

車郎張豐賦三篇 張子僑子。

亡。

驃騎將軍朱宇賦三篇 師古曰："劉向《別錄》云'驃騎將軍史朱宇'，志以宇在驃騎府，故總言驃騎將軍。"

亡。顏注非也。據《別錄》，則將軍下脱一"史"字。

右賦二十一家，二百七十四篇。入揚雄八篇。

今計二十一家，二百七十五篇，多一篇。此陸賈賦之屬，蓋主說辭者也。大概此類賦尤與縱橫之術爲近。今賈賦亡，惟揚雄賦存者尚多。揚雄曰："靡麗之賦，勸百而諷一，猶騁鄭衛之聲，曲終而奏雅。"本書《司馬相如傳贊》。其亦隱指此乎。

以上陸賦之屬

孫卿賦十篇

存。十篇蓋十一篇之誤。荀子有《賦篇》、《成相篇》，《成相》亦賦之流也。見後。《賦篇》有《禮》、《知》、《雲》、《蠶》、《箴》五賦，又有《佹詩》一篇，凡六篇。《成相篇》自"論成相，世之殃"至"不由者亂何疑爲"，是第一篇；自"凡成相，辨法方"至"宗其賢良，辨孽殃"，是第二篇；自"請成相，道聖王"至"道古聖賢，基必張"，是第三篇；自"願陳辭""願陳辭"上，脱"請成相"三字。至"託于成相以喻意"，是第四篇；自"請成相，言治方"至"後世法之成律貫"，是第五篇。合《賦篇》之六篇，實十有一篇。本王先謙《荀子集解》。

秦時雜賦九篇

亡。《文心雕龍》曰："秦世不文，頗有雜賦。"《詮賦篇》。本此。

李思孝景皇帝頌十五篇

亡。

廣川惠王越賦五篇

亡。

長沙王羣臣賦三篇

亡。

魏内史賦二篇

亡。

東暆令延年賦七篇 師古曰:"東暆,縣名。暆音移。"

亡。《地理志》東暆縣屬樂浪,今朝鮮地。

衞士令李忠賦二篇

亡。

張偃賦二篇

亡。

賈充賦四篇

亡。

張仁賦六篇

亡。

秦充賦二篇

亡。

李步昌賦二篇

亡。儒家有鉤盾宂從李步昌。

侍郎謝多賦十篇

亡。

平陽公主舍人周長孺賦二篇

亡。

雒陽錡華賦九篇 師古曰:"錡,姓;華,名。錡音魚綺反。"①

亡。

---

① "綺",原作"錡",據中華書局點校本《漢書》改。

眭弘賦一篇　　師古曰:"即眭孟。眭音先隨反。"

　　亡。

別栩陽賦五篇　　服虔曰:"栩音翊。"

　　亡。庾信《哀江南賦》曰:"栩陽亭有離別之賦。"

臣昌市賦六篇

　　亡。

臣議賦二篇①

　　亡。

黃門書者假史王商賦十三篇

　　亡。

侍中徐博賦四篇

　　亡。

黃門書者王廣呂嘉賦五篇

　　亡。

漢中都尉丞華龍賦二篇

　　亡。

左馮翊史路恭賦八篇

　　亡。

右賦二十五家,百三十六篇。

　　今計家數篇數悉符。此荀卿賦之屬,蓋主效物者也。夫楚豔
漢侈,賦道於斯爲盛。劉略、班志區分類別,聞樂知德,情殷
而摯,漢氏之盛,豈偶然哉?《隋志》以下,不復類別,固不獨
歌詩失紀也,歌詩失紀亦其一耳。

以上荀賦之屬

---

① "議",中華書局點校本《漢書》作"義"。

客主賦十八篇

亡。揚雄《長楊賦》有子墨，客卿，翰林，主人，蓋兼該此體。

雜行出及頌德賦二十四篇

亡。

雜四夷及兵賦二十篇

亡。

雜中賢失意賦十二篇

亡。王先謙曰："中、忠字同。"蓋亦賢人失意賦之類也。

雜思慕悲哀死賦十六篇

亡。

雜鼓琴劍戲賦十三篇

亡。

雜山陵水泡雲氣雨旱賦十六篇　師古曰："泡，水上浮漚也。泡音普交反。漚音一侯反。"

亡。《古文苑》有董仲舒《山川頌》、公孫乘《月賦》。

雜禽獸六畜昆蟲賦十八篇

亡。《西京雜記》有公孫詭《文鹿賦》，《古文苑》有路喬如《鶴賦》。

雜器械草木賦三十三篇

亡。《西京雜記》有中山王《文本賦》，鄒陽《酒賦》、《几賦》，羊勝《屏風賦》。

大雜賦三十四篇

亡。

成相雜辭十一篇

亡。《藝文類聚》引《成相篇》曰："莊子貴支離，悲木槿。"注云："《成相》出《淮南子》。"卷八十九。然則此《成相雜辭》十一篇者，淮南王之所作也。蓋從其本書別出。

隱書十八篇　師古曰：“劉向《別録》云‘《隱書》者，疑其言以相問，對者以慮思之，可以無不諭’。”

亡。“隱”字亦作“讔”。《文心雕龍》曰：“讔者，隱也。遯辭以隱意，譎譬以指事也。至東方曼倩尤巧辭述。”《諧讔篇》。王應麟曰：“《晉語》有秦客廋辭於朝。《新序》齊宣王發隱書而讀之。”

右雜賦十二家，二百三十三篇。

今計家數篇數悉符。此雜賦盡亡不可徵，蓋多雜詼諧，如《莊子》寓言者歟。

　　　　　　　　　　　　　　　　以上雜賦

高祖歌詩二篇

存。《大風歌》見本紀，亦曰《三侯之章》。見《禮樂志》。《鴻鵠歌》見《留侯世家》。本書《張良傳》、《新序·善謀篇》均同。

泰一雜甘泉壽宮歌詩十四篇

存。《泰一》、《甘泉》、《壽宮》並見《郊祀志》。

宗廟歌詩五篇

存。王先謙曰：“合上十四篇爲十九章，見《禮樂志》。”惟其如何分之，則不可考矣。或曰《帝臨》、《青陽》、《朱明》、《西顥》、《玄冥》五篇，當即《宗廟歌詩》。

漢興以來兵所誅滅歌詩十四篇

疑。後漢明帝分樂爲四品：一、大予樂，二、雅頌樂，三、黃門倡樂，四、短簫鐃歌樂。《隋書·音樂志》。雖與三百篇乖異，而郊祀同用前漢歌詞。《樂府詩集》。以此推之，則《短簫鐃歌》十八曲，見於《晉》、《宋書》者，《樂志》，又《樂府詩集》。當亦仍西京遺詞也。故王先謙曰：“《漢興以來兵所誅滅歌詩》疑即漢《鼓吹鐃歌》諸曲也。晉、宋多以舊題被新聲，蓋擬古樂府之祖，其中《戰城南》、《遠如期》等曲，當是原歌詩。”

出行巡狩及游歌詩十篇

疑。凡言及字，當猶某篇至某篇之意。王先謙曰："蓋武帝《瓠子》、《盛唐》、《樅陽》等歌，漢鐃歌《上之回曲》，當亦在内。"

臨江王及愁思節士歌詩四篇

亡。陸厥、李白俱有《擬臨江王節士歌》，與此文不合。

李夫人及幸貴人歌詩三篇

疑。《外戚傳》有《是邪非邪》詩。《拾遺記》之《落葉哀蟬曲》，不類武帝手筆，蓋偽作。《文心雕龍》曰："孝武之歎來遲，歌童被聲。"《樂府篇》。陸厥有《擬李夫人及貴人歌》。

詔賜中山靖王子噲及孺子妾冰未央材人歌詩四篇　師古曰："孺子，王妾之有品號者也。妾，王之衆妾也。冰，其名。材人，天子内官。"

亡。陸厥有《擬中山孺子妾歌》，庾肩吾有《擬未央材人歌》。

吳楚汝南歌詩十五篇。

疑。吳、楚、汝南者，故春秋之吳、楚、蔡三國也。《招魂》曰："宮庭震驚，發激楚些。吳歈蔡謳，奏大呂些。"明三國聲歌不同也。《史》、《漢》紀項王軍困垓下，夜聞漢軍四面皆楚歌，注皆引應劭曰："楚歌者，謂《雞鳴歌》也。"《後書·百官志》注亦引應說，并引《晉太康地記》曰："後漢固始、鮦陽[①]、公安、細陽四縣衛士習此曲，於闕下歌之，今《雞鳴》是也。"郭茂倩《樂府詩集》亦引之。然後漢多襲用前漢歌詞，則此仍不得爲《雞鳴歌》出後漢之證也。蓋楚漢之際，汝南屬楚，且據項王夜聞，與尋常言楚歌不同，故得推爲即《雞鳴歌》。歌詞曰"曲終漏盡嚴具陳"者，明夜將起也。《後書·祭祀志》曰："隨鼓漏，理被枕，具盥水，陳嚴具。"嚴具者，筐篋之類也。沈約曰：

---

① "鮦"原作"銅"，據王先謙《後漢書集解》改。

"凡樂章古辭,今之存者,並漢世街陌謠謳,《江南可採蓮》、《烏生十五子》、《白頭吟》之屬也。"《宋書·樂志》。是亦吳楚歌詩之可徵者歟。

燕代謳雁門雲中隴西歌詩九篇

亡。《宋志》有《雁門太守行》,歌洛陽令王渙。蓋本舊曲,後漢取其音節,以祠王渙爾。

邯鄲河間歌詩四篇

疑。《樂府·相和歌辭》有《陌上桑》,崔豹《古今注》曰:"邯鄲女名羅敷作。"疑即此《邯鄲歌詩》之一。又蔡邕《琴操》有《河間雜歌》二十一章,今並亡也。

齊鄭歌詩四篇

亡。

淮南歌詩四篇

亡。

左馮翊秦歌詩三篇

亡。陸厥有《擬左馮翊歌》。

京兆尹秦歌詩五篇

亡。陸厥有《擬京兆歌》。

河東蒲反歌詩一篇

亡。蒲反即蒲坂也。

黃門倡車忠等歌詩十五篇

疑。等者,撰作不止一人也。《樂府集·雜歌謠辭》有《黃門倡歌》一首,散樂有《俳歌辭》一首,蓋皆其殘篇。

雜各有主名歌詩十篇

亡。

雜歌詩九篇

亡。吳競曰:"《樂府雜題》自《相逢狹路間》已下,皆不知所起。自《君子有所思》以下，又無本辭。"《樂府古題要解》。沈欽韓曰:"《樂府》有《雜曲歌辭》。"然似皆與此不相涉。

雒陽歌詩四篇

亡。

河南周歌詩七篇

亡。

河南周歌聲曲折七篇

亡。

周謠歌詩七十五篇

亡。

周謠歌詩聲曲折七十五篇

亡。沈約曰:"詩章詞異，興廢隨時，至其韻逗曲折，皆繫於舊，是以一皆因就，不敢有所改易。今既散亡，又無識者，歌聲譜式，樂人以聲音相傳詁，不可復解。"《宋書·樂志》。王先謙曰:"此上詩聲篇數並同，聲曲折即歌聲之譜，唐曰'樂句'，今曰'板眼'。"

諸神歌詩三篇

亡。

送迎靈頌歌詩三篇

亡。

周歌詩二篇

亡。

南郡歌詩五篇

亡。陸厥有《擬南郡歌》。

右歌詩二十八家，三百一十四篇。

今計二十八家，三百一十六篇，多二篇。

以上歌詩

凡詩賦百六家，千三百一十八篇。 入揚雄八篇。

都計屈賦二十家，三百六十一篇；陸賦二十一家，二百七十四篇；荀賦二十五家，百三十六篇；雜賦十二家，二百三十三篇；歌詩二十八家，三百一十四篇：適合百六家，千三百一十八篇之數。《兩都賦序》曰：“孝成之世，論而録之，蓋奏御者千有餘篇。”即本此。

傳曰：“不歌而誦謂之賦，登高能賦可以爲大夫。”言感物造耑，材知深美， 師古曰：“耑，古端字也。因物動志，則造辭義之端緒。” **可與圖事，故可以爲列大夫也。**

誦，諷也，今曰背誦。賦，敷也，能敷陳事物也。《毛詩傳》曰：“建邦能命龜，田能施命，作器能銘，使能造命，升高能賦，師旅能誓，山川能說，喪紀能誄，祭祀能語，君子能此九者，可謂有德音，可以爲大夫也。”《衛風·定之方中》傳。

古者諸侯卿大夫交接鄰國，以微言相感，當揖讓之時，必稱《詩》以諭其志，蓋以別賢不肖而觀盛衰焉。故孔子曰“不學《詩》，無以言”也。 師古曰：“《論語》載孔子戒伯魚之辭也。”

微言者，已於“仲尼没而微言絶”句釋之。惟微言之類不一，淳于髡見騶忌，淳于髡曰：“得全全昌，失全全亡。”騶忌曰：“謹受令，請謹毋離前。”淳于髡曰：“狶膏棘軸，所以爲滑也，然而不能運方穿。”騶忌曰：“謹受令，請謹事左右。”淳于髡曰：“弓膠昔幹，所以爲合也，然而不能傅合疏罅。”騶忌曰：“謹受令，請謹自附於萬民。”淳于髡曰：“狐裘雖弊，不可補以黃狗之皮。”騶忌曰：“謹受令，請謹擇君子，無雜小人其間。”淳于髡曰：“大車不較，不能載其常任；琴瑟不較，不能成其五音。”騶忌曰：“謹受令，請謹修法律而督姦吏。”淳于髡説畢，趨出，至門而面其僕曰：“是人者，吾語之微言五，其應我若響之應聲。"《史記·田完世家》。由此觀之，則微言者，隱語之類也。
故《學記》曰："不學博依，不能安詩。"依或作衣，衣者，隱也。
《白虎通》。司馬遷曰："《詩》、《書》隱約者，欲遂其志也。"《史記·
自序》。蓋雖春秋公卿賦詩斷章，孔子雅言，《詩》、《書》、禮樂，
要無非欲隱約以見其志也。此說別詳余《爾雅釋例序》。

春秋之後，周道寖壞，師古曰："寖，漸也"。**聘問歌詠不行於列國，①學**
《詩》之士逸在布衣，而賢人失志之賦作矣。大儒孫卿及楚臣屈
原離讒憂國，皆作賦以風，師古曰："離，遭也。風讀曰諷。次下亦同。"**咸有**
惻隱古詩之義。

王念孫曰："'作賦以風'下原有'諭'字，下文'風諭'二字，承
此言之。"是也。《文選·三都賦序》注、《藝文類聚》雜文部二、《御覽》文部三，
引作"作賦以風諭"。春秋、戰國紛爭不暇，無餘日力爲此滑稽優戲
而謎語之微言，故列國莫之行也。然賢人大儒逸在布衣，以
不用而多暇，失志賦詩，本其天以鳴不平，故不失惻隱古詩之
義。然則後世詩窮而工，亦此類耶。

其後宋玉、唐勒，漢興，枚乘、司馬相如，下及揚子雲，競爲侈麗
閎衍之詞，没其風諭之義。是以揚子悔之，曰："詩人之賦麗以
則，辭人之賦麗以淫。師古曰："辭人，言後代之爲文辭。"**如孔氏之門人用**
賦也，則賈誼登堂，相如入室矣，如其不用何！"師古曰："言孔氏之門既
不用賦，不可如何。謂賈誼、相如無所施也。"

宋玉、唐勒、子雲、相如皆有爲而爲，或以炫己，或以悦人，故
没其風諭之本義也。王念孫曰："孔氏之門下衍'人'字。"是
也。《法言》："或問景差、唐勒、宋玉、枚乘之賦也，益乎？曰
淫，必也則。淫則奈何？曰：詩人之賦麗以則，辭人之賦麗以
淫。如孔氏之門用賦也，則賈誼升堂，相如入室矣，如其不用

---

① "詠"，原作"詞"，據中華書局點校本《漢書》改。

何?"《吾子篇》曰"淫必也則"句，據汪榮寶疏臆改。

自孝武立樂府而采歌謠，於是有代趙之謳，秦楚之風，皆感於哀樂，緣事而發，亦可以觀風俗，知薄厚云。序詩賦爲五種。

《詩》有《風》、《雅》、《頌》。向、歆叙録詩賦，得歌詩三百十四篇，蓋亦有意乎是？其次《吳楚汝南》、《燕代雁門雲中隴西》、《邯鄲河間》、《齊鄭》、《淮南》、《馮翊》、《京兆》、《河東蒲反》、《雒陽》、《河南》、《南郡》諸歌詩，殆以當《詩》之《風》；次《漢興以來兵所誅滅歌詩》、《出行巡狩及游歌詩》、《臨江王及愁思節士歌詩》，殆以當《詩》之《雅》；次《宗廟歌詩》及《送迎靈頌歌詩》，殆以當《詩》之《頌》。自當時儒生議者，不明古今條貫，輒誣以爲鄭聲，妄矣。《禮樂志》曰："哀帝性不好音，及即位，詔罷樂府官。郊祭樂及古兵法武樂在經，非鄭衛之樂者，條奏別屬他官。"然則漢祚至是，亦將中斬矣。劉歆奏《七略》，在帝罷樂府事前，班志本《七略》，故不及罷樂府事。五種者，屈賦、陸賦、荀賦、雜賦、歌詩是也。

五、兵書略

吳孫子兵法八十二篇　圖九卷。師古曰："孫武也,臣於闔廬。"

殘。《史記》曰："孫子武者,齊人也。以《兵法》見於吳王闔廬,闔廬曰:'子之十三篇,吾盡觀之矣。'"張守節曰:"《七録》云《孫子兵法》三卷,案十三篇爲上卷,又有中下三卷。"並見本傳及注。蓋十三篇以吳王言而得名,故世多傳之。杜牧謂："武書十數萬言,魏武削其繁,膽筆其精切,凡十三篇。成爲一編。"《孫子序》。其説非也。《隋志》《孫子兵法》二卷,《吳孫子牝牡八變陣圖》二卷,①《孫子兵法雜占》四卷,《新唐志》《吳孫子三十二壘經》一卷,蓋十三篇之外,其書唐、宋猶未盡亡,故《通典》、百二十,百五十二,百五十九。《文選注》、《曲水詩序》。《太平御覽》三百二十八及三百五十七。咸見稱引。然今日本人用兵久,以十三篇爲至精,亦足珍矣。

齊孫子八十九篇　圖四卷。師古曰:"孫臏。"

亡。道家《孫子》十六篇,蓋非同書。《吕覽》曰:"孫臏貴勢。"《慎勢篇》。司馬遷曰:"孫子臏脚,兵法修列。"《漢書》本傳。

公孫鞅二十七篇

亡。法家《商君》二十九篇,蓋非同書。《荀子》曰:"秦之衛鞅,世之所謂善用兵者也。"《議兵篇》。

吳起四十八篇　有别傳。

疑。雜家《吳子》一篇,蓋非同書。《韓非子》曰:"藏孫吳之書者家有之。"《五蠹篇》。司馬遷曰:"吳起兵法,世多有,故弗論。"王應麟曰:"《隋志》《吳起兵法》一卷。今本三卷六篇,《圖國》

---

①　"牝"原缺,中華書局點校本《隋書》據《歷代名畫記》補,兹從之。

至《勵士》所闕亡多矣。"王說未諦。今本六篇，成一首尾，辭意淺薄，必非原書。

范蠡二篇　越王句踐臣也。

亡。唐人注書引《范蠡兵法》，《後漢書・甘延壽傳》注、《左傳・桓五年》疏、《文選》潘安仁賦注。則唐世猶未亡也。非《意林》范子。

大夫種二篇　與范蠡俱事句踐。

亡。范蠡、大夫種二人兵家言，今當猶散見《越語》、《史記》、《越絶書》、《吳越春秋》。

李子十篇

亡。汲古閣本李作季，李、季形近易訛。儒家《李克》七篇，法家《李子》三十二篇，蓋俱非同書。

婰一篇　師古曰："婰音女瑞反，蓋說兵法者，人名也。"

亡。

兵春秋一篇①

亡。

龐煖三篇　師古曰："煖音許遠反，又音許元反。"

疑。朱一新曰："明汪文盛刊本三作二。"《漢書管見》。縱橫家《龐煖》二篇，蓋非同書。沈欽韓曰："《鶡冠子・兵政篇》龐子問鶡冠子曰：'用兵之法，天之地之人之，賞以勸戰，罰以必衆，五者已圖，然九夷用之而勝不必者，其故何也？'又有悼襄王、武靈王問。武靈王問作龐煥，注云："煥兄。"疑即煖書，亦見《燕世家》。"

兒良一篇　師古曰："六國時人也。兒音五奚反。"

亡。《呂子》曰："兒良貴後。"《慎勢篇》。賈誼亦稱之，豈與老子言兵相似耶？

廣武君一篇　李左車。

---

① "一"原作"三"，據中華書局點校本《漢書》改。

亡。沈欽韓曰："疑即《淮陰侯傳》中事。"

韓信三篇 師古曰："淮陰侯。"

亡。

右兵權謀十三家，二百五十九篇。省《伊尹》、《太公》、《管子》、《孫卿子》、《鶡冠子》、《蘇子》、《蒯通》、《陸賈》、《淮南王》二百五十九種，①出《司馬法》入禮也。

今計十三家，二百七十二篇，多十七篇。劉奉世曰："種當作重，九下又脫一篇字。"是也。陶憲曾曰："省《伊尹》、《太公》、《管子》、《孫卿子》、《鶡冠子》、《蘇子》、《蒯通》、《陸賈》、《淮南王》二百五十九篇重者，蓋《七略》中《伊尹》以下九篇，其全書收入儒、道、從橫、雜各家，又擇其中之言兵權謀者，重入於此，共得二百五十九篇。"如本志《太公謀》八十一篇，《兵》八十五篇，今本《管子·兵法》、《參患》、《孫子·議兵》、《淮南·兵略》等篇之類，皆當在此二百五十九篇中。班氏存其專家各書，而於此則省之，故合所省亦止二百五十九篇也。《司馬法》，《七略》本入此，班出之入禮家，是入禮，專指《司馬法》而言也。

權謀者，以正守國，以奇用兵，先計而後戰，兼形勢，包陰陽，用技巧者也。

老子曰："以正治國，以奇用兵。"《孫子》曰："凡戰者，以正合，以奇勝。"《兵勢篇》。故道家、兵家通也。

以上兵權謀

楚兵法七篇 圖四卷。

亡。孫敖稱《軍志》，楚之兵法尚矣。

蚩尤二篇 見《呂刑》。

亡。《管子》曰："黃帝得蚩尤而明於天道。"《五行篇》。《隋志》梁

---

① "二"，原作"三"，據中華書局點校本《漢書》及下文改。

有《黃帝蚩尤兵法》一卷。

孫軫五篇　圖五卷。

亡。

繇敍二篇

亡。雜家《由余》三篇,蓋非同書。由繇、余敍字通,《人表》又作繇余。

王孫十六篇　圖五卷。

亡。儒家《王孫子》一篇,蓋非同書。沈欽韓曰:"《史記·自序》'太公、孫、吳、王子',此王孫疑王子也。"

尉繚三十一篇

殘。雜家《尉繚子》二十九篇,蓋非同書。《隋志》兵家"梁有《尉繚兵書》一卷"。今書二卷。《天官》至《兵令》二十四篇,稱梁惠王問是也。其《武議篇》云:"殺一人而三軍震者,殺之;殺一人而萬人喜者,殺之。"又《兵令下篇》云:"古之善用兵者,能殺士卒之半,其次殺其十三,其次殺其十一。"蓋究極兵形勢之變化而言之也。清《四庫》兵家類著録。

魏公子二十一篇　圖十卷。名無忌,有列傳。

亡。《七略》曰:"《魏公子兵法》二十一篇,圖七卷。"《史記·信陵君傳》集解引。此作十卷者,誤也。客進《兵法》,公子名之,故世俗稱《魏公子兵法》。事見《史記》本傳。

景子十三篇

亡。儒家《景子》三篇,蓋非同書。或曰此景子即景陽也,見《楚策》及《淮南子·氾論訓》。

李良三篇

亡。見《張耳陳餘傳》。

丁子一篇

亡。沈欽韓曰:"疑即丁固。"

項王一篇　名籍。

亡。

右兵形勢十一家，九十二篇，圖十八卷。

今計十一家，百二篇，圖二十一卷，多十篇，圖三卷。

形勢者，靁動風舉，後發而先至，離合背鄉，師古曰："背音步內反。① 鄉
讀曰嚮。"**變化無常，以輕疾制敵者也。**

《孫子》曰："兵聞拙速，未覩巧之久也。"《作戰篇。》又曰："後人
發，先人至。"《軍爭篇》。又曰："兵之情，主速，乘人之不及。"《九
地篇》。明兵形勢之重要也。

以上兵形勢

太壹兵法一篇

亡。

天一兵法三十五篇

亡。

神農兵法一篇

亡。

黃帝十六篇　圖三卷。

亡。黃帝兵陰陽家言，蓋今《開元占經》有引之。

封胡五篇　黃帝臣，依託也。

亡。

風后十三篇　圖二卷。黃帝臣，依託也。

亡。《春秋內事》曰："黃帝師於風后，風后善於伏羲之道，故
推演陰陽之事。"《後書·張衡傳》注引。② 今風后《握奇經》一卷，清

---

① "內"，原作"在"，據中華書局點校本《漢書》改。

② "傳"原在"引"後，據中華書局點校本《後漢書》乙正。

《四庫》兵家類著録。係唐後僞書。

力牧十五篇　黃帝臣，依託也。

亡。道家《力牧》二十二篇，蓋非同書。《抱朴子》曰："黃帝精推步，則訪山稽、力牧。"《極言篇》。

鵋冶子一篇　圖一卷。晉灼曰："鵋音夾。"

亡。《抱朴子》曰："黃帝救傷殘，則綴金冶之術。"《極言篇》。

鬼容區三篇　圖一卷。黃帝臣，依託。師古曰："即鬼臾區也。"

亡。容、臾聲近通用字。《素問》有鬼臾區《天元大紀論》。《系本》曰："臾區占星氣。"《史記》曰："鬼臾區號大鴻。"《封禪書》。

地典六篇

亡。張衡曰："師天老而友地典。"《後書》本傳。

孟子一篇

亡。儒家《孟子》十一篇，蓋非同書。或説孟、猛古字通。沈欽韓曰："下五行家有《猛子閭昭》，疑此是猛子。"

東父三十一篇

亡。

師曠八篇　晉平公臣。

亡。李賢曰："雜占之書也。"《後書·蘇竟傳》注。

萇弘十五篇　周史。

亡。《淮南子》曰："萇弘，周室之執數者也，天地之氣，日月之行，風雨之變，律曆之數，無所不通。"《氾論訓》。《史記》曰："周人之言方怪者自萇弘。"《封禪書》。又曰："昔之傳天數者，周室史佚、萇弘。"《天官書》。

別成子望軍氣六篇　圖三卷。

亡。王先謙曰："別成子，蓋別姓。"

辟兵威勝方七十篇

亡。《隋志》梁有《辟兵法》一卷。

右陰陽十六家，二百四十九篇，圖十卷。

今計十六家，二百二十七篇，圖十卷，少二十二篇。錢大昭曰："陰陽上當有兵字。"

陰陽者，順時而發，推刑德，隨斗擊，因五勝，假鬼神而爲助者也。師古曰："五勝，五行相勝也。"

刑，十二辰。德，十日也。《淮南子·兵略訓》高註。《淮南子》曰："北斗之神有雌雄，十一月始建於子，月從一辰，雄左行，雌右行，五月合午謀刑，十一月合子謀德。"《天文訓》。

以上兵陰陽

鮑子兵法十篇　圖一卷。

亡。

五子胥十篇　圖一卷。

亡。雜家《伍子胥》八篇，蓋非同書。錢大昕曰："五，古伍字。"《人表》伍參亦作五參。《陳涉傳》鈺人五逢，《史記》作伍徐。《文選注》、《太平御覽》均有引《子胥水戰法》。

公勝子五篇

亡。

苗子五篇　圖一卷。

亡。

逢門射法二篇　師古曰："即逢蒙。"

亡。《七略》作《蠭門》，《史記·龜策傳》集解引。孟子曰："逢蒙學射於羿。"《離婁篇》。《吕覽》曰："蠭門始習於甘蠅。"《聽言篇》。蓋古今人同名者。

陰通成射法十一篇

亡。

李將軍射法三篇　　師古曰:"李廣。"

　　亡。《李廣傳》曰:"世世受射。"

魏氏射法六篇

　　亡。

强弩將軍王圍射法五卷　　師古曰:"圍,郁郅人也。見《趙充國傳》。"

　　亡。

望遠連弩射法具十五篇

　　亡。連弩見《李廣傳》注。葉德輝曰:"漢郭氏孝堂山畫像,獵
者以弓仰地,一弓二矢,以足踏之,蓋古連弩射法之遺。"

護軍射師王賀射書五篇

　　亡。

蒲苴子弋法四篇　　師古曰:"苴音子余反。"

　　亡。《淮南子》曰:"蒲苴子連鳥於百仞之上。"《覽冥訓》。

劍道三十八篇

　　亡。《史記》曰:"司馬氏在趙者,以傳劍論顯。"《太史公自序》。

手搏六篇

　　亡。《刑法志》曰:"戰國稍增講武之禮,以爲戲樂,用相夸視,
而秦更名角抵。"蘇林曰:"手搏爲卞,角力爲武。"①《哀帝紀》。案
《甘延壽傳》卞作弁。蓋《詩》譏無拳無勇,手搏亦拳勇之類。王先
謙曰:"今謂之貫跤。"日本曰相撲,今其學校社會盛行之。

雜家兵法五十七篇

　　亡。《隋志》《雜兵書》十卷,《文選注》、《太平御覽》均有引之。

蹴鞠二十五篇　　師古曰:"鞠以韋爲之,實以物,蹵蹋之以爲戲也。蹵鞠,陳力之
事,故附於兵法焉。蹵音子六反,鞠音巨六反。"

　　亡。蘇秦曰:"臨淄民六博蹴鞠。"《史記》本傳。《別錄》曰:"《蹴

---

　　① "蘇林"原作"顏師古",據中華書局点校本《漢書》改。

鞠新書》二十五篇。蹴鞠者，傳言黃帝所作，或曰起戰國之時。蹋鞠，兵勢也，所以陳武士，知有材也，皆因嬉戲而講練之。"據馬國翰輯本。《法言》曰："捖革爲鞠。"《吾子篇》。王應麟曰："按《蹴鞠書》有《域說篇》，今之打毬也。"

右兵技巧十三家，百九十九篇。　省墨子重，入《蹙鞠》也。

今計十六家，二百七篇，多三家八篇。陶憲曾曰："省《墨子》重者，蓋《七略》《墨子》七十一篇入墨家。又擇其中言兵技巧者十二篇重收入此，說詳下。而班省之也。《蹴鞠》本在諸子，班氏出之入此。"陶說是也。《伊尹》、《太公》、《管子》、《孫卿子》、《鶡冠子》、《蘇子》、《蒯通》、《陸賈》、《淮南王》言省，而《墨子》獨言省重者，言省、言省重一也，均之省去兩載者也。

技巧者，習手足，便器械，積機關，以立攻守之勝者也。

手足、器械、機關三者，精利熟練，此今日宇內強國之所以稱雄也。唐宋以還，詩書愚誣之學勝，而三者窳苦不堪，念國之弱，亦可知返矣。

　　　　　　　　以上兵技巧

凡兵書五十三家，七百九十篇，圖四十三卷。　省十家二百七十一篇重，入《蹙鞠》一家二十五篇，出《司馬法》百五十五篇入禮也。

都計兵權謀十三家二百五十九篇，兵形勢十一家九十二篇，兵陰陽十六家二百四十九篇，兵技巧十三家百九十九篇，合得五十三家七百九十九篇，多九篇。陶憲曾曰："兵權謀省《伊尹》以下九家二百五十九篇，兵技巧又省《墨子》，則爲十家，而云二百七十一篇，則所省《墨子》當十二篇矣。攷《墨子·備城門篇》有臨、鉤、衝、梯、堙、水、穴、突、空洞、蟻傅、轒輼、軒車十二攻具，今本《墨子·備高臨》諸篇是也。今本《墨子》有《備高臨》、《備梯》、《備水》、《備突》、《備穴》、《備蟻傅》凡六篇，《詩大雅·皇矣》疏引有《備衝篇》，餘五篇蓋《備鈎》、《備埋》、《備空洞》、《備蟻輢》、《備軒車》也，今闕。則《七略》所重班氏所省者，當即此十二篇，以十二篇加二百五十九篇，正合二百七十一篇之數。"

兵家者，蓋出古司馬之職，王官之武備也。《洪範》八政，八曰師。孔子曰爲國者"足食足兵"，師古曰："《論語》載孔子之言。無兵與食，不可以爲國。"**"以不教民戰，是謂棄之"，**師古曰："亦《論語》所載孔子之言，非其不素習武備。"**明兵之重也。**

《春秋左氏傳》曰："天生五材，民並用之，廢一不可，誰能去兵。兵之設久矣！所以威不軌而昭文德也。聖人以興，亂人以廢，廢興存亡昏明之術，皆兵之由也。"《襄二十七年》宋子罕語。嗚呼！先哲之言，何其明見萬世也。彼不此之鑒，而日維醉心於無抵抗主義，非喪心病狂而何哉？

《易》曰"古者弦木爲弧，剡木爲矢，弧矢之利，以威天下"，師古曰："《下繫》之辭也。弧，木弓也。剡謂銳而利之也，音弋冉反。"**其用上矣。後世燿金爲刃，割革爲甲，**師古曰："燿讀與鑠同，謂銷也。"**器械甚備。下及湯武受命，以師克亂而濟百姓，動之以仁義，行之以禮讓，《司馬法》是其遺事也。**

兵制器械之精備日變，而宇内戰爭滅國之局亦日益烈。湯武征誅，就孟子所言，則湯一征自葛載，爲葛伯仇餉也。《滕文公下篇》。此與近代我國殺一德教士，而德遂占據我膠州灣者何異？且武王之伐殷也，革車三百兩，虎賁三千人，《盡心下篇》。湯未有之，非軍器之進步而何？然則即孟子之言而反詰孟子，爲問湯武果仁義也未？嗚呼！無怪莊生曰"虎狼仁也"已。《天運篇》。

自春秋至於戰國，出奇設伏，變詐之兵並作。

自春秋至於戰國，軍器之精良，兵隊之編制，一戰之敗，死喪之數，無不一懸殊。第就死喪之數爲喻，春秋晉邲之敗，《左·

宣十三年》。死喪最衆，不過二軍二萬三千人，而秦將白起攻趙，前後斬首虜四十五萬人。《史記·白起傳》。此非軍器戰術之進步而何？

漢興，張良、韓信序次兵法，凡百八十二家，删取要用，定著三十五家。諸呂用事而盜取之。

秦既內潰，劉、項起於鋤櫌棘矜以亡之，戰術非有過於六國也。張良、韓信僅能運用太公、孫武、穰苴之遺術而已。司馬遷曰："韓信申軍法。"《史記·自序》。蓋略言之。諸呂盜取，當盜自中祕。

武帝時，軍政楊僕捃摭遺逸，紀奏兵錄，師古曰：捃摭謂拾取之。捃音九問反，摭音之石反。**猶未能備。至于孝成，命任宏論次兵書爲四種。**

張良、韓信序次兵法，定著三十五家，任宏論次兵書爲五十三家，其後王莽又徵天下能明兵法六十三家。本書《王莽傳》。此皆天下遺書續出之證。惜張、韓所次，王莽所徵，俱不可攷也。

六、數術略

泰壹雜子星二十八卷

亡。泰壹,星名,即太一,見《天文志》。雜子星者,蓋雜記
諸星。

五殘雜變星二十一卷　師古曰:"五殘,星名也。見《天文志》。"

亡。

黃帝雜子氣三十三篇

亡。《晋書》曰:"黃帝創受河圖,始明休咎,故其《星傳》尚有
存焉。"《天文志》。然則三《易》咸出《河圖》,皆出自天文矣。

常從日月星氣二十一卷　師古曰:"常從,人姓名也,老子師之。"

亡。常從爲老子師,或作常樅,《説苑・謹慎篇》、《文子・上仁篇》。亦
或作商容。《淮南子・繆稱訓》。

皇公雜子星二十二卷

亡。

淮南雜子星十九卷

亡。

泰壹雜子雲雨三十四卷

亡。

國章觀霓雲雨三十四卷

亡。王先謙曰:"國章,人姓名。"

泰階六符一卷　李奇曰:"三台謂之泰階,兩兩成體,三台故六。觀色以知吉凶,
故曰符。"

亡。應劭曰:"黃帝《泰階六符經》也。"《東方朔傳》,亦見《郎顗
傳》注。

金度玉衡漢五星客流出入八篇

亡。五星，歲星即木星，熒惑即火星，太白即金星，辰星即水星，填星即土星也。王先謙曰："《律曆志》，度其法用銅，故曰金度。斗杓爲玉衡，詳《律曆》、《天文志》。"

漢五星彗客行事占驗八卷

亡。彗、客，彗星、客星也。凡測候占驗，皆地文學之事。依於土域氣候而異，故有當地而驗，出疆則無效者。古今氣候亦復有變，故占驗書久必失傳也。

漢日旁氣行事占驗三卷

亡。

漢流星行事占驗八卷

亡。

漢日旁氣行占驗十三卷

亡。此與上三卷者，蓋同名而不同書，特奪去一"事"字以爲別者。

漢日食月暈雜變行事占驗十三卷

亡。

海中星占驗十二卷

亡。王應麟曰："即張衡所謂海人之占也。"沈欽韓曰："海中混荒，比平地難驗。著海中者，言其術精，算法亦有《海島算經》。"

海中五星經雜事二十二卷

亡。

海中五星順逆二十八卷

亡。王先謙曰："五星順逆詳《律曆志》。"

海中二十八宿國分二十八卷

亡。《周官·保章氏》："以星土辨九州之地，所封域皆有分星。"鄭司農說星土，以《春秋傳》曰"參爲晉星，商主大火"，

《國語》曰“歲之所在,則我有周之分野”之屬,是也。鄭玄曰:
“大界則曰九州,州中諸國之封城,於星亦有分焉,其書亡矣。
堪輿雖有郡國所入度,非古數也。今其存可言者,十二次之
分也:星紀,吳、越也;玄枵,齊也;娵訾,衛也;降婁,魯也;大
梁,趙也;實沈,晋也;鶉首,秦也;鶉火,周也;鶉尾,楚也;壽
星,鄭也;大火,宋也;析木,燕也。”然與他書述分野,又互有
異同。說詳孫詒讓《周禮正義》。唐開元二十年,詔太史交州
測星,以八月自海中南望老人星殊高。《唐書·天文志》。蓋古亦
行海中測星,恐陸上測之不足,而又於海中測之歟?

海中二十八宿臣分二十八卷

亡。沈欽韓曰:“張衡云在野象物,在朝象官,在人象事。《隋
志》《二十八宿二百八十三官圖》一卷,即臣分之義也。”

海中日用彗虹雜占十八卷

亡。以上海中占驗書不少,蓋漢以前海通之徵。故今之日
本,稽其譜牒,有秦、漢遺族頗多歟。

圖书祕記十七篇

疑。張衡曰:“劉向父子領校祕書,閱定九流,亦无讖録。”《後漢
書》本傳。俞正燮曰:“十七篇蓋采緯文,後漢緯始入祕府。《尹
敏傳》云‘帝令校圖讖’,《蘇竟傳》云‘祕經文隱事朗’,是也。”
《癸巳類稿·緯書論》。葉德輝曰:“《説文》‘易’下引祕書説‘日月为
易,象陰陽也’。《後書·鄭玄傳》戒子益恩书云:祕书緯術
之奧。”

右天文二十一家,四百四十五卷。

今計二十二家,四百一十九卷,多一家,少二十九卷。

**天文者,序二十八宿,步五星日月,以紀吉凶之象,聖王所以参
政也。《易》曰:“觀乎天文,以察时變。”**師古曰:“《賁卦》之象辭也。”**然
星事殟悍,非湛密者弗能由也。**師古曰:“殟讀與凶同。湛讀曰沈。由,用

也。"夫觀景以譴形，非明王亦不能服聽也。以不能由之臣，諫不能聽之主，此所以兩有患也。

《易》曰："天垂象，見吉凶。"然孔子晚而讀《易》，性命天道，弟子不可得而聞。鄭子產曰："天道遠，人道邇，非所及也。"《左·昭十七年傳》。司馬遷曰："天道命，不傳；傳其人，不待告；告非其人，雖言不著。"《史記·天官書》。蓋自古聖哲難言之。及今天文學、地文學均大明，而天變之無與人事益昭然矣。

以上天文

黃帝五家曆三十三卷。

亡。《史記》曰："自初生民以來，世主曷嘗不曆日月星辰？及至五家、三代，紹而明之。"司馬貞曰：五家"謂五紀，歲、①月、日、星辰、曆數，各有一家顓學習之，故曰'五家'"。《天官書》及《索隱》。是也。或以黃帝與顓頊、夏、殷、周、魯爲六家當之，非是。《曆律志》曰："太史令張壽王及待詔李信治黃帝《調曆》。壽王言太初曆虧四分日之三，去小餘七百五分。"錢大昕曰："黃帝六家之術，大略皆與四分同。四分以九百四十爲日法。九百四十之七百五，正四分之三也。"《三統術衍》。劉師培曰："《黃帝》、《三統》、《殷》、《周》、《魯》各曆，均從周正。"《古曆管窺上》。

顓頊曆二十一卷

亡。劉師培曰："《顓頊曆》及《夏曆》均從夏正。"《古曆管窺上》。

顓頊五星曆十四卷

亡。劉師培曰："秦及漢初並用《顓頊曆》。"《古曆管窺下》。

日月宿曆十三卷

---

① "歲"，原作"當"，據中華書局點校本《史記》改。

亡。

夏殷周魯曆十四卷

亡。

天曆大曆十八卷

亡。

漢元殷周諜曆十七卷

亡。沈欽韓曰："此以漢元上推殷、周，猶《後志》言四分曆起
於孝文皇帝後元三年，歲在庚辰，上四十五歲，歲在乙未，則
漢興元年也。又上二百七十五歲，歲在庚申，則孔子獲麟
也。"《疏證》。蓋猶今之言紀元前也。耶穌紀元前，民國紀元前。王先
謙曰："諜曆當爲曆諜之誤。"諜，譜第也。

耿昌月行帛圖二百三十二卷

亡。帛圖，蓋記之於帛者。中國最重月，故專門精考，且卷帙
如此其多矣。

耿昌月行度二卷

亡。耿壽昌見《後書·律曆志》。王先謙曰："《食貨志》稱壽
昌善爲算，昌蓋其字。"

傳周五星行度三十九卷

亡。王念孫曰："傳当为傅。"上姓下名也。

律曆數法三卷

亡。四分曆以九百四十为日法，小餘七百五分。武帝時，造
爲以律起曆，黃鐘九九八十一为日法，以消餘分，適盡无餘。
《律曆志》曰："唐都分天部，而落下閎運算曆，其法以律起
曆。"案此即《太初曆》，亦即《三统曆》。

自古五星宿紀三十卷

亡。沈欽韓曰："《律曆志》劉向總六曆，列是非，作《五紀論》，
此蓋其類。"

太歲謀日晷二十九卷

亡。王引之曰:"謀當爲謀。"沈欽韓曰:"《律曆志》:'議造漢曆,乃定東西,立晷儀。'"

帝王諸侯世譜二十卷

亡。葉德輝曰:"《隋志》有《世本王侯大夫谱》,疑即此書。"

古來帝王年譜五卷

亡。沈欽韓曰:"《隋志》:'漢初得《世本》,叙黃帝以來祖世所出。而漢又有《帝王年譜》。'"

日晷書三十四卷

亡。

許商算術二十六卷

疑。《溝洫志》曰:"博士許商善爲算,能度功用。"亦見《儒林傳》。蓋其書與今存《九章算術》有關,不能鑿指耳。

杜忠算術十六卷

疑。《廣韻》曰:"有《九章术》,汉許商、杜忠、吴陈炽、魏王粲并善之。"去聲二十九《换》。沈欽韓曰:"此許商、杜忠所爲,即是《九章術》,《志》舉人名以包之,遂令後人疑惑耳。《後書》馬續、鄭玄並善《九章算術》,明許、杜等非別一書也。"《疏證》。然今固不能指定《九章算術》一書,於許、杜兩家孰當也。

右曆譜十八家,六百六卷。

今計十八家,五百六十六卷,少四十卷。

曆譜者,序四時之位,正分至之節,會日月五星之辰,以考寒暑殺生之實。故聖王必正曆數,以定三統服色之制,又以探知五星日月之會。凶阨之患,吉隆之喜,其術皆出焉。此聖人知命之術也。非天下之至材,[①]其孰與焉,師古曰:"與讀曰豫。"

---

① "至"字原缺,據王先謙《漢書補注》補。

堯命舜曰："天之曆數在爾躬。"《堯典》載命羲、和四子，舜在
璇璣玉衡，詳矣。劉歆作《三統曆》及譜，三代各據一統，天統
子，地統丑，人統寅，詳《律曆志》。知命之術者，仲尼上律天
時，著之《春秋》，故《論語》曰"不知命，無以爲君子"矣。

**道之亂也，患出於小人而强欲知天道者，壞大以爲小，削遠以爲
近，是以道術破碎而難知也。**

小人蓋指張壽王之徒，見《律曆志》。

以上曆譜

泰一陰陽二十三卷
　亡。
黄帝陰陽二十五卷
　亡。
黄帝諸子論陰陽二十五卷
　亡。
諸王子論陰陽二十五卷
　亡。
太元陰陽二十六卷
　亡。
三典陰陽談論二十七卷
　亡。
神農大幽五行二十七卷
　亡。馬國翰輯《神農》書，兼採不分。
四時五行經二十六卷
　亡。
猛子閭昭二十五卷
　亡。

陰陽五行時令十九卷

亡。

堪輿金匱十四卷　<small>師古曰：“許慎云：‘堪，天道；輿，地道也。’”</small>

亡。鄭玄曰：“堪輿雖有郡國所入度，非古數也。今其存者，十二次之分野也。”《周官·保章氏》注。此漢人所傳堪輿之説也。今俗謂風水家曰堪輿。

務成子災異應十四卷

亡。

十二典災異應十二卷

亡。

鍾律災應二十六卷

亡。沈欽韓曰：“此蓋京房之術。”見《後書·律曆志》。

鍾律叢辰日苑二十二卷

亡。叢辰見《史記·日者傳》。今亦略見《協紀辨方》。

鍾律消息二十九卷

亡。

黃鍾七卷

亡。

天一六卷

亡。《淮南子》曰：“天神之貴者，莫貴於青龍，或曰天一，或曰太陰。太陰所居，不可背而可向。”《天文訓》。

泰一二十九卷

亡。沈欽韓曰：“《乾鑿度》，太一取其數以行九宮。”陶憲曾曰：“《説文·甲部》引《太一經》曰：‘頭玄爲甲。’疑出此書。”

刑德七卷

亡。《淮南子》曰：“日爲德，月爲刑。月歸而萬物死，日至而萬物生。”又曰：“陰陽刑德有七舍。何謂七舍？室、堂、庭、門、巷、術、野。"《天文訓》。文繁不具録。

風鼓六甲二十四卷

亡。李賢曰："遁甲，推六甲之陰而隱甲也。今書《七志》有
《遁甲經》。"《後書·方術傳》注。王先謙曰："遁甲演於風后，風鼓
疑風后之譌。"

風后孤虚二十卷

亡。《史記》曰："日辰不全，故有孤虚。"裴駰曰："甲乙謂之
日，子丑謂之辰。《六甲孤虚法》：甲子旬中無戌亥，戌亥即爲
孤，辰巳即爲虚。甲戌旬中無申酉，申酉爲孤，寅卯爲虚。甲
申旬中無午未，午未爲孤，子丑即爲虚。甲午旬中無辰巳，辰巳
爲孤，戌亥即爲虚。甲辰旬中無寅卯，寅卯爲孤，申酉即爲虚。
甲寅旬中無子丑，子丑爲孤，午未即爲虚。"《龜策傳》及《集解》。

六合隋典二十五卷

亡。《玄女兵法》曰："三奇六合主威軍士。"《御覽》三百二十八引。
六合者，子與丑合，寅與亥合，卯與戌合，辰與酉合，巳與申
合，午與未合也。

轉位二十神二十五卷

亡。《淮南子》曰："太陰在寅，朱鳥在卯，句陳在子，玄武在
戌，白虎在酉，蒼龍在辰。寅爲建，卯爲除，辰爲滿，巳爲破，
主衡。酉爲危，主杓。戌爲成，主少德。亥爲收，主大德。子
爲開，主太歲。丑爲閉，主太陰。"《天文訓》。《論衡》曰："十二神
登明從魁子輩。"《難歲篇》。

羨門式法二十卷

亡。

羨門式二十卷

亡。此與《羨門式法》蓋同名同卷數而不同書，特奪去一法字
以爲别者。《史記》曰："分策定卦，旋式正棋。"《日者傳》。鄭司

農曰:"抱式以知天时。"《周禮·大史》注①。

文解六甲十八卷

亡。

文解二十八宿二十八卷

亡。

五音奇胲用兵二十三卷　如淳曰:"音該。"師古曰:"許慎云:'胲,軍中約也。'"

亡。胲、佼、咳、賌古字通。奇胲者,非常也,師古説非也。王念孫《讀書雜志》曰:"《説文》,奇胲,非常也。《淮南·兵略訓》:'明於奇胲陰陽刑德五行,望氣候星,龜策禨祥。'高注:'奇賌,陰陽奇祕之要,非常之術。'《史記·倉公傳》:'受其脉書上下經,五色診,奇咳術。'然則奇佼者,非常也。佼,正字也,胲、咳、賌皆借字耳。脉法之有五色診,奇佼術,皆言其術之非常也。顏以奇胲用兵四字連文,遂以胲爲軍中約,不知軍中約之字,自作該,非奇胲之義。且奇胲二字,同訓爲非常,若以賌爲軍中約,則與奇字義不相屬矣。"

五音奇胲刑德二十一卷

亡。《淮南子》曰:"明于刑德奇賌之數。"《兵略訓》。即此奇胲刑德。

五音定名十五卷

亡。《論衡》曰:"五音之家,用口調姓名及字,用姓定其名,用名正其字。口有張歙,聲有内外,以定五音。"《詰術篇》。今日本此術猶流行。

右五行三十一家,六百五十二卷。

今計三十一家,六百五十三卷,多一卷。

五行者,五常之刑氣也。②《書》云"初一曰五行,次二曰羞用五事",師古曰:"《周書·洪範》之辭也。"**言用五事以順五行也。貌、言、視、聽、思心失,而五行之序亂,五星之變作,皆出於律曆之數而分**

---

① "大"原缺,據阮元刻《十三經注疏》本《周禮注疏》補。
② "刑",中華書局點校本《漢書》作"形"。

爲一者也。_{師古曰："説皆在《五行志》也。"}**其法亦起五德終始，推其極則無不至。**

《説苑》曰："常者質。"_{《修文篇》。}《莊子》曰："天地，形之大者也；陰陽，氣之大者也。"_{《則陽篇》。}蓋五行家以宇宙形氣，剖分五原質，而以推論世運之遷流，然其術有驗有不驗，則亦等之於空言矣。五德終始見前陰陽家。沈約曰："五德更王，有二家之説。鄒衍以相勝立體，劉向以相生爲義。"

而小數家因此以爲吉凶，而行於世，寖以相亂。_{師古曰："寖，漸也。"}

小數家如後世風水，行年推命之屬。

以上五行

龜書五十五卷

亡。《史記・龜策傳》所載，蓋其大略也。

夏龜二十六卷

亡。夏后開使蜚廉採金於山，鑄鼎於昆吾。使翁難乙灼白若之龜，繇曰："逢逢白雲，一南一北，一東一西。九鼎既成，遷於三國。"_{《墨子・耕柱篇》。}劉師培説《夏龜書》即《連山》，未確。

南龜書二十八卷

亡。《周官・龜人》："南龜曰獵屬。"《史記》曰："余至江南，觀其行事，問其長老，云龜千歲，乃游蓮葉之上。廬江郡常歲時生龜長尺二寸者二十枚輸太卜官。"_{《史記・龜筴傳》。}劉師培曰："《漢志》《夏龜》二十六卷，《南龜》二十八卷，南、商形近，南疑商訛。此即桓譚《新論》所謂《連山》、《歸藏》也。"_{《連山歸藏考》，見《中國學報》第二册。}然《新論》明云"《連山》八萬言，《歸藏》四千三百言"。_{《御覽》百八十引。}使《夏龜》、《南龜書》果即《連山》、《歸藏》，不應《夏龜》卷帙反減於《南龜書》，則劉説未爲確也。

巨龜三十六卷

亡。

雜龜十六卷

亡。

蓍書二十八卷

亡。

周易三十八卷

亡。《六藝略》有《易經》十二篇，此蓍龜家復有《周易》三十八卷，明其書不同也。《晉書·束皙傳》言："汲冢得《易經》二篇，與《周易》上下經同。《易繇陰陽卦》二篇，與《周易》略同，繇辭則異。《卦下經》一篇，似《說卦》而異。"由是言之，則古蓋《繇辭》別爲一書。故《左氏傳》引《易》繇辭，亦多不在今存《易》中，或當在此蓍龜家之《周易》三十八卷中歟？

周易明堂二十六卷

亡。

周易隨曲射匿五十卷

亡。《東方朔傳》曰："使諸數家射覆，朔自贊曰：臣嘗受《易》，請射之。"

大筮衍易二十八卷

亡。

大次雜易三十卷

亡。

鼠序卜黄二十五卷

亡。《抱朴子》曰："鼠壽三百歲，滿百歲則色白，善憑人而卜，名曰仲。"《對俗篇》。

於陵欽易吉凶二十三卷

亡。於陵，姓；欽，名。

任良易旗七十一卷

亡。任良當即京房弟子，見房傳。

易卦八具

亡。《少牢禮》："卦以木，卒筮，乃書卦於木。"鄭玄曰："每一爻畫地以識之，六爻備書於版。"然則易卦八具，蓋其版之數也。

右蓍龜十五家，四百一卷。

今計十五家，四百八十五卷，其卦八具，以八計也，多八十四卷。

蓍龜者，聖人之所用也。《書》曰："女則有大疑，謀及下筮。"師古曰："《周書·洪範》之辭也。言所爲之事有疑，則以卜筮決之也。龜曰卜，蓍曰筮。"**《易》曰："定天下之吉凶，成天下之亹亹者，莫善於蓍龜。""是故君子將有爲也，將有行也，問焉而以言，其受命也如嚮，無有遠近幽深，遂知來物。非天下之至精，其孰能與於此。"**師古曰："皆《上繫》之辭也。亹亹，深遠也。①言君子所爲行，皆以其言問於《易》。受命如響者，謂示以吉凶，其應速疾，如響之隨聲也。遂猶究也。來物謂當來之事也。嚮與響同。與讀曰豫。"**及至衰世，解於齊戒，而婁煩卜筮，**師古曰："解讀曰懈。齊讀曰齋。婁讀曰屢。"**神明不應。故筮瀆不告，**《易》以爲忌；師古曰："《易·蒙卦》之辭曰'初筮告，再三瀆，瀆則不告'，言童蒙之來決疑，初則以實而告，至于再三，爲其煩瀆，乃不告也。"**龜厭不告，**《詩》以爲刺。師古曰："《小雅·小旻》之詩曰'我龜既厭，不我告猶'，言卜問煩數，媟嫚於龜，龜靈厭之，不告以道也。"

此多引《書》、《易》、《詩》之詞，而《易·繫》尤孔子之詞也。《老子》曰："能無卜筮，而知吉凶乎。"《莊子·庚桑楚篇》。則此老賢於仲尼遠矣。

以上蓍龜

黃帝長柳占夢十一卷

亡。《帝王世紀》曰：黃帝因夢求得風后、力牧，"因著《占夢

---

① "遠"原作"致"，據中華書局點校本《漢書》改。

經》十一卷"。① 《史記·五帝本紀》正義引。

甘德長柳占夢二十卷

亡。即占星之甘公，見《天官書》。

武禁相衣器十四卷

亡。武禁，人姓名。《論衡》曰："裁衣有書，凶日製衣有禍，吉日有福。"《譏日篇》。

嚏耳鳴雜占十六卷　師古曰："嚏音丁計反。"

亡。今《玉匣記》有載之。

禎祥變怪二十一卷

亡。《中庸疏》曰："本有今異曰禎，本無今有曰祥。"

人鬼精物六畜變怪二十一卷。

亡。《管子·水地篇》、《小問篇》，《莊子·達生篇》，咸言怪物。《隋志》有《白澤圖》，蓋去草昧未遠，戾氣猶多，而非所語於開明之世也。

變怪誥咎十三卷

亡。《周官·太祝》六辭，三曰誥。曹子建有《誥咎文》。誥，告於神也。咎，自刻責也。

執不祥劾鬼物八卷

亡。《抱朴子》曰："《神仙集》中有廟神劾鬼之法。"《神化篇》今道士有劾禁之術。

請官除訞祥十九卷　師古曰："訞字與妖同。"

亡。

禳祀天文十八卷　師古曰："禳，除災也。音人羊反。"

亡。齊景公睹彗星，召柏常騫使禳去之。《晏子·諫篇》。葉德輝曰："《說文》：'禜，設緜蕝爲營，以禳風雨雪霜水旱癘疫於日

---

① "卷"原作"種"，據王先謙《漢書補注》改。

月星辰山川也。'此即禳祀天文之遺法。"今道士有齋醮之術，俗曰打

醮。打即禳字古音。

請禱致福十九卷

亡。《隋志》梁有董仲舒《請禱圖》。仲舒《禱詞》見《周禮‧太

祝》注、《春秋繁露‧郊祀篇》。

請雨止雨二十六卷

亡。董仲舒《求雨止雨篇》，《後書‧輿服志》注亦引其書。

泰壹雜子候歲二十二卷

亡。候歲，占歲也。

子贛雜子候歲二十六卷

亡。葉德輝曰："此蓋因子貢貨殖，依託而作。"

五法積貯寶藏二十三卷

亡。此不入農家，以占候爲主。《越絕書‧内經》曰："人之生

無幾，必先憂積蓄，以備妖祥。"

神農教田相土耕種十四卷

亡。不入農家，亦主占候。馬國翰有《神農書》輯本，兼採不別。

昭明子釣種生魚鼈八卷

亡。亦《農書》之主占候者。《齊民要術》引陶朱公《養魚经》。

馬國翰有輯本。

種樹臧果相蠶十三卷

亡。亦《農書》之主占候者。沈欽韓曰："《齊民要術》有《栽樹

篇》，《食經》有種名果法、作乾棗法、蜀中藏梅法、藏乾栗法、

藏柿法、藏木瓜法。"

右雜占十八家，三百一十三卷。

今計十八家，三百一十二卷，少一卷。

雜占者，紀百事之象，候善惡之徵。師古曰："徵，證也。"《易》曰："占

事知來。"師古曰："《下繫》之辭也。言有事而占，則視方來之驗也。"眾占非一，

而夢爲大，故周有其官。師古曰："謂太卜掌三夢之法，又占夢中士二人，皆宗伯之屬官。"而《诗》載熊羆虺蛇衆魚旐旟之夢，著明大人之占，以考吉凶，師古曰："《小雅·斯干》之詩曰：'吉夢維何？維熊維羆，男子之祥；維虺維蛇，女子之祥。'《無羊》之詩曰：'牧人乃夢，衆維魚矣，旐維旟矣。大人占之，衆維魚矣，實維豐年，旐維旟矣，室家溱溱。'言熊羆虺蛇皆爲吉祥之夢，而生男女。及見衆魚，則爲豐年之應，旐旟則爲多盛之象。大人占之，謂以聖人占夢之法占之也。畫龜蛇曰旐，鳥隼曰旟。"蓋參卜筮。《春秋》之説訞也，曰："人之所忌，其氣炎以取之，訞由人興也。人失常則訞興，人無釁焉，訞不自作。"師古曰："申繻之辭也，事見莊公十四年。炎謂火之光始燄燄也。言人之所忌，其氣燄引致於災也。釁，瑕也。失常，謂反五常之德也。炎讀與燄同。"故曰："德勝不祥，義厭不惠。"師古曰："厭音伊葉反。惠，順也。"桑穀共生，太戊以興；雉雊登鼎，武丁爲宗。師古曰："説在《郊祀》、《五行志》。"然惑者不稽諸躬，而忌訞之見，師古曰："稽，考也，計也。"是以《詩》刺"召彼故老，訊之占夢"，師古曰："《小雅·正月》之詩也。故老，元老也。訊，問也。言不能修德以禳災也，但問元老以占夢之凶吉。"傷其舍本而憂末，不能勝凶咎也。

　　傳曰："妖由人興，德勝不祥。"則雜占諸書，可以無作。若種樹漁鹽，固與雜占不類矣。

以上雜占

山海經十三篇

　　存。章宗源謂班志雖取《七略》，而時有異者，見前引。甚塙。故《七略》校定《山海經》十八篇，而班志獨十三篇，亦其一也，蓋棄《大荒經》以下五篇不計也。據劉歆，《山海經敍録》。王充、《論衡·談天篇》。趙曄《吳越春秋》卷六。皆云"禹、益作《山海經》"，其書頗似《禹貢》，當作在舜世禹治水之時也。惟《五藏山經》後有禹曰天下名山云云，亦見《管子·地數篇》，又見僞《列子·湯問篇》，確爲禹、益作。郝懿行以此禹曰及《中次三經》青要之山，言"南望墠堵，禹父之所化"，疑非禹書。此不知古人作書之例，若以《史記》稱太史公、褚先生例之，可爽然自失矣。《海外》以下等經，則非禹、益書，多爲圖説之辭，其圖蓋即禹鼎。《左·宣三年》王孫滿説。《海外》、《海内》二經，有周時説山海圖之文，以其有湯、文王葬所也；又有漢所傳圖，以其有餘暨、彭澤、朝陽、淮浦等漢縣也。《大荒經》以下五篇，則更爲釋《海内》、《海外》二經之文，本不在《漢志》十三篇，又無劉歆校進款識，其文體亦爲圖説，當爲漢時所傳之圖，出劉歆等所述也。後人往往據圖説雜出周漢地名，以疑此經。顏之推所謂“《山海經》，禹、益所記，而有長沙、零陵、桂楊、諸暨”，《顏氏家訓·書證篇》。此由未嘗分別觀之也。若司馬遷曰：“《禹本紀》、《山海經》所有怪物，余不敢言也。”《史記·大宛傳》。案近有妄人《史記探原》，謂《大宛傳》此文直録《漢書·張騫李廣利傳》，不知《論衡·談天篇》明引《太史公》曰《禹本紀》云云，《論衡》書成於《漢書》之前，是亦豈録《漢書》耶？其妄不容辨矣。則《世本》、《山經》皆古史，此老乘時趨勢，不信古史而欲考信於六藝，故有此違心之論也。清《四庫》小説類著録。清畢沅《山海經》校本，郝懿行《箋疏》，俱善。

國朝七卷

亡。沈欽韓曰：“《隋志》：‘劉向略言地域，丞相張禹使屬朱貢條記風俗，班固因之作《地理志》。’《國朝》者，疑此是也。”

宮宅地形二十卷

亡。《論衡》有言圖宅術。《詰術篇》。

相人二十四卷

亡。《荀子》有《非相篇》，近世亦有骨相學。

相寶劍刀二十卷

亡。《吕覽》有《相劍説》。《愛類篇》

相六畜三十八卷

亡。《史記》曰：“黃直，丈夫也；陳君夫，婦人也：以相馬立名。”《日者傳》。《後書》馬援上表亦述此事。

右形法六家，百二十二卷。

　　今計家數卷數悉符。

形法者，大舉九州之勢以立城郭宮舍形，人及六畜骨法之度數、器物之形容以求其聲氣貴賤吉凶。猶律有長短，而各徵其聲，非有鬼神，數自然也。然形與氣相首尾，亦有有其形而無其氣，有其氣而無其形，此精微之獨異也。

　　此以形氣言相，非專門名家難言之。然以《山海經》次其間，則其駮也。

以上形法

凡數術百九十家，二千五百二十八卷。

　　都計天文二十一家，四百四十五卷；曆譜十八家，六百六卷；五行三十一家，六百五十二卷；蓍龜十五家，四百一卷；雜占十八家，三百一十三卷；形法六家，百二十二卷：合得百九十家，二千五百三十九卷，多十一卷。

數術者，皆明堂羲和史卜之職也。史官之廢久矣，其書既不能具，雖有其書而無其人。《易》曰：“苟非其人，道不虛行。”師古曰："《下繫》之辭也。言道由人行。"**春秋時魯有梓慎，鄭有裨竈，晉有卜偃，宋有子韋。六國時，楚有甘公，魏有石申夫。漢有唐都，庶得麤觕。**師古曰："觕，粗略也，音才戶反。"**蓋有因而成易，無因而成難，故因舊書以序數術爲六種。**

　　此明數術之學出於古史。《史記·曆書》："疇人子弟。"則今之江湖醫卜星相之流，皆其苗裔也。然其授受，比諸古史世傳，則又迥異也。梓慎、襄十五年。裨竈、襄二十八年。卜偃閔元年。見《左傳》，子韋見前陰陽家，甘公、石申夫詳《天文志》，《史記·天官書》作石申。案《後書·郎顗傳》注、《法言·五百篇》李軌注，俱作石申夫。唐都詳《律曆志》。

七、方技略

黄帝内經十八卷

殘。張仲景曰:"撰用《素問》。"《玉海》六十三。皇甫謐曰:"《七略》、《藝文志》,《黄帝内經》十八卷。今有《鍼經》九卷,《素問》九卷,二九十八卷,即《内經》也。"《甲乙經序》。王冰曰:"《内經》十八卷,《素問》即其經之九卷也,兼《靈樞》九卷,迺其數焉。"《内經素問序》。林億曰:"《素問》第七卷亡。《天元紀大論》、《五運行大論》、《六微旨論》、《氣交變論》、《五常政論》、《天元正紀論》、《至真要論》七篇,與《素問》略不相通,疑此乃《陰陽大論》之文,王冰取以補所亡之卷。"王應麟曰:"《館閣書目》,《黄帝鍼經》九卷,八十一篇,與《靈樞經》同。《鍼經》以九鍼十二原爲首,《靈樞》以精氣爲首,間有詳略。"《攷證》。蓋王冰頗有變更《内經》篇次,《隋志》謂之《鍼經》,《唐志》謂之《九靈經》,既王冰謂之《靈樞》,則《靈樞》自屬王本。今則《靈樞》亡,而以《鍼經》爲《靈樞》矣。古有經傳統稱經者,故《靈樞》爲經,《素問》爲傳,統曰《内經》矣。

外經三十七卷

亡。

扁鵲内經九卷

亡。《千金方外臺祕要》皆有引扁鵲法,或爲此《内外經》之遺文。

外經十二卷

亡。《千金方》等引扁鵲語,皆不見今傳扁鵲《難經》,《難經》固非扁鵲書也。當別論之。

白氏内經三十八卷

亡。

外經三十六卷

亡。

旁篇二十五卷

亡。

右醫經七家，二百一十六卷。

今計七家，百七十五卷，少四十一卷。

醫經者，原人血脉經絡骨髓陰陽表裏，以起百病之本，死生之分，而用度箴石湯火所施，師古曰：“箴，所以刺病也。石謂砭石，即石箴也。古者攻病則有砭，今其術絕矣。箴音之林反，砭音被廉反。”**調百藥齊和之所宜。**師古曰：“齊音才詣反，其下並同。和音呼臥反。”**至齊之得，猶慈石取鐵，以物相使。拙者失理，以瘉爲劇，以生爲死。**師古曰：“瘉讀與愈同。愈，差也。”

當今醫科之病理學等書。砭石，則石器時代所用之遺也。

以上醫經

五藏六府痺十二病方三十卷　師古曰：“痺，風溼之病，音必二反。”

亡。

五藏六府疝十六病方四十卷　師古曰：“疝，心腹氣病，音山諫反，又音删。”

亡。

五藏六府癉十二病方四十卷　師古曰：“癉，黃病，音丁韓反。”

亡。

風寒熱十六病方二十六卷

亡。

泰始黃帝扁鵲俞拊方二十三卷①　應劭曰：“黃帝時醫也。”師古曰：“拊

---

①　“泰”，原作“秦”，據中華書局點校本《漢書》改。

音膚。"

亡。《史記》曰:"上古之時,醫有俞拊。"《扁鵲傳》。《說苑》曰:
"上古之爲醫者曰苗父,中古之爲醫者曰俞拊。"《辯物篇》。鄭玄
曰:"脉之大候,要在陽明寸口,能專是者其惟秦和乎,歧伯、
揄拊則兼彼數術者。"《周禮·疾醫》注。

五藏傷中十一病方三十一卷

亡。

客疾五藏狂顚病方十七卷

亡。

金創瘲瘲方三十卷 服虔曰:"音瘲引之瘲。"師古曰:"小兒病也。瘲音充制反,瘲音子用反。"

亡。王念孫曰:"顏注瘲音在前,瘲音在後,則瘲瘲當爲瘲瘲。
《说文》,瘲,小兒瘲瘲也。諸書皆言瘲瘲,無言瘲瘲者。"沈欽
韓曰:"《靈樞》注:瘲瘲者,熱極生風也。"

婦人嬰兒方十九卷

亡。

湯液經法三十二卷

亡。《素問》有《湯藥論》。①

神農黄帝食禁七卷

疑。《本草》見《平帝紀》、《樓護傳》。孫星衍曰:"食禁,食藥
之訛。"《問字堂集·神農本草經序》。葉德輝曰:"康賴《醫心方》二十
九引《本艸食禁》云,正月一切肉不食者吉,二月寅食不吉,五
月五日不食麋鹿一切肉,即此書也。疑古本附《本艸》後,故
云《本艸食禁》。《醫師疏》以禁爲藥,誤。"康賴,日本人,當中國北宋
時。葉説似較長。

---

① 四庫全書本《黄帝内經》卷四有《湯液醪醴論》,則"藥"當作"液"。

右經方十一家,二百七十四卷。

今計十一家,三百五卷,多三十一卷。

經方者,本艸石之寒溫,量疾病之淺深,假藥味之滋,因氣感之宜,辯五苦六辛,致水火之齊,以通閉解結,反之於平。及失其宜者,以熱益熱,以寒增寒,精氣內傷,不見於外,是所獨失也。故諺曰:"有病不治,常得中醫。"

錢大昭曰:"今吳人猶云不服藥爲中醫。"《漢書辨疑》。然此醫師之失也。近世海通,醫藥流行。说者曰動物性浮揚,礦物性沉降,植物性中和,故西人食物以動物爲主,病則藥多金石,而相劑其平,然其藥不可久服;東方人以食植物爲主,故病則多草根木皮之藥,然亦多可久餌者,理或然歟。大抵今存張仲景《傷寒論》、《金匱要略》,猶多存三古遺方。日本人精於醫,謂其書實可治一切病,并西醫所不能治之病亦能治之云。如肺癆病之類。

以上經方

容成陰道二十六卷

亡。容成公法見《後書·方技·冷壽光傳》,然邪道也。

務成子陰道三十六卷

亡。

堯舜陰道二十三卷

亡。

湯盤庚陰道二十卷

亡。

天老雜子陰道二十五卷

亡。

天一陰道二十四卷

亡。

黃帝三王養陽方二十卷

亡。《論衡》曰："素女對黃帝陳五女之法，非徒傷父母之身，乃又賊男女之性。"《命義篇》。其说是也。蓋此類邪術，盛於西京之末。故王莽嘗昏行其事，實漢史之汙點也。

三家內房有子方十七卷

亡。

右房中八家，百八十六卷。

今計八家，百九十一卷，多五卷。

房中者，情性之極，至道之際，是以聖王制外樂以禁內情，而爲之節文。傳曰："先王之作樂，所以節百事也。"樂而有節，則和平壽考。及迷者弗顧，以生疾而隕性命。

《千金方》中尚略存房中術。今世有哲嗣學，比其文明不可以道里計矣。

以上房中

宓戲雜子道二十篇

亡。

上聖雜子道二十六卷

亡。

道要雜子十八卷

亡。

黃帝雜子步引十二卷

亡。

黃帝岐伯按摩十卷

亡。沈欽韓曰："《韓詩外傳》子游按摩。趙岐《孟子注》折枝者，按摩，折手節解罷枝也。《抱朴子·遐覽篇》，《按摩經導引經》十卷。《唐六典》太醫令屬官按摩博士一人，置按摩師，按摩丁佐之，教按摩生。"《疏證》。今日本瞽人多以按摩爲業，即由唐世傳往者。

黄帝雜子芝菌十八卷　師古曰："服餌芝菌之法也。菌音求閔反。"

亡。芝菌多有毒者，古人服之，其愚不可瘳。

黄帝雜子十九家方二十一卷

亡。

泰壹雜子十五家方二十二卷

亡。

神農雜子技道二十三卷

亡。

泰壹雜子黄冶三十一卷　師古曰："黄冶，釋在《郊祀志》。"

亡。《抱朴子》有《黄白篇》。

右神僊十家，二百五卷

今計十家，二百一卷，少四卷。

神僊者，所以保性命之真，而游求於其外者也。聊以盪意平心，同死生之域，師古曰："盪；滌。一曰盪，放也。"**而無怵惕於胸中。然而或者專以爲務，則誕欺怪迂之文彌以益多，**師古曰："誕，大言也。迂，遠也。"**非聖王之所以教也。孔子曰："索隱行怪，後世有述焉，吾不爲之矣。"**師古曰："《禮記》載孔子之言。索隱，求索隱暗之事，而行怪迂之道，妄令後人有所祖述，非我本志。"

神僊保性命之真，而游求於其外，聊以盪意平心，同死生之域，此佛氏優爲之，故歷朝正史多以佛氏入《方技傳》。道家失真，乃言金丹。詳《續道藏》。不知《史記·商鞅傳》曰："反聽之謂聰，內視之謂明。"《後書·王允傳》曰："夫內視反聽，則忠臣竭誠。"由此言之，則所謂收視反聽者，收視反聽一語，亦見《鬼谷子》。本君相大官之術，何金丹之云哉。

以上神僊

凡方技三十六家,八百六十八卷。

　　都計醫經七家,二百一十六卷;經方十一家,二百七十四卷;
　　房中八家,百八十六卷;神僊十家,二百五卷:合得三十六家,
　　八百八十一卷,多十三卷。

方技者,皆生生之具,王官之一守也。太古有岐伯、俞拊,中世
有扁鵲、秦和,師古曰:"和,秦醫名也。"蓋論病以及國,原診以知政。師
古曰:"診,視驗,謂視其脉及色候也。診音軫,又音丈刃反。"漢興有倉公。今其
技術晻昧,師古曰:"晻與暗同。"故論其書,以序方技爲四種。

　　《晋語》趙文子曰:"醫及國家乎。"秦和對曰:"上醫醫國,其次
　　疾,固醫官也。"蓋古醫字亦作毉,上世從巫史社會而來,故醫
　　通於治國之道耳。

見存百家真僞書表

真	僞	疑
晏子		
子思 在《小戴記》		
曾子 在《大戴禮》		
公孫尼子 在《小戴記》		
孟子		
孫卿子 即《荀子》		
陸賈 即《新語》		
賈誼 即《賈誼新書》		
桓寬《鹽鐵論》		
劉向所序 《新序》、《說苑》、《列女傳》		
揚雄所序 《太玄》、《法君》、《箴》		
		六韜 宋元豐間刪定本
鬻子		
筦子 即《管子》		
老子	文子	
	關尹子	
莊子		
	列子	
黃帝銘		
		鶡冠子
商君		
慎子		

續前表

韓子 即《韓非子》		鄧析 即《鄧析子》
公孫龍子	尹文子	
墨子		
蘇秦 即《鬼谷子》		伍子胥 疑在《越絕書》
吕氏春秋		
淮南内 即《淮南子》		
東方朔		
屈原賦		
宋玉賦		
莊夫子賦		
賈誼賦		
枚乘賦		
司馬相如賦		
淮南王賦		
淮南王羣臣賦		
上所自造賦	太常蓼侯孔臧賦	
劉向賦		
王褒賦		
司馬遷賦		
揚雄賦		
孫卿賦		
高祖歌		
泰一雜甘泉賦壽宮歌詩		
宗廟歌詩		
		漢興以來兵所誅滅歌詩

續前表

		出行巡狩及游歌詩 李夫人及幸貴人歌詩 吳楚汝南歌詩 邯鄲歌詩 黃門倡車忠等歌詩
吳孫子 即《孫子》		
		吳起 即《吳子》 龐煖 疑在《鶡冠子》
尉繚		
		圖書祕記 許商算術 杜忠算術
山海經 黃帝內經		
		神農黃帝食禁 疑《本草》

右表但依隋後《經籍志》爲之，非以釋本書也。上古世官，三代同之，周衰失職，夷爲九流，漢世兵家數術方技猶在王官，不如後世之盡失職也。故劉、班於《諸子略》但言出於古官者不同，於兵家則曰王官之武備，於醫家則曰王官之一守，是顯有政教之判也。故《隋志》曰：“儒道小說，聖人之教。兵及醫方，聖人之政。”可謂知言已。

大凡書，六略三十八種，五百九十六家，萬三千二百六十九卷。
入三家，五十篇，省兵十家。

六略者，《論衡》曰：“六略之録，萬三千篇。”《案書篇》。蓋歆所撰，雖名《七略》，其《輯略》即彙別羣書，標列恉趣，若志之小序，實止有六略耳。沈欽韓說。梁《七録》引本志此條二百作三百，然總覈前載六藝一百三家，三千一百二十三篇；諸子八十九家，四千三百二十四篇；詩賦百六家，千三百一十八篇；兵書五十三家，七百九十篇，圖四十三卷；術數百九十家，二千五百二十八卷；方技三十六家，八百六十八卷，合計六百七十七家，一萬二千九百九十四篇，與此云五百九十六家，萬三千二百六十九卷較之，卷即篇也，家數則多八十一家，篇數則少九百九十四篇，大有逕庭也。惟《七略》曰：“書三十八種，六百三家，一萬三千二百一十九卷。”此及《七略》俱見《廣弘明集》。以較班志，實多七家。班自注入三家，省兵十家，以較《七略》，實少七家。故《七略》六百三家，班志五百九十六家，尚足以兩相取證，而篇數則亦難考也。又自《隋志》誤言《七略》大凡三萬三千九十卷，《通考》同。《舊唐志》復言《漢藝文志》載三萬三千九百卷，不足論矣。陶憲曾曰：“三家者，劉向、揚雄、杜林三家也。五十篇者，書入劉向《稽疑》一篇，小學入揚雄、杜林二家三篇，儒家入揚雄三十八篇，賦入揚雄八篇，凡五十篇，皆班氏所新入也。若禮入《司馬法》，技巧入《蟜蟜》，本在《七略》之內，互相出入，故於此不數也。”王氏《補注》。省兵十家，見前。《漢志》而後，浸成四部，非本書所及論。

附録

黃侃七略四部開合異同表

劉歆七略	荀勖四志	王儉七志	阮孝緒七録	隋書經籍志四部
六藝 諸子 詩賦 兵書 方技 術數 其輯略一種乃諸書之總要，《漢書·藝文志》每類緒論之文，大抵采此。	甲部 　紀六藝及小學 乙部 　有諸子家及近世子家、兵書、兵家、術數 丙部 　有史記、舊事、皇覽簿、雜事 丁部 　有詩賦、圖讖、汲冢書	經典 　六藝、小學、史記、雜傳 諸子 　今古諸子 文翰 　詩賦 軍書 　兵書 陰陽 　陰陽及圖緯 方技 　圖譜地域及圖書。道佛附合九條	經典 　六藝 記傳 　史傳 子兵 　子書 　兵書 文集 　文集 技術 　數術 佛 道	經 　十三種，六藝經緯 史 　十三種，史之所記 子 　十四種，諸子 集 　三種，道經 佛經

漢書藝文志注解

姚明煇　撰

馬慶洲　整理

底本:民国十三年(1924)南京共和書局排印本

漢書藝文志注解卷一

藝文志

《藝文志》,《漢書》之一篇也。賈誼《六術篇》:"先王爲天下設教,以與《詩》、《書》、《易》、《春秋》、《禮》、樂六者之術,以爲大義,謂之六藝,令人緣之以自修。"《史記·孔子世家》載,孔子追跡三代之禮,序《書》序《易》,刪詩正樂,因史記作《春秋》,以備王道,以成六藝。又贊曰:"中國言六藝者折中於夫子。"又《滑稽列傳》引孔子曰:"六藝之於治一也。《禮》以節人,樂以發和,《書》以道事,《詩》以達意,《易》以神化,《春秋》以道義。"本書《河間獻王傳》:"其學舉六藝。"師古注:"此六藝謂六經。"鄭康成《六藝論》:"孔子以六藝題目不同,指意殊別,故作《孝經》以總會之。"漢以後所稱六經,古謂之六藝也。漢成帝時,劉向校書祕府,其子歆繼成父業,著《七略》,有《六藝略》。至東漢時,班固校書東觀及仁壽閣,乃本《七略》作此志。夫爲學首宜明源流本末,言中國文學源流者,《藝文志》爲最古。

昔仲尼没而微言絶,七十子喪而大義乖。

微言,精微要妙之言也。孔子弟子通六藝者七十二人,言七十,舉成數也。大義本於微言,孔子致廣大而盡精微,七十子能因微言而知大義,蓋見而知之者也。其後所聞異辭,故大義乖。乖,差也,離也。微言、大義皆口授,有師説無文章,孔子集大成,爲繼往開來之至聖,而七十子始傳其教。

故《春秋》分爲五,《詩》分爲四,《易》有數家之傳。戰國從衡,真僞分爭,諸子之言紛然殽亂。

大義既乖,故説經者不一其辭焉。《春秋》分爲五,謂《左傳》、

《公羊傳》、《穀梁傳》、《鄒氏傳》、《夾氏傳》也；《詩》分爲四，謂《毛詩》、《齊詩》、《魯詩》、《韓詩》也；《易》有數家之傳，謂施孟、梁丘、京氏、費、高等。並見下。從衡謂合從連衡之際，爾時孔門後學各尊所聞，自真而僞人，分爭不已，諸子百家，亦乘時而起。殽、淆通，雜也。

至秦患之，乃燔滅文章，以愚黔首。

燔，燒也。秦更名民曰黔首。黔，黑，言其頭黑也。《史記》："秦並天下，丞相李斯上書曰：'古者天下散亂，莫之能一，是以諸侯並作，語皆道古以害今，飾虛言以亂實，人善其所私學，以非上之所建立。今皇帝並有天下，別黑白而定一尊。私學而相與非法教，人聞令下，則各以其學議之，入則心非，出則巷議，夸主以爲名，異取以爲高，率羣下以造謗。如此弗禁，則主勢降乎上，黨與成乎下。禁之便。臣請史官非秦紀皆燒之。非博士官所職，天下敢有藏《詩》、《書》、百家語者，悉詣守、尉雜燒之。有敢偶語《詩》、《書》棄市。① 以古非今者族。"《斯傳》："始皇可其議，收去《詩》、《書》、百家之語以愚黔首，使天下無以古非今。"按李斯與韓非同學於荀卿，斯自以爲不如非。其後，斯相秦得以行其所學，乃讒殺韓非。又患諸子異己，乃燔滅文章以愚之。文章即六經之類，所以載道，文亡則道不可見，民乃愚矣。然斯所燔皆古文也，《史記·太史公自序》曰："秦撥去古文，焚滅《詩》、《書》。"

漢興，改秦之敗，大收篇籍，廣開獻書之路。

改秦之敗，懲秦之敗，改燔書禁書之法也。篇，書也。籍，簿也。漢自惠帝四年除挾書之禁，其後河間獻王修學好古，實事求是，從民間得善書，必爲好寫與之，留其真，加金帛賜以

---

① 通行本《史記》"書"字後有"者"字。

招之，繇是四方道術之人，不遠千里，或有先祖舊書，多奉以奏獻王者。所得皆古文先秦舊書。然自高祖时，蕭何即收秦圖籍，高祖弟楚元王少即好書，微時已受《詩》於浮邱伯。文帝遣鼂錯就伏生受《尚書》，又使博士作《王制》，置《論語》、《孝經》、《爾雅》、《孟子》博士，皆爲漢初開闢文學之先河。

迄孝武世，書缺簡脱，禮壞樂崩，聖上喟然而稱曰："朕甚閔焉！"

書，箸也，箸於竹帛謂之書。古者無紙，削竹爲簡而連綴之謂之簡編，至漢猶然。書缺，謂文字摩滅。簡脱，謂篇絶而簡散落也。[①] 聖上，指孝武帝。閔，憂也。《武帝紀》："元朔五年夏六月，詔曰：'蓋聞導民以禮，風之以樂，今禮壞樂崩，朕甚閔焉。'"按漢初諸帝，雖收篇籍，立博士，然崇黄老申韓。武帝立田蚡、公孫弘先後爲相，而董仲舒請尊孔氏，始尚儒術，表章六經焉。

於是建臧書之策，置寫書之官，下及諸子傳說，皆充祕府。

建，立也。臧讀爲藏，古字通。策，簡也。藏書之策，蓋即目録。寫書之官，鈔胥也。古無印刷，書皆傳鈔。曰"下及"，見孝武所重，在經不在諸子傳說也。充，實也，謂庋之也。祕府，宮中藏書之處。志言秦漢之際，經籍遇厄，至孝武世乃昌明也。《隋書·經籍志》："武帝置太史公，命天下計書，先上太史，副上丞相。開獻書之路，置寫書之官，外有太常、太史、博士之藏，内有延閣、廣内、秘室之府。"

至成帝時，以書頗散亡，使謁者陳農求遺書於天下。

此河平三年事。自武帝至成帝，凡五十餘年。謁者，官名。陳農，人姓名。遺，亡也。成帝以祕府藏書頗散亡，故使農求

---

① "篇"當作"編"。

遺書於民間。

詔光禄大夫劉向校經傳、諸子、詩賦，步兵校尉任宏校兵書，太史令尹咸校數術，侍醫李柱國校方技。

　　光禄大夫、步兵校尉、太史令、侍醫，皆官名。劉向、任宏、尹咸、李柱國，皆人姓名。向，漢之宗室，字子政，與子歆同爲名儒。考訂書籍曰校。經傳，即六藝。數術，占卜之書。方技，醫藥之書。並見下。

每一書已，向輒條其篇目，撮其指意，録而奏之。

　　已，謂校畢。撮，揔取也。條其篇目，爲定目次也。撮其指意，如後世書目提要。向奏今頗有存者。

會向卒，哀帝復使向子侍中奉車都尉歆卒父業。

　　哀帝，成帝姪。侍中、奉車都尉，官名。歆，字子駿。卒，終，謂續成之也。業，謂校書之事。

歆於是總羣書而奏其《七略》，故有《輯略》，有《六藝略》，有《諸子略》，有《詩賦略》，有《兵書略》，有《術數略》，有《方技略》。

　　略，約要也。輯、集通，輯略謂諸書之總要。蓺、藝古今字。六藝，《易》、《書》、《詩》、《禮》、《樂》、《春秋》也。漢時《樂經》已亡，今僅存五經。並見下。《七略》總括羣書，故爲學問門徑。

今刪其要，以備篇籍。

　　孟堅刪《七略》之浮冗，取其指要，作《藝文志》，以入《漢書》而備篇籍，自《七略》既亡，後人藉以玫見羣經授受源流者必於此志。無此志，是中國無學術史矣。然使子駿不作《七略》，孟堅不能作《志》，使子政不承詔校書，子駿亦不能作《七略》，故劉、班之功大矣。以上《藝文志》之《總敍》也。

漢書藝文志注解卷二

易經十二篇，施、孟、梁丘三家

上下經及十翼，故十二篇。施讎、孟喜、梁丘賀，《儒林》有傳。漢諸經皆有今古文兩本，其文字有異，而學說亦不同。此施、孟、梁丘三家，皆今文。《易經》雖同爲今文，而又分三家，則其本又不同矣。今三家本皆佚，所傳者古文本也。

易傳周氏二篇　字王孫也。

此細字亦孟堅原文，下倣此。周王孫見《儒林傳》，今其書佚。

服氏二篇

今佚。自此以下至丁氏，皆易傳。師古注引劉向《別錄》云："服氏，齊人，號服光。"

楊氏二篇　名何，字叔元，菑川人。

今佚。何見《儒林傳》。

蔡公二篇　衞人，事周王孫。

今佚。

韓氏二篇　名嬰。

今佚。《儒林》有傳。

王氏二篇　名同。

今佚。見《儒林傳》。

丁氏八篇　名寬，字子襄，梁人也。

今佚。《儒林》有傳。

古五子十八篇　自甲子至壬子，說《易》陰陽。

今佚。疑是古文家說。

淮南道訓二篇　淮南王安聘明《易》者九人，號九師說。

今佚。

古雜八十篇，雜災異三十五篇，《神輸》五篇，圖一

今佚。此當亦是古文家說。雜者，疑如《禮記》集諸家說爲一書。師古注引劉向《別錄》云：“神輸者，王道失則災異生，得則四海輸之祥瑞。”沈欽韓曰：“《古雜》八十篇，即《乾鑿度》、《稽覽圖》之等。”案《四庫》著錄《易緯》八種，《乾坤鑿度》二卷，《乾鑿度》二卷，《稽覽圖》二卷，《辨終備》一卷，《通卦驗》二卷，《乾元序制記》一卷，《是類謀》一卷，《坤靈圖》一卷。

孟氏京房十一篇，災異孟氏京房六十六篇，五鹿充宗略說三篇，京氏段嘉十二篇

孟氏京房者，京房爲孟氏之學也。本書《儒林傳》梁邱賀治《易》，傳子臨，臨代五鹿充宗君孟爲少府。劉奉世曰：“代當爲授，後人誤改之。代充宗者召信臣，亦非臨也。”段嘉，蘇林曰：“東海人，爲博士。”師古曰：“見《儒林傳》。”按《儒林傳》京房授東海殷嘉，爲博士，無段嘉。殷、段字體相似，或後人傳寫所誤。今存者有京氏《易傳》三卷，多言占候，故《四庫全書》列術數類。

章句施、孟、梁丘氏各二篇

今佚。章句與傳不同，傳在經外，或附於經後，章句則分章分句，開後世注疏體裁。

凡易十三家，二百九十四篇。

二百九十四篇蓋未計圖。師古曰：“其每略所條家及篇數，有與總凡不同者，傳寫脫誤，年代久遠，無以詳知。”

《易》曰：“宓犧氏仰觀象於天，俯觀法於地，觀鳥獸之文，與地之宜，近取諸身，遠取諸物，於是始作八卦，以通神明之德，以類萬物之情。”

此《周易·下繫》之辭也。宓讀與伏同。象，日月星辰之類，

《易》曰："天垂象,見吉凶,聖人象之法,則也。"《老子》:"人法地。"師古曰:"鳥獸之文,謂其跡在地者。"《易疏》:"地之宜,若《周禮》五土,動物、植物各有所宜是也。近取諸身,若耳目口鼻之屬。遠取諸物,若雷風山澤之類。神明之德,閉塞幽隱,既作八卦,則而象之,是通達神明之德也。萬物之情,如雷風山澤之象,物情難知,今作八卦以類象萬物之情,皆可見也。"此言宓犧畫卦易之始也。

至於殷、周之際,紂在上位,逆天暴物,文王以諸侯順命而行道,天人之占可得而效,於是重《易》六爻,作上下篇。

謚法:殘義損善曰紂。逆,反也。天者,猶《中庸》天命之謂性。暴,虐也,猝也。物,萬物也,亦事也。命,性命。道,道德。占,驗也。效,猶見也。文王具内聖外王之德,上合天心,故能知《易》。宓犧所畫,祇有八卦,卦三畫,文王因而重之成八八六十四卦。卦六畫,是爲六爻,并作卦辭,以其簡袠重大,故分爲上下兩篇,今爲上下經,其爻辭則周公所繫也。此言文王重卦而《易》興也。

孔氏爲之《彖》、《象》、《繫辭》、《文言》、《序卦》之屬十篇。

孔子晚而好《易》,讀之韋編三絕,而爲之《傳》。《傳》凡十篇,《彖上》一也,《彖下》二也,《象上》三也,《象下》四也,《繫辭上》五也,《繫辭下》六也,《文言》七也,《說卦》八也,《序卦》九也,《雜卦》十也,是爲十翼。此言孔子贊《易》,《易》之成也。

故曰《易》道深矣,人更三聖,世歷三古。

更,經也。三聖,宓犧、文王、孔子也。《易·繫辭傳》曰:"《易》之興,其於中古乎?"孟康曰:"宓犧爲上古,文王爲中古,孔子爲下古。"

及秦燔書,而《易》爲筮卜之事,傳者不絕。

《史記》始皇燒書,所不去者醫藥、卜筮、種樹之書。

漢興，田何傳之。

本書《儒林傳》："自魯商瞿子木受《易》孔子，以授魯橋庇子庸，子庸授江東馯臂子弓，子弓授燕周醜子家，子家授東武孫虞子乘，子乘授齊田何子裝。及秦禁學，《易》爲卜筮之書，獨不禁。漢興，田何以齊田徙杜陵，號杜田生，授東武王同子中、雒陽周王孫、丁寬、齊服生，皆著《易》傳數篇。同授淄川楊何，字叔元。齊即墨成、廣川孟但、魯周霸、莒衡胡、臨淄主父偃，皆以《易》至大官。要言《易》者本之田何。"

迄於宣、元，有施、孟、梁丘、京氏列於學官。

田何當是秦漢間人，至宣元之世，凡百六十餘年。學官，博士官也，列於學官者，博士以其書授弟子。《儒林傳》：梁人丁寬受《易》於田何，復從周王孫受古義，號《周氏傳》。寬作《易說》三萬言，訓故舉大誼而已。寬授同郡碭田王孫。王孫授施讎、孟喜、梁丘賀，繇是《易》有施、孟、梁丘之學。京房受《易》梁人焦延壽，延壽云嘗從孟喜問《易》，會喜死，房以爲延壽《易》即孟氏學。劉向校書，以爲焦延壽獨得隱士之說，託之孟氏，不相與同。京房授東海殷嘉、河東姚平、河南乘宏，皆爲郎、博士。繇是《易》有京氏之學。《經典釋文·敍錄》："漢初，立《易》楊氏博士，宣帝復立施、孟、梁丘之《易》，元帝又立京氏《易》，費、高二家不得立。"

而民間有費、高二家之說。

本書《儒林傳》："費直字長翁，東萊人也。治《易》長於卦筮，亡章句，徒以《彖》、象《繫辭》十篇文言解說上下經。瑯邪王璜平中能傳之。"又《後漢書·儒林傳》："東萊費直傳《易》，授瑯邪王璜，爲費氏學。本以古字，號《古文易》。"高相，沛人也，治《易》與費公同時。其學亦無章句，專說陰陽災異，自言出於丁寬，傳至相，相授子康及蘭陵毋將永。繇是《易》有高氏學。高、費皆未嘗立於學官。

劉向以中古文《易經》校施、孟、梁丘經，或脫去“無咎”、“悔亡”。

師古曰：“中者，天子之書也。言中，以別於外耳。”按費氏《易》，民間古文也。中古文者，對於民間古文而言也。古文，古文字也。《說文解字敘》云“孔子書六經以古文”，簡編不易成，民間惟經師有之。如此，施、孟、梁丘經是也。“無咎”、“悔亡”，皆經文也。章學誠《校讎通義》曰：“劉向校讎中祕，有所謂中書，有所謂外書，有所謂太常書，有所謂太史書，有所謂臣向書、臣某書。夫中書與太常、太史，則官守之書不一本也；外書與臣向、臣某，則家藏之書不一本也。博求諸本，乃得讎正一書。”

唯費氏經與古文同。

與古文同，則無脫也。《隋書·經籍志》：“漢初，費氏之學行於人間，而未得立。後漢陳元、鄭眾，皆傳費氏之學。馬融又爲其傳，以授鄭玄，玄作《易注》，荀爽又作《易傳》。魏代王肅、王弼，並爲之注。自是費氏大興。”案今《易》《彖》、《象》、《文言》皆雜入卦中，即費氏以《彖》、《象》、《繫辭》十篇文言解說上下經之遺，蓋所傳王弼注本，即費氏經也。

尚書古文經四十六卷　爲五十七篇。

孔安國《書序》言古文《書》并序凡五十九篇，爲四十六卷。初，《書序》自爲一篇，孔氏引之各冠其篇首，定五十八篇。師古引鄭玄《敘贊》云“後又亡其一篇”，故五十七。按亡其一篇，言《武成》也。今所傳仍五十八篇，乃東晉豫章內史梅賾傳本。

經二十九卷　大、小夏侯二家。《歐陽經》三十二卷。

此伏生傳授者，今文《尚書》也。今其本已佚。

傳四十一篇

鄭康成《尚書大傳序》言：“伏生至孝文時，年且百歲，張生、歐陽生從其學而受之。生終後，數子各論所聞，以己意彌縫其闕，特撰大義，因經屬指，名之曰傳。”今《四庫》著録《尚書大傳》四卷，《補遺》一卷。

歐陽章句三十一卷

今佚。歐陽生《儒林》有傳。

大、小夏侯章句各二十九卷

今佚。夏侯勝、夏侯建，《儒林》有傳。

大、小夏侯解故二十九篇

今佚。

歐陽説義二篇

今佚。

劉向五行傳記十一卷

今佚。

許商五行傳記一篇

今佚。許商見《儒林傳》。

周書七十一篇　周史記。

師古注引劉向云：“周時誥誓號令也，蓋孔子所論百篇之餘也。”今《四庫》著録《逸周書》十卷，入《別史類》，其書凡七十篇，合序爲七十一篇，中闕十一篇，存六十篇。

議奏四十二篇　宣帝時石渠論。

今佚。韋昭曰：“閣名，於此論書。”按《韋玄成傳》：“玄成受詔，與太子太傅蕭望之及五經諸儒雜論同異於石渠閣。”《宣帝紀》：甘露三年“詔諸儒講《五經》同異，太子太傅蕭望之等平奏其議，上親稱制臨決焉”。即其事也。

凡書九家，四百一十二篇。　入劉向《稽疑》一篇。

如目，實四百二十二篇。師古曰：“此凡言入者，謂《七略》以

外班氏新入之也。其云出者，與此同。"按目中無《稽疑》，蓋
入《五行傳記》中耳。

《易》曰："河出圖，雒出書，聖人則之。"故《書》之所起遠矣。

"河出圖"三句，《上繫》之辭也。《疏》曰："孔安國以爲河圖則
八卦是也，洛書則九疇是也。"聖人，三皇、五帝皆是。八卦、
九疇之原，皆出於天，聖人得而則之，始能記述，而其源必在
堯以前。賈逵曰："三墳，三皇之書；五典，五帝之書。"《尚書
璇璣鈐》："孔子得黃帝玄孫帝魁之書，訖於秦穆公，凡三千二
百四十篇。"

至孔子纂焉，上斷於堯，下訖於秦，凡百篇，而爲之序，言其
作意。

纂，同撰。斷，截也。《書序》，序所以爲作者之意。

秦燔書禁學，濟南伏生獨壁藏之。漢興亡失，求得二十九篇，以
教齊魯之間。

本書《儒林傳》："伏生，濟南人也，故爲秦博士。孝文時，求能
治《尚書》者，天下亡有，聞伏生治之，欲召。時伏生年九十
餘，老不能行，於是詔太常，使掌故朝錯往受之。秦時禁
《書》，伏生壁藏之，其後大兵起，流亡。漢定，伏生求其《書》，
亡數十篇，獨得二十九篇，即以教於齊、魯之間。齊學者由此
頗能言《尚書》，山東大師亡不涉《尚書》以教。伏生授張生及
歐陽生。"按伏生遭秦禁學，雖爲博士而亦不能不壁藏《書》，
猶今禁讀經，雖師範學生而亦不能設塾授經也。

迄孝宣世，有歐陽、大小夏侯氏立於學官。

《儒林傳》："歐陽生字和伯，千乘人也。事伏生，授兒寬。寬
又受業孔安國。歐陽、大小夏侯氏學皆出於寬。寬授歐陽生
子，世世相傳，至曾孫高子陽，爲博士，由是《尚書》始有歐陽
氏學。夏侯勝，其先夏侯都尉，從濟南張生受《尚書》，以傳族

子始昌。始昌傳勝,勝又事同郡蕭卿。蕭卿者,兒寬門人。勝傳從兄子建,建又事歐陽高。由是《尚書》有大、小夏侯氏之學。"

《古文尚書》者,出孔子壁中。武帝末,魯共王壞孔子宅,欲以廣其宮,而得《古文尚書》及《禮記》、《論語》、《孝經》凡數十篇,皆古字也。共王往入其宅,聞鼓琴瑟鐘磬之音,於是懼,乃止不壞。

師古曰:"《家語》云孔騰字子襄,畏秦法峻急,藏《尚書》、《孝經》、《論語》於夫子舊堂壁中,而《漢記·尹敏傳》云孔鮒所藏。二說不同。"按《隋書·經籍志》云:"魯恭王壞孔子舊宅,得其末孫惠所藏之書,字皆古文"共王,景帝子,封於魯,薨在武帝即位後十二年,不得至武帝末。《禮記》、《論語》、《孝經》並見下。秦李斯始製小篆,許慎《說文》以小篆爲主而附有古文,其《敍》云:"孔子書六經,皆以古文。"又云:"古文者,孔子壁中書也。"可見此古字非秦篆,蓋孔子古文也。今曲阜孔廟有魯壁,即共王聞琴瑟鐘磬處也。

孔安國者,孔子後也,悉得其書,以考二十九篇,得多十六篇。

安國,孔子十二世孫也。伏生所傳,有《堯典》、《皋陶謨》、《禹貢》、《甘誓》、《湯誓》、《盤庚》、《高宗肜日》、《西伯戡黎》、《微子》、《泰誓》、《牧誓》、《洪範》、《金縢》、《大誥》、《康詔》、《酒誥》、《梓材》、《召誥》、《洛誥》、《多士》、《無逸》、《君奭》、《多方》、《立政》、《顧命》、《呂刑》、《文侯之命》、《費誓》、《秦誓》,凡二十九篇。而《隋志》云:"伏生口傳二十八篇。又河內女子得《泰誓》一篇,獻之。"然《史記》已稱伏生獨得二十九篇,以教齊魯之間。孔穎達以爲司馬遷在武帝之世見《泰誓》出,而得行入於伏生所傳內也。按《經典釋文》安國所定壁中古文,多出《大禹謨》、《五子之歌》、《胤征》、《仲虺之誥》、《湯

誥》、《伊訓》、《太甲》三篇、《咸有一德》、《説命》三篇、《武成》、
《旅獒》、《微子之命》、《蔡仲之命》、《周官》、《君陳》、《畢命》、
《君牙》、《冏命》。又今文《堯典》"慎徽五典"以下，古文別爲《舜
典》；今文《皋陶謨》"帝曰來禹汝亦昌言"下，古文別爲《益稷》；
今文《顧命》"王出在應門之内"下，古文別爲《康王之誥》；今文
《盤庚》一篇，古文分爲三篇；今文《泰誓》一篇，古文分爲三篇。
然則計篇目，古文視今文多得二十九篇，合共五十八篇，加《書
序》爲五十九篇。此云得多十六篇者，孔穎達曰此篇即卷也。
孔意古文多二十九篇，合爲十六卷，此十六篇猶言十六卷也。

安國獻之。遭巫蠱事，未列於學官。

安國爲五十八篇作傳，獻之。遭，遇也。蠱，惑亂也。孔穎達
曰："以蠱皆巫之所爲，故云巫蠱。"依《漢書》，此時武帝末年，
上已年老，淫惑鬼神，崇信巫術，由此姦人江充因而行詐，先
於太子宫埋桐人，告上云太子宫有蠱氣，上信之，使江充治
之。於太子宫果得桐人，太子知己不爲此，以江充故，爲陷
己，因而殺之，而帝不知太子實，心謂江充言爲實，即詔丞相
劉屈氂發三輔兵討之，太子釋長安囚與鬥，不勝而出走，奔壺
關，自殺。此即巫蠱事也。《經典釋文·敍録》："漢始立歐陽
《尚書》，宣帝復立大、小夏侯博士，平帝立古文。"

劉向以中古文校歐陽、大、小夏侯氏三家經文，《酒誥》脱簡一，
《召誥》脱簡二。率簡二十五字者，脱亦二十五字，簡二十二字
者，脱亦二十二字，文字異者七百有餘，脱字數十。

歐陽、大、小夏侯氏三家，脱簡如此。率讀與律同，言簡若干
字脱亦若干字者，見所脱整一簡也。脱簡、異文、脱字，今皆
不可考。

《書》者，古之號令，號令於衆，其言不立具，則聽受施行者弗曉。
古文讀應《爾雅》，故解古今語而可知也。

古者左史記言,凡訓、誥、誓、命之文,皆號令也。多脱簡,則其言不立具。立,猶成也。具,猶備也。號令之辭,要使聽受者曉然明喻,然後施行無訛。不然,言不順則事不成矣。讀,抽也,抽繹其義蘊。應,猶合也。《後漢·賈逵傳》:"逵數爲帝言《古文尚書》,與經傳、《爾雅》詁訓相應。"按爾雅近正,所謂雅言也。蓋於古方言中取其近正者爲雅言也。故凡古書與《爾雅》不相應者,皆方言也。古語皆方言。今語者,漢語而已,近六經文字。古文既合《爾雅》,則無詰屈聱牙,解古今語而可知矣。

詩經二十八卷,魯、齊、韓三家

應劭曰:"申公作《魯詩》,后蒼作《齊詩》,韓嬰作《韓詩》。"按此皆今文經也,有三家傳本耳。申公、后蒼、韓嬰,《儒林》皆有傳。蒼,轅固再傳弟子也。今三家傳本皆佚。

魯故二十五卷

今佚。師古曰:"故者,通其指意也。它皆類此。"按此申公所爲,後云"魯申公爲《詩》訓故"是也。

魯説二十八卷

今佚。

齊后氏故二十卷

今佚。

齊孫氏故二十七卷

今佚。

齊后氏傳三十九卷

今佚。

齊孫氏傳二十八卷

今佚。

齊雜記十八卷

今佚。

韓故三十六卷

今佚。

韓內傳四卷

今佚。《儒林傳》："嬰推詩人之意而作《內》、《外傳》數萬言。"
即此。

韓外傳六卷

今存。《隋志》以後皆稱《韓詩外傳》，十卷。

韓說四十一卷

今佚。

毛詩二十九卷

此古文本經也，即今所傳者。

毛詩故訓傳三十卷

毛亨撰，今存。《四庫提要》云："《漢書·藝文志》《毛詩》二十九
卷，《毛詩故訓傳》三十卷，然但稱毛公，不著其名。《後漢書·
儒林傳》始云'趙人毛萇傳詩，是爲毛詩。'《隋志》載《毛詩》二十
卷，漢河間太守毛萇傳。然據鄭玄《詩譜》、陸璣《毛詩草木蟲
魚疏》，則作傳者乃毛亨，非毛萇也。朱彝尊《經義考》以《毛
詩》二十九卷題毛亨撰，注曰佚，《毛詩故訓傳》三十卷題毛萇
撰，注曰存，意主調停，尤爲於古無據。今參稽衆說，定作傳
者爲毛亨。"按前條二十九卷乃經文，漢時經、傳皆別行也。

凡詩六家，四百一十六卷。

如目，實四百一十五卷。

**《書》曰："詩言志，歌詠言。"故哀樂之心感，而歌詠之聲發。誦
其言謂之詩，詠其聲謂之歌。**

"詩言志"二句，《虞書·舜典》之辭也。《詩序》："詩者，志之

所之也。在心爲志，發言爲詩。情動於中而形於言，言之不足，故嗟歎之，嗟歎之不足，故永歌之。"《禮·樂記》："是故，其哀心感者，其聲噍以殺；其樂心感者，其聲嘽以緩。"誦，諷也。詠，長言之也。

故古有采詩之官，王者所以觀風俗，知得失，自考正也。

《禮·王制》："命太師陳詩以觀民風。"本書《食貨志》："孟春之月，羣居者將散，行人振木鐸，徇于路以采詩，獻之太師，比其音律，以聞於天子。故曰王者不窺牖户而知天下。"考正，謂考察政治之得失。

孔子純取周詩，上采殷，下取魯，凡三百五篇。

純，專也。《國風》、二《雅》、《周頌》皆周詩；《商頌》，殷詩；《魯頌》，魯詩也。《史記·孔子世家》："古者詩三千餘篇，及至孔子，去其重，取其可施於禮義，上采契、后稷，中述殷周之盛，至幽厲之缺，始於衽席，故曰'《關雎》之亂以爲《風》始，《鹿鳴》爲《小雅》始，《文王》爲《大雅》始，《清廟》爲《頌》始'。三百五篇孔子皆弦歌之，以求合《韶》、《武》、《雅》、《頌》之音。"王應麟《考證》曰："《詩》三百十一篇，亡其辭者六篇，考之《儀禮》，皆笙詩也。汉世毛學不行，故云三百五篇。"按六篇，《南陔》、《白華》、《華黍》、《由庚》、《崇邱》、《由儀》也。毛氏引子夏《詩序》各冠其篇，序三百十一，《詩》三百五，故知亡六篇也。三家《詩》無子夏序，則不知。

遭秦而全者，以其諷誦，不獨在竹帛故也。

古之學者幼而諷《詩》，皆能背誦，不必藉竹帛而傳也。程子曰："古之人幼而聞歌誦之聲，長而識刺美之意，故人之學由《詩》而興。"

漢興，魯申公爲《詩》訓故，而齊轅固、燕韓生皆爲之傳。或取《春秋》，采雜説，咸非其本義。與不得已，魯最爲近之。三家皆

列於學官。

此皆今文家也。本書《儒林傳》："申公，魯人也。少與楚元王交俱事齊人浮邱伯受《詩》。元王薨，郢客嗣立爲楚王，令申公傅太子戊。戊不好學，病申公。及戊立爲王，胥靡申公。申公愧之，歸魯退居家教，終身不出門。復謝賓客，弟子自遠方至受業者千餘人，申公獨以《詩經》爲訓故以教，亡傳，疑者則闕弗傳。"又《楚元王傳》："浮邱伯，孫卿門人也。文帝時，聞申公爲《詩》最精，以爲博士。申公始爲《詩》傳，號《魯詩》。""轅固，齊人也，以治《詩》孝景時爲博士"。"韓嬰，燕人也，孝文時爲博士。嬰推詩人之意而作《内》、《外傳》數萬言，其語頗與齊、魯間殊，然歸一也。燕趙間言《詩》者由韓生。"今按三家《詩》説，唯韓《外傳》僅存。《四庫提要》謂："其書雜引古事、古語，証以詩詞，所采多與周秦諸子相出入，或所謂'取《春秋》，采雜説，咸非其本義'者。"師古曰："與不得已者，言皆不得已也。三家皆不得其真，而魯最近之。"

又有毛公之學，自謂子夏所傳，而河間獻王好之，未得立。

此古文家也。本書《儒林傳》："毛公，趙人也。治《詩》，爲河間獻王博士。"鄭康成《詩譜》："魯人大毛公爲訓詁傳於其家，河間獻王得而獻之，以小毛公爲博士。"陸璣《毛詩草木蟲魚疏》："孔子删《詩》，授卜商，商爲之序，以授魯人曾申。申授魏人李克，克授魯人孟仲子，仲子授根牟子，根牟子授趙人荀卿，荀卿授魯國毛亨。毛亨作訓詁傳，以授趙國毛萇。時人謂亨爲大毛公，萇爲小毛公。"據此則毛公有二人，作《故訓傳》者毛亨，爲河間獻王博士者毛萇也。本書《劉歆傳》：歆"欲建立《左氏春秋》及《毛詩》、《逸禮》、《古文尚書》，皆列於學官，哀帝令歆與五經博士講論其義，諸博士或不肯置對。"《經典釋文·敍録》："平帝世，《毛詩》始立。"

禮古經五十六卷　經七十篇 <small>后氏、戴氏。</small>

劉敞曰：“此‘七十’與後‘七十’，皆當作‘十七’，計其篇數則然。”按十七篇高堂生所傳。賈公彥曰：“十七篇是今文也，五十六篇是古文也。古文中十七篇與高堂生同，而字多不同，餘三十九篇絕無師說，祕在於館。”按班自注“后氏、戴氏”，蓋言十七篇今文有后氏、戴氏二本也。后、戴詳見下。至古文獨有之三十九篇，今佚，其存者係今古文同有之十七篇，乃鄭康成合今古文參校之本，即《儀禮》也。

記百三十一篇 <small>七十子後學者所記也。</small>

今闕。

明堂陰陽三十三篇 <small>古明堂之遺事。</small>

今闕。

王史氏二十一篇 <small>七十子後學者。</small>

今闕。師古曰：“劉向《別錄》云六國時人也。”《隋書·經籍志》：“漢初，河間獻王得仲尼弟子及後學者所記一百三十一篇獻之，時無傳之者。至劉向攷校經籍，檢得一百三十篇，向因第而敘之。而又得《明堂陰陽記》三十三篇、《孔子三朝記》七篇、《王史氏記》二十一篇、①《樂記》二十三篇，凡五種，合二百十四篇。戴德刪其煩重，合而記之，爲八十五篇，謂之《大戴記》。而戴聖又刪大戴之書爲四十六篇，謂之《小戴記》。漢末，馬融遂傳小戴之學。融又足《月令》一篇、《明堂位》一篇、《樂記》一篇，合四十九篇。而鄭玄受業於融，又爲之注。”按今所傳《大戴禮記》十三卷三十九篇，鄭注《小戴禮記》二十卷四

---

①　“王史氏”原誤作“王氏史氏”。清錢大昕《廿二史考異》云：“《漢書》作‘王史氏’。‘王史’，複姓也。此衍一‘氏’字。”其說可信，今據刪。

十九篇,共八十八篇。去重出者三篇,實八十五篇。

曲臺后倉九篇

今佚。如淳曰:"行射禮於曲臺,后倉爲記,故名《曲臺記》。"晋灼曰:"天子射宮也。"

中庸説二篇

今佚。師古曰:"今《禮記》有《中庸》一篇,亦非本禮經,蓋此之流。"按此説《中庸》者,則非即《中庸》也。

明堂陰陽説五篇

今佚。

周官經六篇　王莽時劉歆置博士。

今存。《隋書·經籍志》:"漢時有李氏得《周官》,《周官》蓋周公所制官政之法,上於河間獻王,獨闕《冬官》一篇。獻王購以千金不得,遂取《考工記》以補其處,合成六篇奏之。至王莽時,劉歆始置博士,以行於世。河南緱氏及杜子春受業於歆,因以教授。是後馬融作《周官傳》,以授鄭玄,玄作《周官注》。"《經典釋文·敍録》:"王莽時,劉歆爲國師,始建立《周官經》,以爲《周禮》。"按此書古文家以爲經,而今文家排之。古文諸經,《春秋左氏》自張蒼,《詩毛氏》與《周官經》自河間獻王,《書》四十六卷、《禮》五十六卷自魯共王、孔安國。獻王最好古,所得多,五書悉聚焉,而自立《詩毛氏》、《春秋左氏》博士。至劉歆大好古學,故平帝及王莽時,次第立於學官,惟古文《易》終漢未得立。

周官傳四篇

今佚。

軍禮司馬法百五十五篇

今《四庫》著録《司馬法》一卷,凡五篇,入子部兵家,云:"舊題齊司馬穰苴撰。"

古封禪羣祀二十二篇

今佚。

封禪議對十九篇　武帝時也。

今佚。

漢封禪羣祀三十六篇

今佚。

議奏三十八篇　石渠。

今佚。

凡禮十三家，五百五十五篇。入《司馬法》一家，百五十五篇。

如目，實五百五十四篇。

《易》曰：“有夫婦、父子、君臣、上下，禮義有所錯。”

《易·序卦》：“有天地然後有萬物，有萬物然後有男女，有男女然後有夫婦，有夫婦然後有父子，有父子然後有君臣，有君臣然後有上下，有上下然後禮義有所錯。”此不言男女者，夫婦人道之始也。《內則》曰：“禮始於謹夫婦昏義，男女有別，而後父子有親；父子有親，而後君臣有正。”干寶曰：“以父立君，以子資臣，則必有君臣之位；有君臣之位，故有上下之序；有上下之序，則必禮以定其體，義以制其宜。蓋論禮義所由生也。”師古曰：“錯，置也。”

而帝王質文世有損益，至周曲爲之防，事爲之制，故曰：“禮經三百，威儀三千。”

質，實也。文，華也。《禮·表記》：“虞、夏之質，殷、周之文，至矣。虞、夏之文不勝其質，殷、周之質不勝其文。”《論語·爲政篇》：“殷因於夏禮，所損益，可知也；周因於殷禮，所損益，可知也。”《集解》馬曰：“所因，謂三綱五常；所損益，爲文質三統。”皇侃《義疏》：“質文再而復，若一代之君以質爲教者，此次代之君必以文教也。以文之後，君則復質，質之後，君則復文，循環無窮。有興必有廢，廢興更遷，故有損益也。”
孔子曰：“周監於二代，郁郁乎文哉，吾從周！”又曰：“吾説夏
禮，杞不足徵也；吾學殷禮，有宋存焉；吾學周禮，今用之，吾
從周。”師古曰“曲爲之防，事爲之制，言‘委曲防閑，每事爲制
也’。”韋昭曰：“禮經三百，《周禮》三百六十官也。三百，舉成
數也。”師古曰：“威儀三千，謂冠、昏、吉、凶，蓋《儀禮》也。”

**及周之衰，諸侯將踰法度，惡其害己，皆滅去其籍，自孔子時而
不具，至秦大壞。**

周衰謂春秋而後。踰，越進也。法度即上所云“事爲之制，曲
爲之防”者也，籍，禮籍，名位尊卑之書，所以書法度者也。
《孟子·萬章篇》：“諸侯惡其害己也，而皆去其籍。”趙《注》：
“諸侯欲恣行，憎惡其法度妨害己之所爲，故滅去典籍。”具，
備也。壞，毀也，敗也。秦大壞，如李斯燔滅古文是。

**漢興，魯高堂生傳《士禮》十七篇。訖孝宣世，后倉最明。戴德、
戴聖、慶普皆其弟子，三家立於學官。**

《士禮》十七篇，即今文經，今《儀禮》也。本書《儒林傳》：“漢
興，魯高堂生傳《士禮》十七篇，而魯徐生善爲頌，徐氏弟子瑕
邱蕭奮以《禮》至淮陽太守。孟卿，東海人也。事蕭奮，以授后
倉、魯閭邱卿。倉説《禮》數萬言，號曰《后氏曲臺記》，授沛聞人
通漢子方、梁戴德延君、戴聖次君、沛慶普孝公。孝公爲東平太
傅。德號大戴，爲信都太傅；聖號小戴，以博士論石渠，至九江
太守。由是《禮》有大戴、小戴、慶氏之學。”《經典釋文·敍錄》：
“漢初，立高堂生《禮》博士。後又立大、小戴、慶氏三家，王莽又
立《周禮》。”

**《禮古經》者，出於魯淹中及孔氏，學七十篇文相似，多三十九
篇。及《明堂陰陽》、《王史氏記》所見，多天子、諸侯、卿大夫之
制，雖不能備，猶瘉倉等推《士禮》而致於天子之説。**

蘇林曰：“淹中，里名也。”劉敞曰：“孔氏則安國所得壁中書也。‘學七十篇’當作‘與十七篇’，文相似。五十六卷除十七，正多三十九也。”《明堂陰陽》、《王史氏記》見上目錄。師古曰：“瘉與愈同。愈，勝也。”言倉等唯傳《士禮》，因言天子、諸侯、卿大夫之禮，皆可自《士禮》推致之。今得三十九篇及《明堂陰陽》等，於天子、諸侯、卿大夫之制，雖不能備具，猶勝於倉等推致之説也。朱子曰：“《士禮》特略舉篇首以名之，其曰‘推而致於天子者’，蓋專指冠、昏、喪、祭而言。若燕、射、朝、聘，則士豈有是禮而可推耶？”按推《士禮》而致於天子者，今文家説也，以爲孔子手定《禮經》，止十七篇，已足用。古文家則謂因諸侯滅去其籍而不具，然孔子時所存者，孔子悉傳之，不止十七篇也。

樂記二十三篇

今入《小戴記》，闕不全。《禮記正義》云：“《樂記》者，記樂之義。此於《別錄》屬樂記。蓋十一篇合爲一篇。”

王禹記二十四篇

今佚。

雅歌詩四篇

今佚。

雅琴趙氏七篇　名定，勃海人。宣帝時丞相魏相所奏。

今佚。

雅琴師氏八篇　名中，東海人，傳言師曠後。

今佚。

雅琴龍氏九十九篇　名德，梁人。

今佚。師古引劉向《別錄》云：“亦魏相所奏也。與趙定俱召見待詔，後拜爲侍郎。”

凡樂六家，百六十五篇。<small>出淮南、劉向等《琴頌》七篇。</small>

如目合。

《易》曰："先王作樂崇德，殷薦之上帝，以享祖考。"故自黃帝下至三代，樂各有名。

《易·豫卦·象辭》："先王以作樂崇德，殷薦之上帝，以配祖考。"鄭康成曰："王者功成作樂，以文得之者作《籥舞》，以武得之者作《萬舞》，各充其德而爲制，祀天地以配祖考者，使與天同饗其功也。"《書》"夔典樂，神人以和，祖考來格"，與《易》合。師古曰："殷，盛也。"《通典》："黃帝作《咸池》，少皞作《大淵》，顓頊作《六莖》，帝嚳作《五英》，堯作《大章》，舜作《大韶》，禹作《大夏》，湯作《大濩》。紂棄先祖之樂，迺作淫聲。周武王作《大武》，周公作《勺》，又有房中之樂，歌以后妃之德。"

孔子曰："安上治民，莫善於禮；移風易俗，莫善於樂。"二者相與並行。

此引《孝經》孔子之言，以明樂與禮相輔而行也。唐玄宗曰："禮所以正君臣父子之別，明男女長幼之序，故可以安上化下也。風俗移易，先入樂聲，變隨人心，正由君德。正之與變，因樂而彰。故曰'莫善於樂'。"《白虎通》："樂以象天，禮以法地。人無不含天地之氣，有五常之性者。故樂所以蕩滌，反其邪惡也。禮所以防淫佚，節其侈靡也。故《孝經》曰'安上治民，莫善於禮；移風易俗，莫善於樂'。"按唐石臺《孝經》作"移風易俗，莫善於樂；安上治民，莫善於禮"。

周衰俱壞，樂尤微眇，以音律爲節，又爲鄭衛所亂，故無遺法。

"禮壞"詳上節。此言樂尤壞。師古曰："眇，細也。言其道

精微,節在音律,不可具於書。眇亦讀妙。"《禮·樂記》:
"鄭、衛之音,亂世之音也。"孔穎達曰:"鄭國之音,好濫淫
志,衛國之音,促速煩志,並亂世之音也。"按雅樂樸素而
鄭衛婉美。魏文侯端冕而聽古樂,則唯恐臥;聽鄭衛之音,
則不知倦也。鄭衛之足以亂雅樂也。如此遺法,雅樂之遺
法也。

漢興,制氏以雅樂聲律,世在樂官,頗能紀其鏗鏘鼓舞,而不能言其義。

服虔曰:"制氏,魯人,善樂事也。"言制氏知雅樂之聲律,世在
太樂宮,爲樂官之職。紀,識也。鏗鏘,金石之聲。鼓舞,行
動其神。制氏能紀鏗鏘鼓舞之節,而不能言其義理。

六國之君,魏文侯最爲好古,孝文時,得其樂人竇公,獻其書,乃《周官·大宗伯》之《大司樂》章也。

魏文侯,名斯,晋大夫畢萬之後,僭諸侯者也。《史記》:"文侯
受子夏經義,客段干木,過其閭,未嘗不式也。"師古引桓譚
《新論》云:"竇公年百八十歲,兩目皆盲,文帝奇之,問曰:'何
因至此?'對曰:'臣年十三失明,父母哀其不及衆技,教鼓琴,
臣導引,無所服餌。'"《周官》:"大司樂掌成均之法,以治建國
之學政,而合國之子弟。"

武帝時,河間獻王好儒,與毛生等共采《周官》及諸子言樂事者,以作《樂記》,獻八佾之舞,與制氏不相遠。

《樂記》即《小戴記》所采者。《論語·八佾篇》集解馬曰:"佾,
列也。天子八佾,八人爲列,八八六十四人。"本書《河間獻王
傳》:"武帝時,獻王來朝,獻雅樂,對三雍宮。"獻王所獻,與制
氏所紀不相遠。

其內史丞王定傳之,以授常山王禹。禹,成帝時爲謁者,數言其義,獻二十四卷記。

内史丞,官名也。王定傳獻王雅樂,以授王禹。數,屢也。義,理也。二十四卷記,《王禹記》也。

劉向校書,得《樂記》二十三篇,與禹不同,其道寖以益微。

寖,漸也。顧實謂《王禹記》二十四篇,即河間獻王所作之《樂記》而小戴所采者。乃劉向所得二十三篇,爲《古樂記》,與獻王及王禹之書絶不相蒙。是亦可通也。

春秋古經十二篇　經十一卷　<small>公羊、穀梁二家。</small>

今皆存。古經,《左傳》本也,每公一篇。公、穀二家,經皆今文本也。繫閔於莊,故十一卷。今所傳五經,唯《春秋》今古文咸具。

左氏傳三十卷　<small>左丘明,魯太史。</small>

今存。《左氏經》、《傳》本各單行,故前條《古經》十二篇爲《左傳》本之經文,此則古經之傳也。至杜預爲注,始引傳入經,分年相繫。

公羊傳十一卷　<small>公羊子,齊人。</small>

今存。師古曰:"名高。"

穀梁傳十一卷　<small>穀梁子,魯人。</small>

今存。師古曰:"名喜。"

鄒氏傳十一卷

今佚。

夾氏傳十一卷　<small>有録無書。</small>

有録,《七略》著其名;無書,孟堅作《志》時書已亡也。

左氏微二篇

今佚。師古曰:"微謂釋其微指。"

鐸氏微三篇　<small>楚太傅鐸椒也。</small>

今佚。

張氏微十篇。

今佚。沈欽韓曰：“疑張蒼。”

虞氏微傳二篇　趙相虞卿。

今佚。以上四家，皆古文也。《經典釋文·叙録》：“左丘明作傳，以授曾申，申傳衞人吳起，起傳其子期，期傳楚人鐸椒，椒傳趙人虞卿，卿傳同郡荀卿，名況，況傳武威張蒼。”

公羊外傳五十篇

今佚。沈欽韓曰：“其董仲舒《玉杯》、《蕃露》、《清明》、《竹林》之類與？”

穀梁外傳二十篇

今佚。

公羊章句三十八篇

今佚。

穀梁章句三十三篇

今佚。

公羊雜記八十三篇

今佚。

公羊顏氏記十一篇

今佚。本書《儒林傳》：“嚴彭祖與顏安樂俱事眭孟。孟死，彭祖、安樂各顓門教授。由是《公羊春秋》有顏、嚴之學。”安樂《儒林》自有傳。

公羊董仲舒治獄十六篇

今佚。此非《春秋繁露》也。以上七家皆今文。

議奏三十九篇　石渠論。

今佚。

國語二十一篇　左丘明著。

今存。《四庫》入史部雜史類。本書《司馬遷傳贊》：“孔子因魯史記而作《春秋》,而左丘明論輯其本事以爲之傳,又纂異同爲《國語》。"

新國語五十四篇　劉向分《國語》。

今佚。

世本十五篇　古史官記黃帝以來訖春秋時諸侯大夫。

今佚。本書《司馬遷傳贊》:"《世本》錄黃帝以來至春秋時帝王公侯卿大夫祖世所出。"

戰國策三十三篇　記春秋後。

今存。《四庫》入史部別史類。朱一新曰:"今高誘、姚宏注本,雖分三十三卷,實已缺一篇。蓋後人分析以求合三十三篇之數也。"

奏事二十篇　秦時大臣奏事,及刻石名山文也。

今《秦本紀》載奏事四篇:丞相綰等議上尊號一,廷尉李斯議不置諸侯二,丞相李斯議燒書三,羣臣議尊始皇廟四。又載刻石名山文七篇:泰山一,琅邪臺二,之罘三,東觀四,碣石五,會稽六,始皇所立刻石旁刻石辭七。又見存嶧山刻石一篇。凡十二篇。

楚漢春秋九篇　陸賈所記。

今佚。

太史公百三十篇　十篇有錄無書。

今存,《史記》也。《四庫》入史部正史類。《史通》:"稱十篇未成,有錄而已,褚少孫補。"本書《司馬遷傳》注引張晏曰:"遷沒之後,亡《景紀》、《武紀》、《禮書》、《樂書》、《兵書》、《漢興以來將相年表》、《日者列傳》、《三王世家》、《龜策列傳》、《傅靳列傳》。元、成之間,褚先生補缺,作《武帝紀》、《三王世家》、《龜策》、《日者傳》,言辭鄙陋,非遷本義也。"王應麟《考證》載呂祖謙說,以張晏所列亡篇目校之,惟《武紀》實亡,《景紀》及

《傅靳傳》具在,其他或稍有缺,或草未成,非皆褚先生所補。
則《志》言"無書",特就中祕所藏言之耳。

馮商所續太史公七篇

今佚。韋昭曰:"馮商受詔續《太史公》十餘篇,在班彪別錄。
商字子高。"師古曰:"《七略》云:商,陽陵人,治《易》,事五鹿
充宗,後事劉向。能屬文,後與孟柳俱待詔,頗序列傳。未
卒,病死。"

太古以來年紀二篇

今佚。

漢著記百九十卷

今佚。師古曰:"若今之起居注。"

漢大年記五篇

今佚。

凡《春秋》二十三家,九百四十八篇。省《太史公》四篇。

如目,實九百一篇。案《班志》依《七略》分部,無史部,故《史
記》入春秋類也。其後魏祕書監荀勖,因鄭默《中經》更著《新
簿》,分爲四部。甲部,紀六藝、小學;乙部,有諸子、兵書、兵
家、術數;丙部,有史記、舊事、皇覽簿、雜事;丁部,有詩賦、圖
讚、《汲冢書》。目錄之分四部始此。及唐長孫無忌等撰《隋
書·經籍志》,以經、史、子、集分部,遂爲後世所沿用。

古之王者世有史官,君舉必書,所以慎言行,昭法式也。左史記言,右史記事,事爲《春秋》,言爲《尚書》,帝王靡不同之。

古史官,如黃帝之史倉頡是。許慎曰:"黃帝之史倉頡,見鳥
獸蹏迒之跡,知分理之可相別異也,初造書契。"衛恒《四體書
勢》曰:"昔在黃帝,創制造物,有沮誦、倉頡者,始作書契。"則
沮誦亦黃帝史官矣。《周官·大宗伯》有太史、小史、內史、外
史、御史之職。而武王太史辛甲見於《左傳》,宣王太史籀箸

《大篆》十五篇，許氏偁之。春秋時，王室史官之見於傳者，有内史過、内史叔興、内史叔服等。舉，動也。書，書於策。莊二十三年《左傳》曰：“君舉必書，書而不法，後嗣何觀？”言史策所書，所以慎人君之言行，昭法式於後嗣也。《禮·玉藻》：“動則左史書之，言則右史書之。”與此正相反。鄭注左史、右史：“其書《春秋》、《尚書》具存者。”靡，無也。言二帝三王皆有左史記言，右史記事，帝王靡不同之，則皇、霸有所不同者矣。皇未有史官，霸雖有若無耳。古《春秋》家尚本事，今《春秋》家尚口説。《志》云“事爲《春秋》”，蓋祖古文。然曰“昭法式”，則以義爲重，未斥今文也。

周室既衰，載籍殘缺，仲尼思存前聖之業，乃稱曰：“夏禮吾能言之，杞不足徵也；殷禮吾能言之，宋不足徵也。文獻不足故也，足則吾能徵之矣。”

載籍，載記之籍。殘，毀也。孔子曰：“鳳鳥不至，河不出圖，吾已矣夫！”又曰：“甚矣吾衰也！久矣吾不復夢見周公。”此可見仲尼思存前聖之業。太史公曰：“余聞董生曰：‘周道衰廢，孔子爲魯司寇，諸侯害之，大夫壅之。孔子知言之不用，道之不行也，是非二百四十二年之中，以爲天下儀表，貶天子，退諸侯，討大夫，以達王事而已矣。”又曰：“夫《春秋》，上明三王之道，下辨人事之紀，別嫌疑，明是非，定猶豫，善善惡惡，賢賢賤不肖，存亡國，繼絕世，補弊起廢，王道之大者也。”按此所以存前聖之業也。孟子曰：“天下之生久矣，一治一亂。當堯之時，水逆行，汎濫於中國，蛇龍居之，民無所定，下者爲巢，上者爲營窟。《書》曰：‘洚水警余。’洚水者，洪水也。使禹治之。禹掘地而注之海，驅蛇龍而放之菹。水由地中行，江、淮、河、漢是也。險阻既遠，鳥獸之害人消，然後人得平土而居之。堯舜既没，聖人之道衰，暴君代作，壞宫室以爲

汙池，民無所安息；棄田以爲園囿，使民不得衣食。邪説暴行
又作，園囿、汙池、沛澤多而禽獸至。及紂之身，天下又大亂。
周公相武王，誅紂伐奄，三年討其君，驅飛廉於海隅而戮之，
滅國者五十，驅虎、豹、犀、象而遠之，天下大悦。《書》曰：'丕顯
哉，文王謨！丕承哉，武王烈！佑啓我後人，咸以正無缺。'世衰
道微，邪説暴行有作，臣弑其君者有之，子弑其父者有之。孔子
懼，作《春秋》。"又曰："昔者禹抑洪水而天下平，周公兼夷狄、驅
猛獸而百姓寧，孔子成《春秋》而亂臣賊子懼。"按此可見仲尼成
前聖之業矣。稱，説也。《論語集解》："包曰：徵，成也。杞、宋，
二國名，夏、殷之後。夏、殷之禮，吾能説之，杞、宋之君，不足以
成也。""鄭曰：獻，猶賢也。我不以禮成之者，以此二國之君，文
章賢材不足故也。"劉寶楠《正義》曰："《禮·中庸》：'上焉者雖
善無徵。'注'徵或爲證'，此鄭存異本，'謂徵驗也'。視徵成之
義爲長。"夫子學三代禮樂，欲斟酌損益，以爲世制，而文獻不
足，雖能言之，究無徵驗，故不得以其説著之於篇，而祇就周禮
之用於今者，爲之考定而存之。按文獻不足，則雖能言而不能
徵。夫文獻，事也，古文家所重；能言，義也，今文家所重。杞、
宋不足徵者，其文獻不足以成孔子之聖業，《志》引此以起下文，
《魯春秋》足以立孔子素王之法。

**以魯周公之國，禮文備物，史官有法，故與左丘明觀其史記，據
行事，仍人道，因興以立功，就敗以成罰，假日月以定曆數，藉朝
聘以正禮樂。**

　　本書《地理志》："周興，以少皥之虚曲阜封周公子伯禽爲魯
　　侯，以爲周公主。其民有聖人之教化，故孔子曰'齊一變至於
　　魯，魯一變至於道'，言近正也。"左丘明魯太史，昭二年《左
　　傳》："韓宣子來聘，觀書於太史氏，見《易》、《象》與《魯春秋》，
　　曰：'周禮盡在魯矣，吾乃今知周公之德與周之所以王也。'"

仍，亦因也。人道，五倫達道也。興，成也。立功、成罰，謂褒貶之。假、藉，皆借也。曆，紀數之書。朝，見；聘，問也。聘，使卿大夫；朝，則君自行。此言孔子據史事以作《春秋》。孔子曰：“吾欲載之空言，不如見之於行事之深切著明也。”《太史公自序》載壺遂曰：“孔子之時，上無明君，下不得任用，故作《春秋》，垂空文以斷禮義，當一王之法。”《孟子》曰：“孔子作《春秋》而亂臣賊子懼。”太史公曰：“撥亂世反之正，莫近於《春秋》。”夫立功、成罰、定曆數、正禮樂，皆所以撥亂反正也。春秋戰國時，諸子著書立説，皆成家學，然而載之空言。孔子則據史事而作，既見之於行事，故其義深切著明，立功、成罰、定曆數、正禮樂，當一王之法矣。要魯之文獻足以徵之也。

有所褒諱貶損，不可書見，口授弟子，弟子退而異言。丘明恐弟子各安其意，以失其真，故論本事而作傳，明夫子不以空言説經也。

褒諱貶損觸時君，大夫之忌，故不可以書見，而口授其義於弟子也。退而異言，謂人執所見，各不同也。意，弟子之意。真，左氏與孔子觀史所據論撰也。《史記·孔子世家》：“子曰：‘弗乎弗乎，君子病没世而名不稱焉。吾道不行矣，吾何以自見於後世哉？’乃因史記作《春秋》，上至隱公，下訖哀公十四年，十二公。據魯，親周，故殷，運之三代。約其文辭而指博。故吳、楚之君自稱王，而《春秋》貶之曰‘子’；踐土之會實召周天子，而《春秋》諱之曰‘天王狩于河陽’。推此類以繩當世。貶損之義，後有王者舉而開之。《春秋》之義行，則天下亂臣賊子懼焉。孔子在位聽政，文辭有可與人共者，弗獨有也。至於爲《春秋》，筆則筆，削則削，子夏之徒不能贊一辭。”又曰：“孔子明王道，干七十餘君，莫能用，故西觀周室，論史記舊文，興於魯而次《春秋》，上記隱，下至哀之獲麟，約其辭文，去其煩重，以制義法，王道備，人事浹。七十子之徒口授其傳指,爲有所譏刺,褒諱挹損之文辭不可以書見也。
魯君子左丘明懼弟子人人異端,各安其意,故因孔子史記具
論其語,成《左氏春秋》。"按上文"立功因興、成罰就敗、定曆
數、假日月、正禮樂、藉朝聘",即所謂不以空言説經。左氏所
論本事,即孔子所因、所就、所假、所藉也。後弟子所傳孔子
口授之義,爲今文家。丘明所傳本事,爲古文家。古文家以
今文學爲空言説經也。案《論衡・超奇篇》:"孔子得史記以
作《春秋》,及其立義創意,褒貶賞誅,不復因史記者,眇思自
出於胸中也。"夫孔子雖口授其義於弟子,而弟子所知未必盡
如孔子胸中之意,若丘明又烏能明孔子之眇思哉?孔子褒諱
貶損蓋從心所欲而不踰矩,自恧人既萎,大山毀而梁木摧,誰
復真知聖心哉?

**《春秋》所貶損大人當世君臣,有威權勢力,其事實皆形於傳,是
以隱其書而不宣,所以免時難也。**

事實,即上文本事。左氏論之而形於傳,古文家所重也。許
慎曰:"北平侯張蒼獻《春秋左氏傳》。"《隋志》言:"《左氏》,漢
初出於張蒼之家,本無傳者。至平帝時始立博士也。"按漢初
諸儒治《春秋》者,其始皆宗《公》、《穀》。《志》言左氏所以無
師者,以當時欲免時難,隱其書而不宣之故。漢今文家斥古
學無師傳,故《志》陳其由。

**及末世口説流行,故有《公羊》、《穀梁》、《鄒》、《夾》之傳。四家
之中,《公羊》、《穀梁》立於學官,鄒氏無師,夾氏未有書。**

末世,猶言衰世。口説,弟子所傳孔子口授之義,今文家所
重。劉歆《移太常博士書》有云"信口説而背傳記,是末師而
非往古",蓋斥爲今文之學者,因時今文家謂《左氏》爲不傳
《春秋》也。弟子各有異言,至口説流行,則其傳益遠而愈失
其真,故有四家之異而各安其意。《鄒》、《夾》亦傳口説,則亦

今文家也。《經典釋文·敍録》："漢初,立《公羊》博士。宣帝又立《穀梁》,平帝始立《左氏》。"

論語古二十一篇　　出孔子壁中,兩《子張》。

今佚。如淳曰："分《堯曰篇》後子張問'何如可以從政'已下爲篇,名曰《從政》。"按《古論》即魯共王壞孔子堂壁所得古文本也。何晏曰："《古論》唯博士孔安國爲之訓解,而世不傳。至順帝時,南郡太守馬融亦爲之訓説。"《隋書·經籍志》："古《論語》與《古文尚書》同出,章句煩省,與《魯論》不異,唯分《子張》爲二篇,故有二十一篇。孔安國爲之傳。漢末,鄭玄以《張侯論》爲本,參攷《齊論》、《古論》而爲之注。"

齊二十二篇　　多《問王》、《知道》。

今佚。今文本也。如淳曰："多《問王》、《知道》,皆篇名也。"何晏曰："《齊論語》二十二篇,其二十篇中,章句頗多於《魯論》。"

魯二十篇,傳十九篇

《魯論》亦今文本也。今存係張禹傳本,所謂《張侯論》者也。《傳》今佚。師古曰："解釋《論語》意者。"

齊説二十九篇

今佚。説《齊論》也。

魯夏侯説二十一篇

今佚。夏侯勝受詔所作説,説《魯論》也。

魯安昌侯説二十一篇

今佚。安昌侯,張禹也。事詳《禹傳》。

魯王駿説二十篇

今佚。師古曰："王吉子。"

燕傳説三卷

今佚。

議奏十八篇　石渠論。

今佚。

孔子家語二十七篇

今佚。師古曰:"非今所有《家語》。"按今《四庫》子部儒家類著録《孔子家語》十卷,魏王肅注。《提要》引王柏《家语考》曰:"四十四篇之《家语》,乃王肅自取《左傳》、《國語》、《荀》、《孟》、二《戴記》割裂纖成之。孔衍之《序》亦王肅自爲也。"按肅時鄭學盛行,肅欲奪之,故偽作《家语》,矯誣聖人,以違難鄭學。《家語》肅時已佚。師古所見及今所傳者肅偽書也。

孔子三朝七篇

今存,在《大戴禮記》中。師古曰:"今《大戴禮》有其一篇,蓋孔子對魯哀公語也。三朝見公,故曰三朝。"案今《大戴禮》有《千乘》、《四代》、《虞戴德》、《誥志》、《小辨》、《用兵》、《少閒》七篇,非一篇也。

孔子徒人圖法二卷

今佚。

凡《論語》十二家,二百二十九篇

如目,實二百三十篇。

《論語》者,孔子應答弟子時人及弟子相與言而接聞於夫子之語也。當時弟子各有所記。夫子既卒,門人相與輯而論纂,故謂之《論語》。

應答弟子,如問孝、問仁諸章;應答時人,如"季康子問政"諸章,皆所謂微言也。弟子相與言,如"曾子言忠恕一貫"諸章,所謂大義也。接聞於夫子,則非弟子各安其意矣。各有所記,記時分也。輯而論纂,則合矣。何異孫《十一經問對》:"《論語》有弟子記夫子之言者,有夫子答弟子問者,有弟子自相答問者,又有時人相言者,有臣對君問者,有師弟子對大夫之問者，皆所以討論文義，故謂之《論語》。"《釋名·釋典藝》：
"《論語》記孔子與諸弟子所語之言也。論，倫也，有倫理也。
語，敍也，敍己所欲説也。"趙岐《孟子題辭》："《論語》者，五經
之錧鎋，六藝之喉衿。"劉向曰："《魯論語》二十篇，皆孔子弟
子記諸善言也。"皇侃曰："聖師孔子符應頹周，生魯，長宋，遊
歷諸國，以魯哀公十一年冬，從衛返魯，删《詩》定《禮》於洙泗
之間，門徒三千人，達者七十有二。但聖人雖異人者神明，而
同人者五情。五情既同，則朽没之期亦等，故嘆發吾衰，悲因
逝水，託夢兩楹，寄歌頹壞。至哀公十六年，哲人其萎。徂背
之後，過隙叵駐，門人痛大山長毀，哀梁木永摧，隱几非昔，離
索行淚，微言一絶，景行莫書，於是弟子僉陳往訓，各記舊聞，
成而實録，上以尊仰聖師，下則垂軌萬代。既方爲世典，不可
無名，然名書之法，必據體以立稱，猶如以孝爲體者，則謂之
《孝經》，以莊敬爲體者，則謂之《禮記》。然此書之體，適會多
途，皆夫子平生應機作教，事無常準，或與時君抗厲，或共弟
子抑揚，或自顯示物，或混迹齊凡，問同答異，言近意深，
《詩》、《書》互錯綜，典誥相紛紜，義既不定於一方，名故難求
乎諸類，因題《論語》兩字，以爲此書之名也。"按《論語》爲有
倫理之語，故可以教人誦讀，俾人由以言。

漢興，有齊、魯之説。

劉向《別録》云："魯人所傳謂之《魯論》，齊人所學謂之《齊
論》。"

**傳《齊論》者，昌邑中尉王吉、少府宋畸、御史大夫貢禹、尚書令
五鹿充宗、膠東庸生，唯王陽名家。**

本書列傳："王吉字子陽，琅邪皋虞人也。少好學明經，以郡
吏舉孝廉爲郎，補石盧右丞，遷雲陽令。舉賢良爲昌邑中尉。
吉與貢禹爲友，世稱'王陽在位，貢禹彈冠'，言其取舍同也。

初,吉兼通《五經》,能爲騶氏《春秋》,以《詩》、《論語》教授。"
"貢禹字少翁,琅邪人也。以明經絜行著聞,徵爲博士,涼州
刺史,病去官。復舉賢良爲河南令。歲餘,以職事爲府官所
責,免冠謝。禹曰:'冠壹,免安可復冠也!'遂去官。"元帝時,
以禹爲長信少府,會御史大夫陳萬年卒,禹代爲御史大夫,列
於三公。邢昺《論語疏》:"膠東國名庸生,名譚生,蓋古謂有
德者也。"宋畸,未詳。五鹿充宗,疑即受《梁邱易》者。此五
人皆傳《齊論》,而王子陽名獨著也。

**傳《魯論語》者,常山都尉龔奮、長信少府夏侯勝、丞相韋賢、魯
扶卿、前將軍蕭望之、安昌侯張禹,皆名家。**

本書列傳:"夏侯勝字長公,東平人。少孤,好學。爲學精熟,
所問非一師也。善說禮服。徵爲博士。宣帝立,太后省政,
勝用《尚書》授太后。遷長信少府,賜爵關內侯,坐議廟樂事
下獄。繫再更冬,因大赦出,爲諫議大夫、給事中。上知勝素
直,復爲長信少府,遷太子太傅。受詔撰《尚書》、《論語》說,
賜黃金百斤。年九十卒官,賜冢塋,葬平陵。太后賜錢二百
萬,爲勝素服五日,以報師傅之恩,儒者以爲榮。""韋賢字長
孺,魯國鄒人也。賢爲人樸質少欲,篤志於學,兼通《禮》、《尚
書》,以《詩》教授,號稱鄒魯大儒。徵爲博士,給事中,進授昭
帝《詩》。孝宣皇帝初即位,賢以與謀議,安宗廟,賜爵關內
侯,食邑。徙爲長信少府。以先帝師,甚見尊重。本始三年,
代蔡義爲丞相,封扶陽侯,食邑七百户。年七十餘,爲相五
歲,地節三年,以老病乞骸骨,賜黃金百斤,罷歸,加賜第一
區。丞相致仕自賢始。年八十二薨,謚曰節侯。少子玄成,
字少翁,復以明經歷位至丞相,鄒魯諺曰:'遺子黃金滿籯,不
如一經。'""蕭望之字長倩,東海蘭陵人也。好學,治《齊詩》,
事同縣后倉且十年。以令詣太常受業,復事同學博士白奇,

又從夏侯勝問《論語》、禮服。京師諸儒稱述焉。以射策甲科爲郎，累遷諫大夫。後代丙吉爲御史大夫。左遷爲太子太傅。及宣帝寢疾，選大臣可屬者，引至禁中，拜望之爲前將軍。元帝即位，爲弘恭、石顯等所害，飲鴆自殺。天子聞之驚，拊手，爲之卻食涕泣，哀動左右。""張禹字子文，河内軹人也，至長安學，從沛郡施讎受《易》，琅邪王陽、膠東庸生問《論語》，既皆明習，有徒衆，舉爲郡文學。初元中，立皇太子，詔令禹授太子《論語》，由是遷光禄大夫。出爲東平内史。元帝崩，成帝即位，徵禹，以師傅賜爵關内侯，食邑六百户。拜爲諸吏光禄大夫，秩中二千石，領尚書事。河平四年代王商爲丞相，封安昌侯。成帝崩，禹及事哀帝，建平二年薨，諡曰節侯。"龔奮、扶卿，未詳。此五人傳《魯論》，皆著名也。

張氏最後而行於世。

張禹在元、成、哀三朝，視諸家爲最後也。本書列傳："初，禹爲師，以上難數對己問經，爲《論語章句》獻之。始魯扶卿及夏侯勝、王陽、蕭望之、韋玄成皆說《論語》，篇第或異。禹先事王陽，後從庸生，采獲所安，最後出而尊貴。諸儒爲之語曰：'欲为《論》，念張文。'由是學者多從張氏，餘家寖微。"《隋書·經籍志》："張禹本授《魯論》，晚講《齊論》，後遂合而考之，删其煩惑。除去《齊論》《問王》、《知道》二篇，從《魯論》二十篇爲定，號《張侯論》，當世重之。周氏、包氏爲之章句，馬融又爲之訓。又有《古論語》，與《古文尚書》同出，章句煩省，與《魯論》不異，唯分《子張》爲二篇，故有二十一篇。孔安國爲之傳。漢末，鄭玄以《張侯論》爲本，參考《齊論》、《古論》爲之注。魏司空陳羣、太常王肅、博士周生烈，皆爲義說。"《經典釋文·敍錄》云："張禹受《魯論》於夏侯建，又從庸生、王吉受《齊論》，擇善而從，號曰《張侯論》。"又云："魏吏部尚書何

晏集孔安國、包咸、周氏、馬融、鄭玄、陳羣、王肅、周生烈之
説，并下己意，爲《集解》。"案今所行《論語》即《張侯論》，何晏
集解也。

孝經古孔氏一篇　二十二章。

此古文本，孔安國所傳。今佚。師古曰："劉向云古文字也。
《庶人章》分爲二也，《曾子敢問章》爲三，又多一章，凡二十二
章。"案《四庫》著録《古文孝經孔氏傳》一卷，乾隆丙申歙縣鮑
廷博新刊《跋》稱，其友汪翼滄附市舶至日本，得於彼國之長
崎澳。《提要》云："其傳文雖證以《論衡》、《經典釋文》、《唐會
要》所引，亦頗相合，然淺陋冗漫，不類漢儒釋經之體，并不類
唐宋元以前人語。殆市舶流通，頗得中國書籍，有桀黠知文
義者，摭諸書所引孔傳，影附爲之，以自誇圖籍之富歟？"

孝經一篇　十八章。長孫氏、江氏、后氏、翼氏四家。

此今文本。河間顏氏所傳，而其後有長孫氏等四本也。今所
傳者係劉向取顏本與古文校定之本。

長孫氏説二篇

今佚。

江氏説一篇

今佚。

翼氏説一篇

今佚。

后氏説一篇

今佚。

雜傳四篇

今佚。

安昌侯説一篇

今佚。

五經雜議十八篇　石渠論。

今佚。

爾雅三卷二十篇

今存，係三卷十九篇。張晏曰：“爾，近也。雅，正也。”案《四庫》入小學類。葉德輝曰：“《孝經序》疏引鄭氏《六藝論》云：‘孔子以六藝題目不同，指意殊別，恐道離散，莫知根源，故作《孝經》以總會之。’又《大宗伯》疏引鄭氏《駁五經異義》云：‘《爾雅》者，孔子門人所以釋六藝之文。’言蓋不誤也。然則《爾雅》與《孝經》同爲釋經總會之書，故列入孝經家。”按漢置博士，《論語》、《孝經》、《爾雅》最先，蓋在文帝時。見趙岐《孟子題辭》。

小雅一篇，古今字一卷

今皆佚。宋祁曰：“‘小’字下邵本有‘爾’字。”案《四庫》小學類存目有《小爾雅》一卷，《提要》云：“《漢·藝文志》有《小爾雅》一篇，無撰人名氏。《隋書·經籍志》、《唐書·藝文志》並載李軌注《小爾雅》一卷，其書久佚。今所傳本則《孔叢子》第十一篇鈔出別行者也。”

弟子職一篇

今存。應劭曰：“管仲所作，在《管子》書。”案在《管子》書第五十九篇。《志》蓋裁篇，別出於此。

說三篇

今佚。王先謙曰：“此《小爾雅》說。”

凡孝經十一家，五十九篇。

如目合。

《孝經》者，孔子爲曾子陳孝道也。

《史記·仲尼弟子列傳》：“曾參，字子輿。少孔子四十六歲。

孔子以爲能通孝道，故授之業。作《孝經》。"《孝經鉤命訣》：
"孔子在庶，德無所施，功無所就，志在《春秋》，行在《孝經》。"
又曰："某以匹夫，徒步以制正法，以《春秋》屬商，以《孝經》屬
參。"鄭康成《六藝論》："孔子以六藝題目不同，指意殊別，恐
道離散，後世莫知根源，故作《孝經》以總會之。"刑昺《孝經
疏》引劉炫《述義》曰："炫謂孔子自作《孝經》，非曾參請業而
對也。"陸德明曰："《孝經》與《春秋》，雖俱夫子述作，然《春
秋》周公垂訓，史書舊章；《孝經》專是夫子之意。"案孔子作
《春秋》，成於七十二歲。而鄭君言《孝經》所以總會六藝，然
則孔子制作《孝經》最後成也。

夫孝，天之經，地之義，民之行也，舉大者言，故曰《孝經》。

《孝經·三才章》："子曰：'夫孝，天之經也，地之義也，民之行
也。'"唐玄宗注："經，常也。利物爲義。孝爲百行之首，人之
常德，若三辰運天而有常，五土分地而爲義也。"《春秋繁露》：
"河間獻王問温城董君曰：'《孝經》曰："夫孝，天之經，地之
義。"何謂也？'對曰：'天有五行，木火土金水是也。木生火，
火生土，土生金，金生水。水爲冬，金爲秋，土爲季夏，火爲
夏，木爲春。春主生，夏主長，季夏主養，秋主收，冬主藏。
藏，冬之所成也。是故父之所生，其子長之；父之所長，其子
養之；父之所養，其子成之。諸父所爲，其子皆奉承而續行
之，不敢不致如父之意，盡爲人之道也。故曰五行者，五行
也。由此觀之，父授子，子受之，乃天之道也。故曰：夫孝者，
天之經也。此之謂也。'王曰：'善哉！天經既得聞之矣，願聞
地之義。'對曰：'地出雲爲雨，起氣爲風。風雨者，地之所爲。
地不敢有其功名，必上之於天。命若從天氣者，故曰天風天
雨也，莫曰地風地雨也。勤勞在地，名一歸於天，非至有義，
其孰能行此？故下事上，如地事天也，可謂大忠矣。土者，火

之子也。五行莫貴乎土，土之於四時無所命者，不與火分功
名。木名春，火名夏，金名秋，水名冬。忠臣之義，孝子之行，
取之土。土者，五行最貴者也，其義不可以加矣。五音莫貴
於宮，五味莫美於甘，五色莫盛於黄，此謂孝者地之義也。'王
曰：'善哉！'"《志》言三才天爲大。孝，天之經，故以《孝經》命
書。翼奉曰："聖人見道，知王治之象，以視賢者，名之曰經。"
鄭康成曰："孝爲百行之首。經者，不易之稱。"張華曰："聖人
制作曰經。"邢昺疏引皇侃曰："經者，常也，法也。此經爲教，
任重道遠，雖復時移代革，金石可消，而孝爲事親常行，存世
不滅，是其常也，爲百代規模，人生所資，是其法也。言孝之
爲教，使可常而法之。《易》有《上經》、《下經》，老子有《道
經》、《德經》。孝爲百行之本，故曰《孝經》。"經之創制，孔子
所撰也。

**漢興，長孫氏、博士江翁、少府后蒼、諫大夫翼奉、安昌侯張禹傳
之，各自名家。**

本書列傳："翼奉字少君，東海下邳人也。治《齊詩》。惇學不
仕，好律曆陰陽之占。元帝初即位，諸儒薦之，徵待詔宦者
署，數言事宴見，天子敬焉。以奉爲中郎，後爲博士、諫大夫，
年老以壽終。"后蒼、張禹，見前。長孫氏、江翁，未詳。《儒林
傳》："瑕邱江公受《穀梁春秋》及《詩》於魯申公，傳子，至孫爲
博士。"亦未言其名。此五人傳《孝經》皆名家。案《孝經》立
學最早，文帝始置一經博士，即《孝經》也。

**經文皆同，唯孔氏壁中古文爲異。"父母生之，續莫大焉"，"故
親生之膝下"，諸家說不安處，古文字讀皆異。**

《隋書·經籍志》："《孝經》遭秦焚書，爲河間人顔芝所藏。漢
初，芝子貞出之，凡十八章，而長孫氏、博士江翁、少府后蒼、
諫議大夫翼奉、安昌侯張禹，皆名其學。又有《古文孝經》與

《古文尚書》同出，而長孫有《閏門》一章，其餘經文，大較相似，篇簡缺解，又有衍出三章，并前合爲二十二章，孔安國爲之傳。至劉向典校經籍，以顏本比古文，除其繁惑，以十八章爲定。"按此即今本之祖也。"諸家說不安處"，今不可考。"續莫大焉"，唐天寶本作"續莫大焉"。"故親生之膝下"，或以"親"字逗，或不，此皆字讀有異之倫也。

史籀十五篇　周宣王太史作大篆十五篇，建武時亡六篇矣。

今佚。建武，光武帝年號。

八體六技

今佚。韋昭曰："八體，一曰大篆，二曰小篆，三曰刻符，四曰蟲書，五曰摹印，六曰署，七曰殳書，八曰隸書。"案韋用許慎說也。《說文敍》"秦書有八體，一曰大篆"云云，"署"下有"書"字。段《注》："符者，周制六節之一。蟲書，即書幡信者。蕭子良云：'殳者，伯氏之職。古者文既記笏，武亦書殳。'"案殳書，所以銘兵。六技闕。

蒼頡一篇　上七章，秦丞相李斯作；《爰歷》六章，車府令趙高作；《博學》七章，太史令胡母敬作。

今佚。下文識語所言閭里書師合并者，當即此。

凡將一篇　司馬相如作。

今佚。

急就一篇　元帝時黄門令史游作。

今存。

元尚一篇　成帝時將作大匠李長作。

今佚。

訓纂一篇　揚雄作。

今佚。此即識語所謂"順續蒼頡者也"。

別字十三篇

錢大昕曰：“即揚雄所撰《方言》十三卷也，本名《輶軒使者絕代語釋別國方言》，或稱《別字》，或稱《方言》，皆省文。”案《方言》今存。

蒼頡傳一篇

今佚。

揚雄蒼頡訓纂一篇

今佚。此蓋合《蒼頡》、《訓纂》爲一，識語所云“八十九章”者。

杜林蒼頡訓纂一篇

今佚。

杜林蒼頡故一篇

今佚。

凡小學十家，四十五篇。入揚雄、杜林二家三篇。

案謂之小學者，古八歲入小學所教也。如目，實三十七篇，八體六技無，篇數當是八篇。

《易曰》：“上古結繩以治，後世聖人易之以書契，百官以治，萬民以察，蓋取諸《夬》。”

《周易·下繫》之辭。鄭康成曰：“結繩者，大事大結其繩，小事小結其繩，以書書木邊，言其事，刻其木，謂之書契，各持其一，後以相考合。”許君《說文敍》：“文字者，經藝之本，王政之始。”孔穎達曰：“諸儒象卦制器，皆取卦之爻象之體。”《上繫》云：“以制器者尚其象。”韓康伯曰：“夬，決也，所以決斷萬事也。”明煇謂夬卦乾下兌上，乾爲天，兌爲口，夬爲天口。天口者，言書契所以洩天祕而使人用以爲訣者也，故取其象。

“夬，揚于王庭”，言其宣揚於王者朝廷，其用最大也。

此又引《夬》卦辭而釋之。許慎曰：“夬，揚於王庭，言文者宣教明化於王者朝廷。"案《夬》之象爲書契文，即書契也。班、許意謂文字之用，所以宣揚於王者朝廷，以推行政教，故其用最大。

古者八歲入小學，故《周官》保氏掌養國子，教之六書，謂象形、象事、象意、象聲、轉注、假借，造字之本也。

《大戴禮記·保傅篇》："古者年八歲而出就外舍，①學小藝焉，履小節焉。"盧辯注："外舍，小學，謂虎闈，②師保之學也。《白虎通》云'八歲入小學'是也。此太子之禮。"段玉裁《說文注》引《食貨志》曰："八歲入小學，學六甲五方書計之事。《白虎通》曰：'八歲毀齒，始有識知，入學學書計。'許亦曰周禮八歲入小學，皆是泛言教法，非專指王太子。《內則》：'六年，教之數與方名。'已識字已知算矣。至十歲乃就外傅，講求六書之理，九數之法，故曰十年學書計。與他家言八歲入小學異者，所傳不同也。"保氏，地官大司徒之屬，掌諫王惡，而養國子以道，乃教之六藝，其五曰六書。案《周官》鄭注："六書，象形、會意、轉注、處事、假借、諧聲。"與此異。許慎《說文解字·敘》亦不同。許曰："指事者，視而可識，察而見意，上、下是也。象形者，畫成其物，隨體詰詘，日、月是也。形聲者，以事爲名，取譬相成，江、河是也。會意者，比類合誼，以見指撝，武、信是也。轉注者，建類一首，同意相受，考、老是也。假借者，本無其字，依聲託事，令、長是也。"戴震曰："指事、象形、形聲、會意四者，字之體；轉注、假借二者，字之用。"師古曰："文字之義，總歸六書，故曰造字之本也。"

漢興，蕭何草律，亦著其法，曰："太史試學童，能諷書九千字以上，乃得爲史。又以六體試之，課最者，以爲尚書、御史史書令

---

① "舍"原作"傅"，據《四部叢刊》影明袁氏嘉趣堂刊本《大戴禮記》改。
② "闈"，原作"門"，據中華書局"十三經清人注疏"本王聘珍《大戴禮記解詁》改。

史。吏民上書，字或不正，輒舉劾。"

師古曰："草，創造之。"本書《刑法志》："蕭何捃摭秦法，取其宜於時者，作律九章。"言蕭何所草漢律，亦著以文字取人之法。太史以下，蓋律文也。太史，太史令也。試，考試。倍文曰諷。史，郡縣史也。《後漢書·百官志》：郡太守、郡丞、縣令若長、縣丞、縣尉，"各置諸曹掾史"是也。《周禮·天官》：宰夫"史十有二人"。注："史，掌書者。"又"史掌官書以贊治"。注："贊治，若今起文書草也。"六體，許書作八體，見下。課，亦試也。最，讀爲殿最之最，言課居先也。《後漢書·百官志》："尚書六人，六百石。分爲四曹，民曹尚書主凡吏民上書事。治書侍御史二人，六百石，掌選明法律者爲之。凡天下諸讞疑事，掌以法當其是非。令史十八人，二百石，曹有三，主書。"段玉裁《說文注》："史書令史者，謂能史書之令史也。漢人謂隸書爲史書，故孝元帝、孝成許皇后、王尊、嚴延年、楚王侍者馮嫽等皆云善史書，大致皆謂適於時用。如《貢禹傳》云'郡國擇便巧史書者，以爲右職'，又蘇林引胡公云'漢官假佐取內郡善史書者，給佐諸府也'。是可以知史書之必爲隸書，蓋漢承秦後，切於時用，莫若小篆、隸書也。"字不正，謂不合六書。舉罪曰劾。此民曹尚書之職也。

六體者，古文、奇字、篆書、隸書、繆篆、蟲書，皆所以通知古今文字，摹印章，書幡信也。

許氏《敘》："亡新居攝，使大司空甄豐等校文書之部，自以爲應制作，頗改定古文。時有六書：一曰古文，孔子壁中書也。二曰奇字，即古文而異者也。三曰篆書，即小篆。四曰左書，即秦隸書。五曰繆篆，所以摹印也。六曰鳥蟲書，所以書幡信也。"段注："繆，讀如綢繆之繆。摹，規也，規度印之大小、字之多少而

刻之。書幡,謂書旗幟。書信,謂書符節。鳥蟲書,謂其或像
鳥,或像蟲,鳥亦稱羽蟲也。"案許以此六體爲亡新時立,而謂漢
律所試爲秦之八體,與此不符,未知何故。第漢初古文未出,不
能無疑於班也。

**古制,書必同文,不知則闕,問諸故老。至於衰世,是非無正,人
用其私。故孔子曰:"吾猶及史之闕文也,今亡矣夫!"蓋傷其寖
不正。**

《周禮・春官》:"外史掌達書名於四方。"注:"古曰名,今曰
字,使四方知書之名,得能读之。"蓋上有同文之政,故在下者
不敢私意造文字,有所不知,則闕之,以待問諸故老之知者。
至於衰世,則同文之政不行,是非無所就正,乃各任私意而爲
字,故孔子嘆之也。《論語集解》:"包曰:'古之良史,於書字
有疑則闕之,以待知者。孔子自謂及見其人如此,至今無有
矣。言此者,以俗多穿鑿。'"案衰世書不同文,故《史籀》、《蒼
頡》諸篇相繼而起,所謂是非無正,人用其私也。臧庸《論語
鄭注輯本釋》曰:"孔子書字,必從保氏所掌古文爲正,病時不
行,故衛君待子爲政,而子以正名爲先也。君子於其所不知,
蓋闕如也,即史闕文之意。"

《史籀篇》者,周時史官教學童書也,與孔氏壁中古文異體。

周宣王太史名籀者所作,故曰《史籀篇》。雖以教學童,非保
氏之六書矣。許慎曰:"及宣王太史籀著《大篆》十五篇,與古
文或異。至孔子書六經,左丘明述《春秋傳》,皆以古文。"案
《史籀》與古文或異,則其不盡合保氏六書可知。孔子、左丘
明不取之,故與孔氏壁中古文異體。

**《蒼頡》七章者,秦丞相李斯所作也;《爰歷》六章者,車府令趙高
所作也;《博學》七章者,太史令胡母敬所作也。文字多取《史籀
篇》,而篆體復頗異,所謂秦篆者也。**

許《敍》曰："諸侯力政，不統於王，惡禮樂之害己，而皆去其典藉。分爲七國，田疇異晦，車涂異軌，律令異法，衣冠異制，言語異聲，文字異形。秦始皇帝初兼天下，丞相李斯乃奏同之，罷其不與秦文合者。斯作《蒼頡篇》，中車府令趙高作《爰歷篇》，太史令胡母敬作《博學篇》，皆取史籀大篆，或頗省改，所謂小篆者也。"案如許說，史籀與古文或異，而七國文字異形，則又非史籀也。李斯奏同，乃用秦文，此《蒼頡》、《爰歷》、《博學》之作，既取《史籀篇》而篆體復頗異於史籀，則小篆之去古文愈遠矣。

是時始建隸書矣，起於官獄多事，苟趨省易，施之於徒隸也。

宋祁曰："建當作造。"案建訓立，與造義相近。苟，苟且。師古曰："趨讀曰趣，謂趨向之也。"省，減其筆畫也。施，用也。徒，步行無車者。隸，隸屬於吏者，皆賤者也。許《敍》曰："秦燒滅經書，滌除舊典，大發吏卒，興戍役，官獄職務繁，初有隸書，以趣約易，而古文由此絕矣。"

漢興，閭里書師合《蒼頡》、《爰歷》、《博學》三篇，斷六十字以爲一章，凡五十五章，并爲《蒼頡篇》。

閭里書師，在閭里教書之師。師古曰："并，合也，總合以爲《蒼頡篇》也。"案五十五章，章六十字，總凡三千三百字也。後如周興嗣《千字文》，蓋仿此。

武帝時司馬相如作《凡將篇》，無復字。元帝時黃門令史游作《急就篇》，成帝時將作大匠李長《元尚篇》，皆《蒼頡》中正字也。《凡將》則頗有出矣。

宋祁曰："李長下當有'作'字。"師古曰："復，重也。"案黃門令、將作大匠，皆官名。《急就》、《元尚》字皆在《蒼頡》三千三百之中，《凡將》則頗有增多《蒼頡》者。

至元始中，徵天下通小學者以百數，各令記事於庭中。揚雄取

其有用者以作《訓纂篇》，順續《蒼頡》，又易《蒼頡》中重復之字，凡八十九章。臣復續揚雄作十三章，凡一百三章，無復字，六藝羣書所載略備矣。

元始，平帝年號。許《敍》：“孝平皇帝時，徵沛人爰禮等百餘人，令說文字未央庭中，以禮爲小學元士。”《平帝紀》：“元始五年，徵天下通知逸經、古記、天文、曆算、鍾律、小學、史篇、方術、本草以及五經、《論語》、《孝經》、《爾雅》教授者，在所爲駕一封軺傳，遣詣京師。至者數千人。”即此事也。《蒼頡》先時爲五十五章，揚雄續易爲八十九章，增多三十四章也。以《蒼頡》章六十字例之，當爲二千四十字。合《蒼頡》三千三百字，爲五千三百四十字。故許《敍》曰：“黃門侍郎揚雄采以作《訓纂篇》，凡五千三百四十字也。”許蓋不數孟堅之十三章。韋昭曰：“臣，班固自謂也。”案八十九增十三宜一百二章，此云一百三章者，其一章蓋《凡將》也。數《凡將》何以不數《急就》、《元尚》？《急就》、《元尚》皆《蒼頡》中字，既數《蒼頡》，則《急就》、《元尚》在其中，《凡將》則頗有出也。一百三章，當六千一百八十字，六藝羣書所載略備矣。

《蒼頡》多古字，俗師失其讀，宣帝時徵齊人能正讀者，張敞從受之，傳至外孫之子杜林，爲作訓故，并列焉。

宣帝在平帝前，《蒼頡》指五十五章也。俗師，干祿之士，爲俗學者，如今之俗教育家。讀兼音義而言。徵能是正《蒼頡》讀者。齊人，失其姓名也。張敞從此人學，敞數傳至其外孫之子杜林，爲《蒼頡》作訓故，孟堅乃與《訓纂》并列於目錄也。言此者以《七略》不列揚雄、杜林二家，《志》新入也。

凡六藝一百三家，三千一百二十三篇。人三家，一百五十九篇；出重十一篇。

如目，實三千八十五篇，圖一。《書》入劉向《稽疑》一篇，《禮》入《司馬法》百五十五篇，小學入揚雄、杜林三篇，實四家一百五十九篇。《樂》出淮南、劉向等，《琴頌》七篇當是重在詩賦。又《春秋》省《太史公》四篇，所與重者，疑即《詩賦略》中《司馬遷賦》也。

六藝之文：《樂》以和神，仁之表也；《詩》以正言，義之用也；《禮》以明體，明者著見，故無訓也；《書》以廣德，知之術也；《春秋》以斷事，信之符也。

《禮記·文王世子》："樂，所以修內也；禮，所以修外也。"《樂記》："致樂以治心，則易直、子諒之心油然生矣。生則樂，樂則安。致禮以治躬則莊敬，莊敬則威嚴。故樂也者，動於內者也；禮也者，動於外者也。"案修內即和神，修外即明體，治心即和神，治躬即明體。表，標准也。修內治心，故爲仁之表。《書·舜典》："詩言志。"子曰："《詩》三百，一言以蔽之，曰思無邪。"又曰："誦詩三百，授之以政，不達，使於四方不能專對，雖多亦奚以爲？"案無邪即義，故能正言，其用於政則達，使四方則能專對，即所謂義之用。禮以明體，甚著明易見，故曰"明者著見也"。訓，如《樂》訓仁，《詩》訓義，《禮》即訓禮，無須訓矣。廣聽，謂廣其聽聞。術，法也。左史記言，言爲《尚書》，學《書》者得遠聞古人之言，故廣聽。《禮記·經解》："疏通知遠，書教也。"疏通知遠，則知矣。斷事，決斷其是非。符，符節，相合之物，所以成信者。事爲《春秋》，孔子作《春秋》，所褒貶皆斷事也。孔子斷事，符天命而成信，學《春秋》以斷事，則符《春秋》爲可信。王應麟《玫證》引《白虎通》曰："經，常也。有五常之道，故曰五經。《樂》仁，《書》義，《禮》禮，《易》知，《詩》信也。"與此不同。案以五常分配五經，此對言之耳，實則五經各具五常，大小相苞，循環無端也。

五者,蓋五常之道,相須而備,而《易》爲之原。故曰"《易》不可見,則乾坤或幾乎息矣",言與天地爲終始也。

《樂》、《詩》、《禮》、《書》、《春秋》,以應仁、義、禮、智、信,故曰五常之道。須,需也。五常又應五行生剋消長,闕一不可,相須而備也。而其原則,皆出於《易》。《易》道陰陽變化,爲五行之原。原,本也。"易不可見"二句,《周易·上繫》之辭。幾,近也。夫生生之謂易,成象之謂乾,效法之謂坤,天地設位而易行乎其中矣。若《易》道毁壞,不可見其變化之理,則乾坤亦毁壞,或其近乎止息,而五行、五常,皆不得其原矣。言《易》與天地相似,與天地爲終始也。《繫辭傳》曰:"《易》與天地準,故能彌綸天地之道。"又曰:"夫《易》廣矣,大矣,以言乎天地之間則備矣。"

至於五學,世有變改,猶五行之更用事焉。

五學,謂《樂》、《詩》、《禮》、《書》、《春秋》,據學者而言,故曰五學。《家語》:"季康子問於孔子曰:'舊聞五帝之名而不知其實,請問何謂五帝?'孔子曰:'昔某也聞諸老聃曰:"天有五行,水、火、金、木、土,分時化育,以成萬物,其神謂之五帝。"古之王者,易代而改號,取法五行。五行更王,終始相生,亦象其義。故其生爲明王,而死配五行,是以太皞配木,炎帝配火,黃帝配土,少皞配金,顓頊配水。'康子曰:'太皞其始之木何如?'孔子曰:'五行用事,先起於木。木,東方,萬物之初皆出焉。是故王者則之,而首以木德王天下,其次則以所生之行轉相承也。'"此即五行之更用事矣。更,迭也。案五常之於五行,仁爲木,義爲金,禮爲火,知爲水,信爲土。五學既爲五常之道,則其遞相爲教,亦如五行之更用事也。

古之學者耕且養,三年而通一藝,存其大體,玩經文而已,是故用日少而畜德多,三十而五經立也。

《大戴禮記·保傅篇》："古者年八歲而出就外傅，束髮而就大學。"盧注："束髮，謂成童。"鄭康成《學記》注曰："成童十五以上。"《白虎通·辟雍篇》："古者所以年十五入大學，何以爲？八歲毀齒，始有識知，入學學書計。七八十五，陰陽備，故十五成童，志明入大學，學經術。"《論語》曰："吾十有五而志於學，三十而立。"據此知十五始學經術。而此三年通一藝，三十五經立，蓋合聖心也。《樂經》亡，故云五經耳。耕且養者，未命之學士，未有禄食，故耕與養共舉焉。《禮記·文王世子》："立太傅、少傅以養之。"鄭注："養，猶教也。言養者，浸漬成長之。"存大體，玩經文，所以鑽研大義而不爲瑣碎支離之學，此通經之術也。不因一藝已通，便期於用。積十五年乃通五經，則用日少而畜德多矣。此言學者不汲汲於致用，而務以通經爲事，不慕利禄，故成就大。又言學者能存大體而玩經文，得此善法，故三年便能通一藝，不務馳逐，故成就廣，此西漢經術所以盛也。師古曰："畜，讀曰蓄。蓄，聚也。《易·大畜卦》象辭曰：'君子以多識前言往行，以畜其德。'"

後世經傳既已乖離，博學者又不思多聞闕疑之義，而務碎義逃難，便辭巧說，破壞形體。說五字之文，至於二三萬言。

賈公彥曰："傳者，使可傳述，或言注，或言傳，不同者立意有異，無義例也。"乖，差也。《論語》："子張學干禄，子曰：'多聞闕疑，慎言其餘，則寡尤。'"《集解》："包曰：'疑則闕之，其餘不疑，猶慎言之，則少過。'"師古曰："言爲學之道，務在多聞，疑則闕之，慎於言語，則少過也。"案當時博學者雖能多聞，而不能闕疑慎言，蹈干禄之弊，故《志》云然。師古曰："苟爲僻碎之義，以避他人之攻難者，故爲便辭巧說，以析破文字之形體也。"案說五字之文至於二三萬言，乃便辭巧說破壞形體者之所爲，此西漢末葉學者務碎義逃難以干禄，與存大體玩經

文者相反矣。蓋因不思闕疑之義故也。師古引桓譚《新論》
云：“秦近君能說《堯典》，篇目兩字之說至十餘萬言，但說‘曰
若稽古’三萬言。”此可見不存大體而務碎義矣。

後進彌以馳逐，故幼童而守一藝，白首而後能言。安其所習，毀
所不見，終以自蔽。此學者之大患也。

後進猶言後輩。彌，益也。馳，馳騁。逐，競。逐其便辭巧
說，破壞形體，益甚於前矣。人生十年曰幼，十五曰成童，白
首則耆艾矣。守，持也。言，講說也。師古曰：安其所習，毀
所不見，謂“己所常習則保安之，未嘗所見者則妄毀誹”。蔽
者，蓋覆也。終以此自蓋覆，不能見五經之全，此學者之大患。
患，害也。此與用日少而積德多者相反。幼童而守一藝，白首
而後能言，視三年通一藝，三十立五經，其事功之相去遠矣。蓋
因經傳既已乖離，而博學者又不思多聞闕疑之義故也。

序六藝爲九種。

序，猶次也。九種，《易》一，《書》二，《詩》三，《禮》四，《樂》五，
《春秋》六，《論語》七，《孝經》八，小學九。夫《論語》乃六藝之
喉衿，《孝經》爲六藝之總會，小學亦經藝之本。此三種皆六
藝之門徑，故《志》序於其後。然而道本在此，學者所宜先
習也。

漢書藝文志注解卷三

晏子八篇　名嬰，謚平仲，相齊景公，孔子稱善與人交，有列傳。

今存。《隋志》稱"《晏子春秋》亦列儒家"，至《四庫總目》入史部傳記類。師古曰："有列傳者，謂《太史公書》。"《校讎通義》曰："讀《六藝略》者，必參觀於《儒林列傳》，讀《諸子略》必參觀於《孟荀管晏》、《老莊申韓列傳》也。"孟子曰："誦其詩，讀其書，不知其人，可乎？"藝文雖始於班固，而司馬遷之列傳實討論之，觀其敍述戰國秦漢之間著書諸人之列傳，未嘗不於學術淵源、文詞流別，反覆而論次焉。是以諸子、詩賦、兵書諸略，凡遇史有列傳者，必注有"列傳"字於其下，所以使人參互而觀古人師授淵源，口耳傳習不箸竹帛者，實爲後代羣籍所由起，蓋參觀於列傳，而後知其深微也。

子思二十三篇　名伋，孔子孫，爲魯繆公師。

今闕。《史記・孔子世家》曰："子思作《中庸》。"沈約曰："《禮記・中庸》、《表記》、《坊記》、《緇衣》皆取《子思子》。"

曾子十八篇　名參，孔子弟子。

王應麟曰："今十篇，自《修身》至《天圓》，皆見《大戴禮》。"晁公武曰："視漢亡八篇矣。"

漆雕子十三篇　孔子弟子漆雕啓後。

今佚。漆雕啓，《史記・仲尼弟子列傳》作漆雕開。

宓子十六篇　名不齊，字子賤，孔子弟子。

今佚。見《仲尼弟子列傳》。師古曰："宓與伏同。"

景子三篇　說宓子語，似其弟子。

今佚。

世子二十一篇　名碩，陳人也，七十子之弟子。

今佚。

魏文侯六篇

今佚。《史記·魏世家》："文侯受子夏經藝。"

李克七篇　子夏弟子，爲魏文侯相。

今佚。

公孫尼子二十八篇　七十子之弟子。

今佚。王應麟曰："沈約爲《樂記》，取《公孫尼子》。"劉瓛云："《緇衣》，公孫尼子所作也。"

孟子十一篇　名軻，鄒人，子思弟子，有列傳。

今存七篇。趙氏岐《題辭》曰："自撰其法度之言，著書七篇，二百六十一章，三萬四千六百八十五字。又有《外書》四篇。"孫氏奭《正義》曰："漢中劉歆九種，《孟子》有十一卷，時合此四篇。"案《外書》今佚。其七篇，至宋淳熙中，取與《大學》、《中庸》、《論語》編爲四書，自《直齋書錄解題》而後目錄家皆編入經部。

孫卿子三十三篇　名況，趙人，爲齊稷下祭酒，有列傳。

今存，係三十二篇。《四庫提要》據王應麟《攷證》謂當作三十二篇。劉向校書，敘錄稱"《孫卿書》凡三百二十三篇，以相校除重複二百九十篇，定著三十二篇，爲十二卷，題曰《新書》"。唐楊倞分易舊第，編爲二十卷，復爲之注，更名《荀子》，即今本也。師古曰："荀卿，避宣帝諱，故曰孫。"

羋子十八篇　名嬰，齊人，七十子之後。

今佚。

內業十五篇　不知作書者。

今佚。

周史六弢六篇　惠、襄之間，或曰顯王時，或曰孔子問焉。

師古曰："即今之《六韜》也，蓋言取天下及軍旅之事。弢字與韜同也。"案今本《六韜》六卷，自《隋·經籍志》及《四庫總目》皆載兵家。《四庫提要》謂六弢非六韜，別爲一書，則今佚矣。沈濤曰："今之《六韜》當在《太公》二百三十七篇之內。"

周政六篇　周時法度政教。

今佚。

周法九篇　法天地，立百官。

今佚。

河間周制十八篇　似河間獻王所述也。

今佚。

讕言十篇　不知作者，陳人君法度。

今佚。師古曰："說者引《孔子家語》云孔穿所造，非也。"周壽昌曰："顏云非穿所造，亦以王肅僞造之《家語》，未足信也。"

功議四篇　不知作者，論功德事。

今佚。

寧越一篇　中牟人，爲周威王師。

今佚。

王孫子一篇　一曰《巧心》。

今佚。孫德謙曰："一曰《巧心》者，書之別名也。"

公孫固一篇　十八章。齊閔王失國，問之，固因爲陳古今成敗也。

今佚。

李氏春秋二篇

今佚。

羊子四篇　百章。故秦博士。

今佚。本書《百官公卿表》："博士，秦官掌通古今。"齊召南曰："沈約《宋志》：'六國時往往有博士。'"據《史記·循吏傳》："公儀休，魯博士也。以高第爲魯相。"則魯有博士官矣。

趙岐《孟子題辭》云:"孝文皇帝欲廣游學之路,《論語》、《孝經》、《孟子》、《爾雅》皆置博士。後罷傳記博士,獨立五經。"案秦博士及漢五經博士之學,皆今文也。

董子一篇　名無心,難墨子。

今佚。

俟子一篇

今佚。李奇曰:"或作侔子。"

徐子四十二篇　宋外黃人。

今佚。

魯仲連子十四篇　有列傳。

今佚。

平原老七篇　朱建也。

今佚。"老"本作"君"。《史記》、本書皆有列傳,稱平原君,則作"君"是也。

虞氏春秋十五篇　虞卿也。

今佚。《史記》有列傳。

高祖傳十三篇　高祖與大臣述古語及詔策也。

今佚。

陸賈二十三篇

今名《新語》,凡十二篇,爲二卷。《史記》、本書皆有列傳。

劉敬三篇

《史記》、本書并有《列傳》,載敬說高祖都秦、與冒頓和親、徙民實關中,凡三事。敬本姓婁。劉,賜姓也。

孝文傳十一篇　文帝所稱及詔策。

《史記·孝文本紀》或"上曰"或"詔曰",不止十一篇。

賈山八篇

本書有列傳,傳中載其《至言》一篇,他皆佚。

太常蓼侯孔臧十篇　父聚，高祖時以功臣封，臧嗣爵。

今佚。

賈誼五十八篇

今名《新書》，凡五十六篇，爲十卷。《史記》、本書并有列傳。

河間獻王對上下三雍宮三篇

今佚。本書列傳："武帝時，獻王來朝，獻雅樂對三雍宮。"應劭曰："辟雍、明堂、靈臺也。"

董仲舒百二十三篇

本書列傳："董仲舒所箸皆明經術之意，及上疏條教，凡百二十三篇。而說春秋事得失，《聞舉》、《玉杯》、《蕃露》、《清明》、《竹林》之屬，復數十篇，十餘萬言，皆傳於後世。"案《玉杯》、《竹林》諸篇，今見在《春秋繁露》中，而《傳》見於百二十三篇之外，則百二十三篇非《繁露》也。《傳》載《賢良策對》三篇。

兒寬九篇

本書列傳載《對封禪事》一篇，《明堂上壽》一篇，《律曆志》載《議正朔服色》一篇，他皆佚。

公孫弘十篇

《史記》、本書皆有列傳。《傳》載《對策》、《上武帝疏》、《對天子冊書》、《乞骸骨書》，凡四篇，他皆佚。

終軍八篇

本書列傳載《白麟奇木對》一篇，他皆佚。

吾丘壽王六篇

本書列傳載《駁公孫弘禁民挾弓弩奏對》一篇。

虞丘說一篇　難孫卿也。

今佚。

莊助四篇

今佚。本書列傳稱："嚴助，避後漢明帝諱也。"《志》蓋據《七略》，原文不追改。

臣彭四篇

今佚。

鈎盾兄從李步昌八篇宣帝時，數言事。

今佚。宋祁曰："兄當作冗。"案《續漢書·百官志》注："漢官
曰鈎盾令，從官四十人。"冗從蓋從官之類。

儒家言十八篇　不知作者。

今佚。

桓寬鹽鐵論六十篇

今存。師古曰："寬字次公，汝南人也。孝昭帝時，丞相御史
與諸賢良文學論鹽鐵事，寬撰次之。"

劉向所序六十七篇　《新序》、《說苑》、《世說》、《列女傳頌圖》也。

《新序》今十卷，《說苑》今二十卷，皆每卷一篇。本傳則言《新
序》、《說苑》，凡五十篇。《世說》今佚。《列女傳》，本傳云凡
八篇，今有七卷本，有頌圖，或有或無，又附《續列女傳》一卷，
不知作者。《隋·經籍志》入史部雜史類，《四庫總目》入史部
傳記類。

揚雄所序三十八篇　《太玄》十九，《法言》十三，《樂》四，《箴》二。

《太玄》今存者，晉范望所傳，古十四篇本，凡十卷。《法言》十
三篇，今存。《樂》，佚。《後漢書·胡廣傳》："初，揚雄依《虞
箴》作十二州二十五《官箴》，其九箴亡闕。"然則雄《箴》二種，
東漢以後當存二十八首也。今案《藝文類聚》、《初學記》、《古
文苑》諸書所載，有《州箴》十二首，《官箴》十六首，如《傳》言。

右儒五十三家，八百三十六篇。入揚雄一家，三十八篇。

如目，實八百四十七篇。

儒家者流，蓋出於司徒之官，助人君順陰陽明教化者也。

鄭君曰："儒之言優也，柔也，能安人，能服人。"《書·舜典》：

"帝曰：'契，百姓不親，五品不遜，汝作司徒，敬敷五教，在寬。'"《周官》："司徒掌邦教。"又曰："儒以道得民。"陰陽，天道也。教化，行教化民也。儒源於司徒之官，順陰陽之道，使民明善誠身。蓋人性不能無剛柔之偏，而欲化之於中和，端賴夫教。教必順陰陽者，所以化剛柔之偏。《周官》"司徒掌邦教，而佐王安擾邦國"，即助人君之謂也。

游文於六經之中，留意於仁義之際，祖述堯舜，憲章文武，宗師仲尼，以重其言，於道最爲高。

師古曰："祖，始也。述，修也。憲，法也。章，明也。宗，尊也。言以堯舜爲本始而尊修之，以文王、武王爲明法，又師尊仲尼之道。"案道家尊道德，祖黃帝，師老聃，爲異於儒。六經即六藝。仁義配陰陽，人道也。游文六經，學也；留意仁義，行也。儒雖方術而於道術中爲最高。《隋志》謂儒者中庸之教，百王不易。

孔子曰："如有所譽，其有所試。"唐虞之際，殷周之盛，仲尼之業，已試之效者也。

師古曰：如有所譽，其有所試，"《論語》載孔子之言也。言於人有所稱譽者，輒試以事，取其實效也"。案此言譽儒爲最高之驗，引孔子言申其譽有法也。

然惑者既失精微，而辟者又隨時抑揚，違離道本，苟以譁衆取寵。後進循之，是以五經乖析，儒術寖衰，此辟儒之患。

惑，迷也。辟，邪僻也。僻與迷，一過一不及。隨時抑揚，則枉道徇人，乃賢智之過。違離道本，則流爲方術，蓋由於偏毗。譁衆取寵，僻者趣時也。後進循之，愈失中道，則安所習而毀所不見。五經乖析，如《春秋》分五，《詩》分四，是乖析因違離道本也。至真僞紛爭，招燔滅之禍，則儒學寖衰矣。夫僻儒之患，凡碎義逃難，便辭巧說，破壞形體者皆是也，所謂學者之大患也。

伊尹五十一篇 湯相。

今佚。

太公二百三十七篇，昌望爲周師尚父，本有道者。或有近世又以爲太公術者所增加也。**謀八十一篇，言七十一篇，兵八十五篇**

《四庫》兵家類著録《六韜》六卷，凡六十篇，乃文王、武王問太公兵戰之事，疑出於兵八十五篇中。他皆佚。錢大昭曰："《謀》、《言》、《兵》，就二百三十七篇而析言之，《太公》其總名也。"案《史記·齊太公世家》集解引劉向《別録》曰："師之、尚之、父之，故曰師尚父。"父亦男子之美號也。

辛甲二十九篇 紂臣，七十五諫而去，周封之。

今佚。

鬻子二十二篇 名熊，爲周師，自文王以下問焉，周封爲楚祖。

《志》有兩《鬻子》，一入小說家，殆互見也。《四庫》著録《鬻子》一卷，謂是小說家。《鬻子》非道家，未爲定論。今所傳《鬻子》一卷，有篇十四，首尾不完，中皆雜亂不成章，非必原本。

筦子八十六篇 名夷吾，相齊桓公，九合諸侯，不以兵車也，有列傳。

今存。自《隋·經籍志》及《四庫總目》皆入子部法家類。

老子鄰氏經傳四篇 姓李，名耳，鄰氏傳其學。

《隋志》著老子《道德經》二卷，今存，凡八十一章。《鄰傳》今佚。老子，《史記》有《列傳》。《校讎通義》曰："《老子》，《漢志》不載。"本書篇次，則劉、班之疎也。凡書有傳註解義，諸家離析篇次，則著録者，必以本書篇章原數登於首條，使讀之者可以考其原委，如《六藝》各略之諸經篇目，是其義矣。

老子傅氏經說三十七篇 述老子學。

《傅說》,今佚。

老子徐氏經說六篇　字少季,臨淮人,傳老子。

《徐說》,今佚。以上《老子經》有三家。今所傳者,不詳
何本。

劉向說老子四篇

《劉向說》,今佚。

文子九篇　老子弟子,與孔子並時,而稱周平王問,似依託者也。

今凡十二篇,爲二卷,或題曰《通玄真經》。

蜎子十三篇　名淵,楚人,老子弟子。

今佚。

關尹子九篇　名喜,爲關吏,老子過關,喜去吏而從之。

今存。或題《文始真經》。

莊子五十二篇　名周,宋人。

今凡三十三篇,爲内、外、雜三卷。《史記》有列傳。

列子八篇　名圉寇,先莊子,莊子稱之。

今存。

老成子十八篇

今佚。

長盧子九篇　楚人。

今佚。

王狄子一篇

今佚。

公子牟四篇　魏之公子也,先莊子,莊子稱之。

今佚。

田子二十五篇　名駢,齊人,游稷下,號天口駢。

今佚。田駢見《史記·孟荀列傳》。

老萊子十六篇　楚人,與孔子同時。

今佚。

黔婁子四篇　齊隱士，守道不詘，威王下之。

今佚。

宮孫子二篇

今佚。師古曰："宮孫，姓也，不知名。"

鶡冠子一篇　楚人，居深山，以鶡爲冠。

今凡十九篇，爲三卷，《四庫》入雜家類。師古曰："以鶡鳥羽
爲冠。"

周訓十四篇

今佚。師古曰："劉向《別録》云人閒小書，其言俗薄。"

黄帝四經四篇

今佚。《隋志》道經部云："漢道書之流，其《黄帝四篇》、《老
子》二篇，最得深旨。"案《列子》、《吕覽》、《淮南》及《六韜》、
《文子》、《賈子》，皆引黄帝言。

黄帝銘六篇

今闕。顧實謂："《黄帝金人銘》見於《太平御覽》三百九十，
《黄帝巾几銘》見於《路史·疏仡紀》。"

黄帝君臣十篇　起六國時，與《老子》相似也。

今佚。

雜黄帝五十八篇　六國時賢者所作。

今佚。

力牧二十二篇　六國時所作，託之力牧。力牧，黄帝相。

今佚。兵陰陽又有《力牧》十五篇。

孫子十六篇　六國時。

今佚。

捷子二篇　齊人，武帝時說。

今佚。

曹羽二篇　楚人，武帝時說於齊王。①

　今佚。

郎中嬰齊十二篇　武帝時。

　今佚。師古曰："劉向云故待詔，不知其姓，數從游觀，名能爲文。"

臣君子二篇　蜀人。

　今佚。

鄭長者一篇　六國時，先韓子，韓子稱之。

　今佚。師古曰："《別錄》云鄭人，不知姓名。"

楚子三篇

　今佚。

道家言二篇　近世，不知作者。

　今佚。

右道三十七家，九百九十三篇。

　如目，實八百一篇。

道家者流，蓋出於史官，歷記成敗存亡禍福古今之道，然後知秉要執本，清虛以自守，卑弱以自持，此君人南面之術也。

　《經典釋文·老子音義》出"道"字云"生天地之先"。老子，史官也，而道家。司馬氏世爲史官，而太史公談《論六家要旨》，推重道家，其言"道家使人精神專一，與時遷移，應物變化，指約易操，事少功多"，即秉要執本之謂也。老子《道德經》曰："聖人之治，虛其心，實其腹，弱其志，强其骨。"又曰："聖人後其身而身先，外其身而身存。"清虛卑弱之道，大略如此。太史公談又言："道家無爲又無不爲，其實易引，其辭難知，其術以虛無爲本，以因循爲用，無成勢，無常形，故能究萬物之情，

―――――

　①　"時"，原文脱，據王光謙《漢書補注》補。

不爲物先,不爲物後,故能爲萬物主。"有法無法,因時爲業,有度無度,因物與合,故曰聖人不朽,時變是守。虛者道之常也,因者君之綱也。羣臣並至,使各自明,此所謂君人南面之術。子曰:"無爲而治者其舜也與,夫何爲哉?恭己正南面而已矣。"

合於堯之克攘,《易》之嗛嗛,一謙而四益,此其所長也。

師古曰:"《虞書·堯典》稱堯之德曰'允恭克讓',言其信恭能讓也,故《志》引之云。攘,古讓字。""四益,謂天道虧盈而益謙,地道變盈而流謙,鬼神害盈而福謙,人道惡盈而好謙也。此《謙卦》彖辭。嗛字與謙同。"案合,合六藝者也。今《易》無"嗛嗛",亦無"謙謙",此必劉所見本有。云嗛嗛者,考《國語·晉語》引商銘有"嗛嗛",注云猶小小也。

及放者爲之,則欲絕去禮學,兼棄仁義,曰獨任清虛可以爲治。

自以道德爲高,則欲絕去禮學,兼棄仁義。仁義,王霸;道德,皇帝。儒家仁義,道家道德,孔子六藝則兼之。《易》皇,《書》帝,《詩》王,《春秋》霸,道家在《易》、《書》之際也。師古曰:"放,蕩也。"

宋司星子韋三篇 景公之史。

今佚。

公檮生終始十四篇 傳鄒奭《始終》書。

今佚。錢大昭曰:"下有鄒子《終始》五十六篇,則此注始終,當作終始矣。奭字亦誤,作《終始》者是鄒衍,非鄒奭也。別有《鄒奭子》十二篇,非《終始》書。"

公孫發二十二篇 六國時。

今佚。

鄒子四十九篇 名衍,齊人,爲燕昭王師,居稷下,號談天衍。

今佚。鄒衍見《史記·孟荀列傳》。

鄒子終始五十六篇

今佚。師古曰："亦鄒衍所說。"

乘丘子五篇　_{六國時。}

今佚。

杜文公五篇　_{六國時。}

今佚。師古曰："劉向《別錄》云韓人也。"

黃帝泰素二十篇　_{六國時，韓諸公子所作。}

今佚。師古曰："劉向《別錄》云或言韓諸公孫之所作也。言陰陽五行，以爲黃帝之道也，故曰《泰素》。"

南公三十一篇　_{六國時。}

今佚。《項羽本紀》："楚南公曰：'楚雖三户，亡秦必楚。'"

容成子十四篇

今佚。方技房中有《容成陰道》二十六卷。

張蒼十六篇　_{丞相北平侯。}

今佚。《史記》、本書皆有列傳。

鄒奭子十二篇　_{齊人，號曰雕龍奭。}

今佚。見《史記·孟子列傳》。

閭丘子十三篇　_{名快，魏人，在南公前。}

今佚。

馮促十三篇　_{鄭人。}

今佚。

將鉅子五篇　_{六國時。先南公，南公稱之。}

今佚。

五曹官制五篇。　_{漢制，似賈誼所條。}

今佚。王應麟曰："《誼傳》：'誼以爲宜當改正朔，易服色，制度定，官名興，禮樂迺草具。其儀法，色上黃，數用五，爲官

名，悉更奏之。’”沈欽韓曰：“《五曹算經》云：‘一爲田曹，地利
爲先；既有田疇，必資人力，故次兵曹；人衆必用食飲，故次集
曹；衆既會集，必務儲蓄，次倉曹；食廩貨幣相交質，次
金曹。’”

周伯十一篇　齊人，六國時。

今佚。

衛侯官十二篇　近世，不知作者。

今佚。錢大昭曰：“侯當作候。衛尉屬官有諸屯衛候司馬二
十二，逸其姓名，故但書官。”

于長天下忠臣九篇　平陰人，近世。

今佚。師古曰：“劉向《別録》云傳天下忠臣。”陶憲曾曰：“長
書今不傳，其列陰陽家自別有意恉，後人不見其書，無從臆
測。”案章一山師棫謂此係傳天下忠臣之以陰陽風鑑而殺
身者。

公孫渾邪十五篇　平曲侯。

今佚。見本書《公孫賀傳》。

雜陰陽三十八篇　不知作者。

今流傳有不知作者之陰陽書甚衆，其是否漢以前書皆不可
考矣。

右陰陽二十一家，三百六十九篇。

如目，實三百六十八篇。

陰陽家者流，蓋出於羲和之官。

陰陽家書皆佚，其詳不甚可考。羲和，見《尚書》。鄭君曰：
“高辛氏之世，命重爲南正，司天；黎爲火正，司地。堯育重、
黎之後，羲氏、和氏之子賢者，使掌舊職。”

敬順昊天，歷象日月星辰，敬授民時，此其所長也。

《尚書》今文説：“春曰昊天，夏曰蒼天，秋曰旻天，冬曰上天，

總曰皇天。"此舉春言者,統四時也。古文說:"天有五號,各用所宜,稱之尊而君之則稱皇天,元氣廣大則稱昊天,仁覆閔下則稱旻天,自上監下則稱上天,據遠視之蒼蒼然則稱蒼天。"歷,運算。象,分天部觀日月消息,候星辰行伍,分天部而運算也。《尚書大傳》說:"主春者,張昏中,可以種稷;主夏者,火昏中,可以種黍;主秋者,虛昏中,可以種麥;主冬者,昴昏中,可以收斂。"皆云上告天子,下賦臣人,天子南面而視四方,星之中知人緩急,故曰敬授民時。此見《尚書》堯之大政也。

及拘者爲之,則牽於禁忌,泥於小數,舍人事而任鬼神。

司馬談《論六家要指》:"陰陽四時、八位、十二度、二十四節各有教令,順之者昌,逆之者不死則亡。未必然也,故使人'拘而多畏'。"又謂:"春生夏長,秋收冬藏,此天地之大經也,弗順則無以爲天下綱紀。"故陰陽家序四時之大順不可失。案生長收藏皆人事,而必順春夏秋冬,由上授時來也,拘牽禁忌則畏鬼神而廢人事矣。小數,對大數言,大數五德終始之類是也。

李子三十二篇 名悝,相魏文侯,富國强兵。

今佚。《晉書·刑法志》:"律文起自李悝,悝撰次諸國法,著《法經》,商君受之以相秦。"

商君二十九篇 名鞅,姬姓,衛後也,相秦孝公,有列傳。

自《隋志》稱《商子》而今仍之。今所傳《商子》凡五卷,目二十六篇,而其第十六篇、第二十一篇又有録無文。

申子六篇 名不害,京人,相韓昭侯,終其身諸侯不敢侵韓。①

今佚。《史記》有列傳。

---

① 後"侯"字原脱,據王先謙《漢書補注》補。

處子九篇

今佚。師古曰："《史記》云趙有處子。"案《史記·孟荀列傳》
"趙有劇子之言"，《集解》："徐廣曰：按應劭《氏姓注》直云'處
子'也。"

慎子四十二篇　名到，先申韓，申韓稱之。

今本凡五篇，爲一卷，《四庫》入雜家類，《提要》疑爲明人捃拾
殘剩重編次者。慎到見《史記·孟荀列傳》。

韓子五十五篇　名非，韓諸公子，使秦，李斯害而殺之。

今存。《史記》有列傳。

游棣子一篇

今佚。

鼂錯三十一篇

今佚。《史記》、本書並有列傳。

燕十事十篇　不知作者。

今佚。

法家言二篇　不知作者。

今佚。

右法十家，二百一十七篇。

如目，合。

法家者流，蓋出於理官。

法，刑罰也。《禮記·月令》："命理瞻傷。"鄭君曰："理，治獄
官也。有虞氏曰士，夏曰大理，周曰大司寇。"

信賞必罰，以輔禮制。《易》曰"先王以明罰飭法"，此其所長也。

先王之法，禮儀三千，五刑之屬亦同，異以於禮者入於刑。故
《書》曰："伯夷降典，折民惟刑。"商鞅相秦，立徙木之信，刑太
子師傅，即"信賞必罰"之類也。司馬談《論六家要指》："法家
尊主卑臣，明分職不得相踰越，雖百家弗能改也。"案"明分職

不得相踰越”，即飭法也。師古曰：“先王以明罰飭法，《噬嗑》之《象辭》也。飭，整也。”

及刻者爲之，則無教化，去仁愛，專任刑法而欲以致治，至於殘害至親，傷恩薄厚。

刻者，如商鞅是。無教化，去仁愛而專任刑法，則非所以輔禮制矣。師古曰：“薄厚者，變厚爲薄。”史談曰：“法家不別親疏，不殊貴賤，一斷於法，則親親尊尊之恩絶矣，可以行一時之計，而不可長用也。”案今世俗好言法治，然法治所以輔禮治也，若欲專任法治，商鞅之前車可鑒。

鄧析二篇　鄭人，與子產並時。

今存。《四庫》入法家類。

尹文子一篇　說齊宣王。先公孫龍。

今存。《四庫》入雜家類。師古曰：“劉向云與宋鈃俱游稷下。”

公孫龍子十四篇　趙人。

今存六篇，佚八篇，《四庫》入雜家類。師古曰：“即爲堅白之辯者。”案見《史記·孟荀列傳》。

成公生五篇　與黃公等同時。

今佚。師古曰：“姓成公。劉向云與李斯子由同時。[①] 由爲三川守，成公生游談不仕。”

惠子一篇　名施，與莊子並時。

今佚。

黃公四篇　名疵，爲秦博士，作歌詩，在秦時歌詩中。

今佚。

---

①　“與”字原脱，據王先謙《漢書補注》補。

毛公九篇　趙人，與公孫龍等並游平原君趙勝家。

今佚。師古曰："劉向《別録》云論堅白同異，以爲可以治天下。此蓋《史記》所云'藏於博徒'者。"案見《信陵君列傳》。

右名七家，三十六篇。

如目，合。

名家者流，蓋出於禮官。

《隋志》："名者，所以正百物，叙尊卑，列貴賤，各控名而責寔，無相僭濫者也。"禮官，如伯夷作秩宗是也。

古者名位不同，禮亦異數。孔子曰："必也正名乎！名不正則言不順，言不順則事不成。"此其所長也。

名，名號。位，爵位。異數，如天子七廟，諸侯五廟，大夫三廟，士一廟是也。師古曰："《論語》載孔子之言。言欲爲政，必先正其名。"案《論語》馬融注曰："正百事之名也。"皇侃曰："所以先須正名者，爲時昏禮亂，言語龥雜，名物失其本號，故爲政必以正名爲先也。且夫名以召寔，寔以應名，名若倒錯不正，則當言語紕僻不得順序，言不從順序則政行觸事不成。"

及謷者爲之，則苟鉤鈲析亂而已。

晋灼曰："謷，訐也。"師古曰："鈲，破也。"案《隋志》"苛察繳繞，滯於析辭而失大體"，與此意同。

尹佚二篇　周臣，在成、康時也。

今佚。王應麟曰："即史佚。"

田俅子三篇　先韓子。

今佚。

我子一篇

今佚。師古曰："劉向《別録》云爲《墨子》之學。"

隨巢子六篇　墨翟弟子。

今佚。

胡非子三篇　墨翟弟子。

今佚。

墨子七十一篇　名翟，爲宋大夫，在孔子後。

今存五十三篇，佚十八篇。《四庫總目》入雜家類。《史記》見《孟荀列傳》。

右墨六家，八十六篇。

如目，合。

墨家者流，蓋出於清廟之守。

《左傳》杜注：“清廟，肅然清靜之稱。”疏引《白虎通》：“王者所以立宗廟何？緣生以事死，敬亡若存，故以宗廟而事，此孝子之心也。宗者，尊也。廟者，貌也。象先祖之尊貌。”又斷之曰：“然則象尊之貌，享祭之所，嚴其舍宇，簡其出入，其處肅然清靜，故稱清廟。清廟者，宗朝之大稱。”

茅屋采椽，是以貴儉；養三老五更，是以兼愛；選士大射，是以上賢；宗祀嚴父，是以右鬼；順四時而行，是以非命；以孝視天下，是以上同：此其所長也。

師古曰：“采，柞木也，字作採，本從木。以茅覆屋，以採爲椽，言其質素也。右猶尊尚也。《墨子》有《節用》、《兼愛》、《上賢》、《明鬼神》、《非命》、《上同》等諸篇，故《志》歷序其本意也。視讀曰示。”如淳曰：“右鬼，謂信鬼神。若杜伯射宣王，是親鬼而右之。”非命，言無吉凶之命，但有賢不肖善惡。上同，言皆同可以治也。蘇林曰：非命“非有命者，言儒者執有命，而反勸人修德積善，政教與行相反，故譏之也”。案《左傳》：“清廟茅屋，昭其儉也。”《白虎通》：“王者父事三老，兄事五更者何？欲陳孝弟之德以示天下也。故雖天子必有尊也,言有父也;必有先也,言有兄也。"《禮記·射儀》:"是故古者天子之制,諸侯歲獻貢士於天子,天子試之於射宮。"又曰:"天子將祭,必先習射於澤。澤者,所以擇士也。已射於澤,而後射於射宮,射中者得與於祭,不中者不得與於祭。"《孝經》:"孝莫大於嚴父。"又宗祀文王於明堂,以配上帝,宗祀嚴父,出此墨子《非命》三篇意,與此注不同,蓋言吉凶皆由行之善惡,非有命也。天下無無父之國,《孝經》曰:"父子之道,天性也。"又曰:"自天子至於庶人,孝無終始而患不及者,未之有也。"此皆視孝上同之義。《墨子·魯問篇》曰:"凡入國,必擇務而從事焉。國家昏亂,則語之尚賢、尚同;國家貧,則語之節用、節葬;國家憙音沈湎,則語之非樂、非命;國家淫僻無禮,則語之尊天事鬼;國家侮奪侵陵,則語之兼愛。"

及蔽者爲之,見儉之利,因以非禮,推兼愛之意,而不知別親疏。

蔽,自蔽也。以禮爲非儉,讀《論語》或問管仲儉乎? 管仲知禮乎? 可見兼愛而不知別親疏,孟子所爲言墨子無父也。

蘇子三十一篇 名秦,有列傳。

沈欽韓曰:"今見於《史記》、《國策》,灼然爲蘇秦者八篇,其短章不與。秦死後蘇代、蘇厲等並有論說,《國策》通謂之《蘇子》,又誤爲《蘇秦》,此三十一篇,容有代、厲並入。"陶憲曾曰:"《杜周傳》注服虔云:'抵音牴,陒音義,謂罪敗而復抨彈之。《蘇秦書》有此法案。'"今本《鬼谷子》有《抵巇篇》。《鬼谷子》書本《志》不録,蓋後人取秦書爲之,其書凡十二篇,《四庫》著録雜家類。

張子十篇 名儀,有列傳。

今佚。

龐煖二篇　爲燕將。

今佚。師古曰："煖音許遠反。"案兵權謀家亦有《龐煖》三篇，煖見《史記·燕世家》。

闕子一篇

今佚。

國筮子十七篇

今佚。

秦零陵令信一篇　難秦相李斯。

今佚。陶紹曾曰："信，令名。"

蒯子五篇　名通。

今佚。本書有列傳，亦見《史記·淮陰侯傳》。

鄒陽七篇

《史記》、本書並有列傳，載《諫吳王書》一篇，《獄中上梁王書》一篇。

主父偃二十八篇

《史記》、本書並有列傳，皆載其《上武帝書》一篇。

徐樂一篇

本書有列傳，亦見《史記·公孫弘主父偃傳》，皆載其《上武帝書》一篇。

莊安一篇

本書列傳稱嚴安，避後漢明帝諱也。亦見《史記·公孫弘主父偃列傳》，皆載其《上武帝書》一篇。

待詔金馬聊蒼三篇　趙人，武帝時。

今佚。漢制，凡吏民上書未報及召而未見者，皆留京師待詔。金馬，宮門名，蒼待詔處也。師古曰："《嚴助傳》作膠蒼，而此《志》作聊。志、傳不同，未知孰是。"

右從橫十二家，百七篇。

如目，合。

從橫家者流，蓋出於行人之官。

《周禮》秋官之屬有大行人、小行人，蓋掌使之官。《隋志》：
"從橫者，所以明辯說，善辭令，以通上下之志者也。"

孔子曰："誦《詩》三百，使於四方，不能顓對，雖多亦奚以爲?"又
曰："使乎，使乎!"言其當權事制宜，受命而不受辭，此其所
長也。

師古曰："《論語》載孔子之言也。謂人不達於事，誦《詩》雖
多，亦無所用。"使乎，使乎，"歎使者之難其人"。案受命而不
受辭，爲其能顓對也。《史記·仲尼弟子列傳》："子貢一出，
存魯亂齊破吳彊晉而霸越。子貢一使，使勢相破，十年之中
五國各有變。"案此孔門之從橫也。

及邪人爲之，則上詐諼而棄其信。

如戰國蘇、張是。師古曰："諼，詐言也。"

孔甲盤盂二十六篇　黃帝之史，或曰夏帝孔甲，似皆非。

今佚。蓋盤盂銘文。

大命三十七篇　傳言禹所作，其文似後世語。

今佚。師古曰："命，古禹字"。案《説文》𢚩，重文𥠇。許曰："古
文禹如此。"

伍子胥八篇　名員，春秋時爲吳將，忠直遇讒死。

今佚。《史記》有列傳。兵技巧亦有《伍子胥》十篇。

子晚子三十五篇　齊人，好議兵，與《司馬法》相似。

今佚。

由余三篇　戎人，秦穆公聘以爲大夫。

今佚。《史記》見《秦本紀》。

尉繚二十九篇　六國時。

志有兩《尉繚》，一入兵略形勢家。《四庫》兵家著録《尉繚子》五卷，《提要》謂此雜家之《尉繚》已佚。案《志》本有互見例，疑此與形勢家《尉繚》是一書也。師古曰："尉，姓；繚，名也。劉向《別録》云繚爲商君學。"

尸子二十篇　名佼，魯人，秦相商君師之。鞅死，佼逃入蜀。

今佚。

吕氏春秋二十六篇　秦相吕不韋輯智略士作。

今存。《史記》有列傳。

淮南内二十一篇　王安。

今存。《史記》、本書並有列傳。

淮南外三十三篇

今佚。師古曰："《内篇》論道，《外篇》雜說。"

東方朔二十篇

本書列傳載有《客難》、《非有先生論》二篇，云"朔之文辭，此二篇最善。其餘有《封泰山》、《責和氏璧》及《皇太子生禖》、《屏風》、《殿上柏柱》、《平樂觀賦獵》，八言、七言上下，《從公孫弘借車》，凡劉向所録朔書具是矣"。

伯象先生一篇

今佚。應劭曰："蓋隱者也。故公孫敖難以無益世主之治。"案公孫敖難伯象先生，見《御覽》八十一引《新序》。

荆軻論五篇　軻爲燕刺秦王，不成而死，司馬相如等論之。

今佚。《史記》有列傳。

吴子一篇

今佚。

公孫尼一篇

今佚。疑與儒家公孫尼子爲一人。

博士臣賢對一篇　漢世，難韓子、商君。

今佚。

臣說三篇　武帝時作賦。

今佚。師古曰:"說者,其人名,讀曰悦。"沈濤曰:"《志》所列
雜家,皆非詞賦。此賦字誤衍。下賦家別有《臣說》九篇,則
其人所作賦,此處因相涉而誤耳。"

解子簿書三十五篇

今佚。

推雜書八十七篇

今佚。

雜家言一篇　王伯,不知作者。

今佚。師古曰:"言伯王之道。伯讀曰霸。"案《志》著王伯者,
別於皇帝也。

右雜二十家,四百三篇。入兵法。

如目,實三百九十三篇。陶憲曾曰:"'入兵法'上脱'出蹴鞠'
三字。兵書四家,惟兵技巧入蹴鞠一家二十五篇。而諸子家
下亦注出蹴鞠一家二十五篇,是蹴鞠正從此出而入兵法也。
今本脱'出蹴鞠'三字,則'入兵法'三字不可解,而諸子家所
出之蹴鞠,亦不知其於十家中究出自何家矣。"

雜家者流,蓋出於議官。

《古文尚書》、《周官》立太師、太傅、太保,兹惟三公,論道經
邦,燮理陰陽,其議官之長歟。《隋志》以爲出於史官,殆因
《周禮》無議官故也。

**兼儒、墨,合名、法,知國體之有此,見王治之無不貫,此其所
長也。**

師古曰:"治國之體,亦當有此雜家之說。王者之治,於百家
之道無不貫綜。"案《周官》又曰:"學古,入官議事以制政,乃
不迷。"兼儒、墨,合名、法,則貫衆家之意而不迷矣。國體有

此，王治無不貫，與三公論道經邦有合，惟此偏於政而不知教，又未必見道本，故不得爲六藝總會而自成一家歟。

及蕩者爲之，則漫羨而無所歸心。

蕩，與蕩通。《論語》："好智不好學，其蔽也蕩。"孔安國曰："蕩，無所適守也。"案漫羨由於雜也，無所歸心則去道本遠矣。

神農二十篇　六國時，諸子疾時怠於農業，道耕農事，託之神農。

今佚。師古曰："劉向《別錄》云疑李悝及商君所說。"葉德輝曰："《開元占經》百十一引《神農書》八穀生長一篇，《藝文類聚·災異部》引神農求雨書。"

野老十七篇　六國時，在齊、楚間。

今佚。應劭曰："年老居田野，相民耕種，故號野老。"

宰氏十七篇　不知何世。

今佚。葉德輝曰："《史記·貨殖傳》裴駰《集解》云：計然者，姓辛氏。《元和姓纂》引作宰氏。則唐人所見《集解》本是作宰氏，宰氏即計然，故農家無計然書。《志》云不知何世，蓋班所見乃後人述宰氏之學者，非計然本書也。"

董安國十六篇　漢代内史，不知何帝時。

今佚。

尹都尉十四篇　不知何世。

今佚。

趙氏五篇　不知何世。

今佚。

氾勝之十八篇　成帝時爲議郎。

今佚。師古曰："劉向《別錄》云使教田三輔，有好田者師之，徙爲御史。"

王氏六篇　不知何世。

今佚。

蔡葵一篇　宣帝時,以言便宜,至弘農太守。

今佚。師古曰:"劉向《別錄》云邯鄲人。"

右農九家,百一十四篇。

如目,合。

農家者流,蓋出於農稷之官。

《禮記·祭法》:"厲山氏子曰農,能殖百穀。夏之衰也,周棄
繼之,故祀以爲稷。"《左傳》:"烈山氏之子曰柱,①爲稷,自夏
以上祀之。周棄亦爲稷,自商以來祀之。"《國語》有農大夫、
農正、農師,皆農官也,而稷爲大官。

**播百穀,勸耕桑,以足衣食,故八政一曰食,二曰貨。孔子曰"所
重民食",此其所長也。**

師古曰:"《論語》載孔子稱殷湯伐桀告天辭也。言爲君之道,
所重者在民之食。"案八政見《洪範》。"孔子曰",《論語》稱周
伐紂誓辭,注云湯伐桀,誤。

及鄙者爲之,以爲無所事聖王,欲使君臣並耕,誖上下之序。

鄙,小也。如《孟子》所載許行,是鄙者也。師古曰:"言不須
聖王,天下自治。誖,亂也。"

伊尹說二十七篇　其語淺薄,似依託也。

今佚。

鬻子說十九篇　後世所加。

詳見道家。顧實曰:"道家名《鬻子》,此名《鬻子說》,必非一
書。《伊尹說》與此同例。"禮家之《明堂陰陽》与《明堂陰陽
說》爲二書,可比證。

---

① 　"氏之"原作"死",今據《四部叢刊》影印宋刊巾籍本《春秋經傳集解》改。

周考七十六篇　考周事也。

今佚。

青史子五十七篇　古史官記事也。

今佚。《大戴禮記・保傅篇》："青史氏之記曰：'古者胎教。'"《文心雕龍・諸子》篇："青史曲綴以街談。"

師曠六篇　見《春秋》，其言淺薄，本與此同，似因託也。

今佚。兵陰陽亦有《師曠》八篇。

務成子十一篇　稱堯問，非古語。

今佚。數術五行家、方技房中家皆有《務成子書》，《荀子》："舜學於務成。"

宋子十八篇　孫卿道宋子，其言黃老意。

今佚。

天乙三篇　天乙謂湯，其言非殷時，皆依託也。

今佚。

黃帝說四十篇　迂誕依託。

今佚。

封禪方說十八篇　武帝時。

今佚。

待詔臣饒心術二十五篇　武帝時。

今佚。師古曰："劉向《別錄》云：饒，齊人也，不知其姓，武帝時待詔，作書名曰《心術》。"

待詔臣安成未央術一篇

今佚。應劭曰："道家也，好養生事，爲未央之術。"

臣壽周紀七篇　項國圉人，宣帝時。

今佚。

虞初周說九百四十三篇　河南人，武帝時以方士侍郎號黃車使者。

今佚。應劭曰："其說以《周書》爲本。"師古曰："《史記》云虞初洛陽人，即張衡《西京賦》‘小說九百，本自虞初’者也。”

百家百三十九卷

今佚。

右小說十五家，千三百八十篇。

如目，實千三百九十篇。

小說家者流，蓋出於稗官。街談巷語，道聽塗說者之所造也。

如淳曰：“《九章》‘細米爲稗’。街談巷說，其細碎之言也。王者欲知閭巷風俗，故立稗官使稱說之。今世亦謂偶語爲稗。”師古曰：“稗音稊稗之稗。稗官，小官。《漢名臣奏》唐林請省置吏，公卿大夫至都官稗官各減什三，是也。”案《隋志》：“古者聖人在上，史爲書，瞽爲詩，工誦箴諫，大夫規誨，士傳言而庶人謗。孟春，徇木鐸以求歌謠，巡省觀人詩，以知風俗。過則正之，失則改之，道聽塗說，靡不畢紀。《周官》，誦訓‘掌道方志以詔觀事，道方慝以詔辟忌，以知地俗’。訓方氏‘掌道四方之政事，①與其上下之志，誦四方之傳道而觀衣物’，是也。”

孔子曰：“雖小道，必有可觀者焉，致遠恐泥，是以君子弗爲也。”

師古曰：“《論語》載孔子之言。泥，滯也。”案今本《論語》子夏曰，非孔子曰。

然亦弗滅也。閭里小知者之所及，亦使綴而不忘。如或一言可采，此亦芻蕘狂夫之議也。

《文選註》三十一引桓子《新論》曰：“小說家合叢殘小語，近取譬諭，以作短書，治身理家，有可觀之詞。”

凡諸子百八十九家，四千三百二十四篇。出蹴鞠一家，二十五篇。

如目，實四千三百五十九篇。

---

① “訓”字，原作“職”，今據中華書局 1980 年影印清阮元刻《十三經注疏》本《周禮正義》改。

諸子十家，其可觀者九家而已。

去小說家。

皆起於王道既微，諸侯力政，時君世主，好惡殊方。

古者官師合一，私家無學。及王道既微，官失其守，始流而爲
私家之學。故天下有道，則學在上；無道，則在下。至時君世
主，好惡殊方，乃懸格以待學者，而諸子專家，於是乎起矣。

**是以九家之術蠭出並作，各引一端，崇其所善，以此馳說，取合
諸侯。**

九家之術，方術也。一端，王道之一端也。諸子，專家之學，
皆方術，皆王道一端耳。其所善，如前各家所長是也。馳說，
則去道本遠矣。

**其言雖殊，辟猶水火，相滅亦相生也。仁之與義，敬之與和，相
反而皆相成也。**

水火相滅，而在五行，則水生木，木生火，火生土，土生金，金
生水，是亦相生也。此與《書》、《詩》、《禮》、《樂》、《春秋》五者
爲五常之道，相須而備同意。師古曰：“辟讀譬。”

**《易》曰：“天下同歸而殊塗，一致而百慮。”今異家者各推所長，
窮知究慮，以明其指，雖有蔽短，合其要歸，亦六經之支與流裔。**

異家，各相異之家也。所長，如墨家貴儉、兼愛、尚賢、右鬼、
非命、上同是。究，亦窮也。指，言各家宗旨。九家各引一
端，則所指殊方矣。故長於此者，必有所蔽而短於彼；長於彼
者，亦必有所蔽而短於此。如墨家之非禮及不知別親疏，即
其蔽短也。要，會也。九家雖殊塗，而同歸於六經，雖百慮而
一致於六經，故其會歸皆合於六經。儒無論已，道合於堯之
克攘，《易》之嗛嗛，是六經之支與流裔也。陰陽出於羲和，
法同《易·噬嗑》之象辭。名，孔子亦欲正名，是皆六經之支
與流裔也。墨之六長，悉本於六經；孔子歎“使乎使乎”，爲

從橫家所長；雜能一貫王治；農知所重民食，又皆六經之支
與流裔之證也。師古曰："《易下繫》之辭。裔，衣末也。其
於六經，如水之下流，衣之末裔。"《申鑒·時事篇》："仲尼作
經，本一而已。古今文不同，而皆自謂真本經。古今先師義
一而已，異家別說不同，而皆自謂古今。仲尼邈而靡質，先
師歿而無聞，誰使析之者。秦之滅學也，書藏於屋壁，義絕
於朝野。逮至漢興，收摭散滯，固已無全學矣。文有摩滅，
言有楚夏，出有先後，或學者先意有所借定，後進相放，彌以
滋蔓。故一源十流，天水違行，而訟者紛如也。"

使其人遭明王聖主，得其所折中，皆股肱之材已。

孔子曰："攻乎異端，斯害也已。"蓋各端如股肱，皆有用也。
得其所折中，則反乎六經而近道本已。

**仲尼有言："禮失而求諸野。"方今去聖久遠，道術缺廢，無所更
索，彼九家者，不猶瘉於野乎。**

道術惟孔子爲全，九家則皆在萬方之中矣。師古曰："瘉與愈
同。愈，勝也。"

**若能修六藝之術，而觀此九家之言，舍短取長，則可以通萬方之
略矣。**

六藝之術即孔子道術，萬方皆其支流，爲方術，九家所指殊
方，所謂異家者也。異家各引一端，所謂異端者也。舍短取
長，可通萬方，是以相攻爲戒。嗚呼！仲尼没而微言絕，七十
子喪而大義乖，萬方之殊，將何所折中哉？幸也，有孔經在
焉爾！

漢書藝文志注解卷四

屈原賦二十五篇　<small>楚懷王大夫，有列傳。</small>

今存。在《楚辭》，《離騷經》一篇，《九歌》十一篇，《天問》一篇，《九章》九篇，《遠遊》、《卜居》、《漁父》三篇，凡二十五篇。《楚辭》者，劉向輯屈原、宋玉、景差諸賦，附以賈誼、淮南小山、東方朔、嚴忌、王褒諸作，及向自作《九歎》，謂之《楚辭》，凡十六卷。王逸又益以自作《九思》及班固二敍，勒成十七卷，且爲作注。

唐勒賦四篇　<small>楚人。</small>

今佚。

宋玉賦十六篇　<small>楚人，與唐勒並時，在屈原後也。</small>

今考《楚辭》載《九辯》十篇、《招魂》一篇，《文選》載《風賦》、《高唐賦》、《神女賦》、《登徒子好色賦》四篇，凡十五篇。又《古文苑》載玉《笛賦》、《大言賦》、《小言賦》、《諷賦》、《釣賦》五篇，或謂後人假託。王逸曰："宋玉者，屈原弟子也。閔惜其師忠而放逐，故作《九辯》以述其志。至於漢興，劉向、王褒之徒，咸悲其文，依而作詞，故號爲楚詞，亦采其九以立義焉。"

趙幽王賦一篇

本書列傳載歌一篇，殆即此也。

莊夫子賦二十四篇　<small>名忌，吳人。</small>

今闕。《楚辭》載《哀時命》一篇。王逸云："嚴夫子之所作也。"彼避漢明帝諱，故改莊爲嚴。

賈誼賦七篇

今闕，《楚辭》載《惜誓》一篇，《史記》、本書列傳皆載《弔屈原賦》一篇，《服鳥賦》一篇，《古文苑》載《旱雲賦》一篇，又《簴賦》殘，凡五篇。子儒家誼有五十八篇。

枚乘賦九篇

今闕。《文選》載《七發》一篇。《古文苑》載《梁王菟園賦》、《忘憂館柳賦》二篇，本書有列傳。

司馬相如賦二十九篇

今闕。《史記》、本書列傳載《子虛賦》、《哀二世賦》、《大人賦》，《文選》亦載《子虛賦》，而分爲二篇，其下篇曰《上林賦》。《文選》又載《長門賦》，《古文苑》載《美人賦》，總凡六篇。

淮南王賦八十二篇

今闕。《古文苑》載《屏風賦》一篇，《史記》、本書有《列傳》。子雜家《淮南內》、《外》凡五十四篇。

淮南王羣臣賦四十四篇

《楚辭》載《招隱士》一篇，其《序》曰：“《招隱士者》，淮南小山之所作也。昔淮南王安博雅好古，招懷天下俊偉之士，自八公之徒，感慕其德而歸其仁，各竭才智，著作篇章，分造辭賦，以類相從，故或稱小山，或稱大山，其義猶《詩》有《小雅》、《大雅》也。”

太常蓼侯孔臧賦二十篇

今闕。考《孔叢子》末附《連叢子》，舊題孔臧撰，載《諫格虎賦》、《楊柳賦》、《鴞賦》、《蓼蟲賦》四篇。子儒家臧有十篇。

陽丘侯劉隇賦十九篇

今佚。本書《王子侯表》有楊丘侯劉偃。

吾丘壽王賦十五篇

今佚。本書有列傳。子儒家壽王亦有六篇。

蔡甲賦一篇

今佚。

上所自造賦二篇

今存。師古曰："武帝也。"案本書《外戚列傳》載《傷李夫人賦》一篇,《文選》載《秋風辭》一篇。

兒寬賦二篇

今佚。本書有列傳。子儒家寬亦有九篇。

光禄大夫張子僑賦三篇。與王褒同時也。

今佚。

陽成侯劉德賦九篇

今佚。劉向父,本書附《楚元王列傳》。

劉向賦三十三篇

今闕。《楚辭》載《九歎》九篇,《古文苑》載《請雨華山賦》一篇,《全上古三代秦漢三國六朝文》載《高祖頌》一篇、《杖銘》一篇、《熏鑪銘》一篇,本書附《楚元王列傳》。子儒家劉向所序六十七篇。

王褒賦十六篇

今闕。《楚辭》載《九懷》九篇,本書《列傳》載《聖主得賢臣頌》一篇,《文選》載《洞簫賦》一篇,《全上古三代秦漢六朝文》載《甘泉宮頌》、《碧雞頌》二篇。

右賦二十家,三百六十一篇。

如目,合。

陸賈賦三篇

今佚。《史記》、本書皆有列傳。子儒家賈二十三篇。

枚皋賦百二十篇

今佚。本書附《枚乘列傳》。《傳》："皋爲文疾。爲賦頌，好嫚戲。上有所感，輒使賦之。受詔輒成，故所賦者多。凡可讀者百二十篇，其尤嫚戲不可讀者尚數十篇。"

朱建賦二篇

今佚。《史記》、本書皆有列傳。子儒家《平原老》七篇即建也。

常侍郎莊忽奇賦十一篇　　枚皋同時。

今佚。師古曰："《七略》云'忽奇者，或言莊夫子子，或言族家子莊助昆弟也'。"

嚴助賦三十五篇

今佚。本書有列傳。師古曰："上言莊忽奇，下言嚴助，史駮文。"案子儒家助四篇。

朱買臣賦三篇

今佚。本書有列傳。

宗正劉辟彊賦八篇

今佚。楚元王曾孫、劉向祖，本書附《楚元王列傳》。

司馬遷賦八篇

今闕。《藝文類聚》載《悲士不遇賦》一篇。本書有列傳。

郎中臣嬰齊賦十篇

今佚。子道家有十二篇。

臣說賦九篇

今佚。子雜家說三篇。

臣吾賦十八篇

今佚。

遼東太守蘇季賦一篇

今佚。

蕭望之賦四篇

今佚。本書有列傳。

河内太守徐明賦三篇　字長君，東海人，元、成世歷五郡太守，有能名。

今佚。

給事黃門侍郎李息賦九篇

今佚。

淮陽憲王賦二篇

今佚。本書有列傳。

揚雄賦十二篇

今存。本書《列傳》載《反離騷》一篇，《甘泉賦》、《河東賦》、《校獵賦》、《長楊賦》四篇，《解嘲》、《解難》二篇；《趙充國列傳》載《趙充國頌》一篇；《文選》載《劇秦美新》一篇；《古文苑》載《太玄賦》、《蜀都賦》、《逐貧賦》三篇；《全上古三代秦漢六朝文》載《酒賦》一篇，凡十三篇。

待詔馮商賦九篇

今佚。

博士弟子杜參賦二篇

今佚。師古曰：“劉向《別録》云‘臣向謹與長社尉杜參校中秘書’。”

車郎張豐賦三篇　張子僑子。

今佚。

驃騎將軍朱宇賦三篇

今佚。師古曰：“劉向《別録》云‘驃騎將軍史朱宇’，《志》以宇在驃騎府，故總言驃騎將軍。”

右賦二十一家，二百七十四篇。　入揚雄八篇。

如目，實二百七十五篇。

孫卿賦十篇

今闕。《荀子·賦篇》載《禮賦》、《智賦》、《雲賦》、《蠶賦》、《箴賦》，凡五篇。《史記》有列傳。

秦時雜賦九篇

今佚。

李思孝景皇帝頌十五篇

今佚。

廣川惠王越賦五篇

今佚。《史記》、本書俱有列傳。

長沙王羣臣賦三篇

今佚。

魏内史賦二篇

今佚。

東睆令延年賦七篇

今佚。師古曰:"睆,音移。"

衞士令李忠賦二篇

今佚。

張偃賦二篇

今佚。

賈充賦四篇

今佚。

張仁賦六篇

今佚。

秦充賦二篇

今佚。

李步昌賦二篇

今佚。子儒家有《鉤盾冗從李步昌》八篇。

侍郎謝多賦十篇

今佚。

平陽公主舍人周長孺賦二篇

今佚。

雒陽錡華賦九篇

今佚。

眭弘賦一篇

今佚。師古曰："即眭孟也。"案本書有列傳。

別栩陽賦五篇

今佚。王應麟曰："庾信《哀江南賦》'栩陽亭有離別之賦',蓋
亭名也。"

臣昌市賦六篇

今佚。

臣義賦二篇

今佚。

黃門書者假使王商賦十三篇

今佚。

侍中徐博賦四篇

今佚。

黃門書者王廣吕嘉賦五篇

今佚。

漢中都尉丞華龍賦二篇

今佚。見《蕭望之傳》。

左馮翊史路恭賦八篇

今佚。

右賦二十五家,百三十六篇

如目,合。

客主賦十八篇

不詳。沈欽韓曰："子墨，客卿。翰林，主人。蓋用其體。"案揚雄《長楊賦》藉翰林以爲主人，子墨爲客卿以風。

雜行出及頌德賦二十四篇

不詳。

雜四夷及兵賦二十篇

不詳。

雜中賢失意賦十二篇

不詳。王先謙曰："中、忠字同。董仲舒有《士不遇賦》，見《古文苑》，當即此類。"

雜思慕悲哀死賦十六篇

不詳。《楚辭》所載東方朔《七諫》，似此之類。

雜鼓琴劍戲賦十三篇

不詳。

雜山陵水泡雲氣雨旱賦十六篇

不詳。師古曰："泡，水上浮漚也。"沈欽韓曰："《古文苑》有董仲舒《山川頌》。"案《古文苑》又有公孫乘《月賦》，《全上古三代秦漢六朝文》又有東方朔《旱頌》。

雜禽獸六畜昆蟲賦十八篇

不詳。《古文苑》載有路喬如《鶴賦》一篇，《全上古三代秦漢六朝文》載有公孫詭《文鹿賦》一篇。

雜器械草木賦三十三篇

不詳。《古文苑》載有羊勝《屏風賦》、中山王《屏風賦》二篇，《全上古三代秦漢六朝文》載有東方朔《寶甕銘》一篇、中山王《文木賦》一篇、鄒陽《酒賦》一篇、《几賦》一篇。

大雜賦三十四篇

不詳。"大"，本作"文"。

成相雜辭十一篇

不詳。王應麟曰："荀子《成相篇》注：蓋亦賦之流也。"淮南王亦有《成相篇》，見《藝文類聚》。謝墉曰："審《荀子·成相篇》音節，即後世彈詞之祖。"

隱書十八篇

不詳。師古曰："劉向《別録》云'隱書者，疑其言以相問，對者以慮思之，可以無不諭'。"案《文心雕龍·諧讔篇》："讔者，隱也。遯詞以隱意，譎譬以指事也。"本書《東方朔傳》載朔隱語二則，言朔爲隱，"變詐鋒出，莫能窮，遂得愛幸"。

右雜賦十二家，二百三十三篇。

如目，合。

高祖歌詩二篇

今存。本紀載《大風歌》一篇，《史記·留侯世家》、本書《張良傳》皆載《鴻鵠歌》一篇。

泰一雜甘泉壽宮歌詩十四篇

王先謙曰："泰一、甘泉壽宮並見《郊祀志》。"

宗廟歌詩五篇

王先謙曰："合上十四篇爲十九章，見《禮樂志》。"案本書《禮樂志》："武帝定郊祀之禮，祠太一於甘泉，就乾位也；祭后土於汾陰，澤中方丘也。乃立樂府，采詩夜誦，有趙、代、秦、楚之謳。以李延年爲協律都尉，多舉司馬相如等數十人造爲詩賦，略論律吕，以合八音之調，作十九章之歌。昌正月上辛用事甘泉圜丘，使童男女七十人俱歌，昏祠至明。夜常有神光如流星止集於祠壇，天子自竹宮而望拜，百官侍祠者數百人，皆肅然動心焉。"《志》載《郊祀歌》十九章，《練時日》一，《帝

臨》二,《青陽》三,《朱明》四,《西顥》五,《玄冥》六,《惟泰元》
七,《天地》八,《日出入》九,《天馬》十,《天門》十一,《景星》十
二,《齊房》十三,《后皇》十四,《華燁燁》十五,《五神》十六,
《朝隴首》十七,《象載瑜》十八,《赤蛟》十九。

漢興以來兵所誅滅歌詩十四篇

王先謙曰:"疑即漢《鼓吹鐃歌》諸曲也。"《宋書‧樂志》所録
十八曲,多以舊題被新聲,蓋擬古樂府之祖。其中《戰城
南》、《遠如期》等曲,當是原歌詩。案《宋書‧樂志》載:漢
《鼓吹鐃歌》十八曲,一《朱鷺曲》,二《思悲翁曲》,三《艾如張
曲》,四《上之回曲》,五《翁離曲》,六《戰城南曲》,七《巫山高
曲》,八《上陵曲》,九《將進酒曲》,十《君馬黃歌》,十一《芳樹
曲》,十二《有所思曲》,十三《雉子曲》,十四《聖人出曲》,十
五《上邪曲》,十六《臨高臺曲》,十七《遠如期曲》,十八《石留
曲》。

出行巡狩及遊歌詩十篇

今闕。王先謙曰:"蓋武帝《瓠子》、《盛唐》、《樅陽》等歌。漢
鐃歌《上之回曲》當亦在内。"案《瓠子歌》載《史記‧河渠書》、
本書《溝洫志》。

臨江王及愁思節士歌詩四篇

不詳。

李夫人及幸貴人歌詩三篇

沈欽韓曰:"《外戚傳》有《是邪非邪》詩。王子年《拾遺記》有
《落葉哀蟬》曲,未審其真僞。"案《外戚傳》:"上思念李夫人
不已,方士齊人少翁言能致其神。迺夜張燈燭,設帷帳,陳
酒肉,而令上居他帳遙望,見好女子如李夫人之貌,還幄坐
而步。又不得就視,上愈益相思悲感,爲作詩曰:'是邪,非
邪?立而望之,偏何姗姗其來遲!'"《拾遺記》:"武帝思懷李

夫人，不可復得，時穿昆明之池，泛翔禽之舟，帝自造歌曲，使女伶歌之。時日已西傾，涼風激水，女伶歌聲甚遒，因賦《落葉哀蟬》之曲曰：'羅袂兮無聲，玉墀兮塵生，虛房冷而寂寞，落葉依於重扃，望彼美之女兮安得，感余心之未寧。'"

詔賜中山靖王子噲及孺子妾冰未央材人歌詩四篇

不詳。師古曰："孺子，王妾之有品號者也。妾，王之眾妾也。冰，其名。材人，天子內官。"

吳楚汝南歌詩十五篇

西漢吳縣，今江蘇吳縣治。楚國，今江蘇銅山縣治。汝南郡，今河南汝陽縣東南六十里。王先謙曰："郭茂倩《樂府》有《雞鳴歌》，首云'東方欲明星爛爛，汝南晨雞登壇喚'。郭敘引《晋太康地記》曰：'後漢固始、銅陽、公安、細陽四縣衛士習此曲，於闕下歌之，今《雞鳴歌》是也。'然則此歌蓋漢歌也。"據此，《雞鳴歌》即《汝南歌詩》矣。

燕代謳雁門雲中隴西歌詩九篇

不詳。西漢薊縣，故燕國，今京兆西南。代郡，今直隸蔚縣東北。雁門郡，今山西右玉縣南。雲中郡，今歸化城土默特西黃河東岸。隴西郡，今甘肅狄道縣治。師古注《高帝紀》曰："謳，齊歌也。謂齊聲而歌。或曰齊地之歌。"

邯鄲河間歌詩四篇

西漢邯鄲縣，今直隸邯鄲縣西南十里。河間國，今直隸獻縣治。沈欽韓曰："崔豹《古今注》：'《陌上桑》，邯鄲女名羅敷作。'"疑即其辭。

齊鄭歌詩四篇

不詳。西漢臨淄縣，故齊國，今山東臨淄縣治。新鄭縣，故鄭國，今河南新鄭縣北。

淮南歌詩四篇

不詳。西漢淮南國,秦九江郡治。壽春邑,今安徽壽縣。

左馮翊秦歌詩三篇

不詳。西漢左馮翊郡,今陝西高陵縣西南一里。

京兆尹秦歌詩五篇

不詳。西漢京兆尹,今陝西長安縣西北十三里。子名家《黄公》四篇,下云:"名疵,爲秦博士,作歌詩,在秦時歌詩中。"

河東蒲反歌詩一篇

不詳。西漢河東郡蒲反縣,今山西永濟縣東南。

黄門倡車忠等歌詩十五篇

倡,俳。黄門,宫門。《樂府詩集》載《黄門倡歌》一首,又《俳歌辭》一首。

雜各有主名歌詩十篇

不詳。

雜歌詩九篇

沈欽韓曰:"《樂府》有《雜曲歌辭》。"

雒陽歌詩四篇

不詳。西漢雒陽縣,今河南洛陽縣東北二十里。

河南周歌詩七篇

不詳。西漢河南縣,故周王城,平王居之,今河南雒陽縣西北九里。

河南周歌聲曲折七篇

前詩之聲曲折也。《虞書》曰:"詩言志,歌永言,聲依永,律和聲。"馬融注:"歌所以長言,詩之意也。"鄭康成注:"聲之曲折,又依長言,聲中律,乃爲和也。"

周謠歌詩七十五篇

不詳。《説文》："詀,徒歌。"《詩·衛風》毛傳曰："曲合樂曰歌,
徒歌曰謠,謠,詀之隸變。"

周謠歌詩聲曲折七十五篇

王先謙曰："此上詩聲篇數並同。聲曲折,即歌聲之譜,唐曰
樂句,今曰板眼。"案西洋唱歌之五綫音譜,即此類也。

諸神歌詩三篇

不詳。

送迎靈頌歌詩三篇

不詳。

周歌詩二篇

不詳。

南郡歌詩五篇

不詳。西漢南郡,今湖北江陵縣治。

右歌詩二十八家,三百一十四篇。

如目,實三百一十六篇。宋郭茂倩輯《樂府詩集》,首《郊廟歌
詩》,《禮樂志》十九章外載有漢《靈芝歌》一篇,又《安世房中
歌》十九首。次《燕射歌詩》,無漢以前作,《鼓吹曲辭》載《漢
鐃歌》十八首。次《橫吹曲辭》,無漢以前作。次《相和歌辭》,
有古辭三十二曲,曰《江南》,曰《薤露》,曰《蒿里》,曰《雞鳴》,
曰《烏生》,曰《平陵東》,曰《陌上桑》,曰《王子喬》,曰《長歌
行》,曰《君子行》,曰《豫章行》,曰《相逢行》,曰《長安有狹斜
行》,曰《善哉行》,曰《隴西行》,曰《步出夏門行》,曰《折楊柳
行》,曰《飲馬長域窟行》,曰《婦病行》,曰《孤兒行》,曰《雁門
太守行》,曰《艷歌何嘗行》,曰《怨詩行》,曰《滿歌行》,各一
曲;《西門行》,曰《東門行》,曰《艷歌行》,曰《白頭吟》,各二
曲。次《清商曲辭》,無漢以前作。次《舞歌曲辭》,有古辭,

《聖人制禮樂篇》一曲，《巾舞歌詩》一首，《俳歌辭》一首。次《琴曲歌辭》，有唐堯《神人暢》一首，虞舜《思親操》一首，《南風歌》二首，夏禹《襄陵操》一首，箕子《箕子操》一首，周文王《拘幽操》一首，《文王操》一首，武王《剋商操》一首，微子《傷殷操》一首，周公《越裳操》一首，伯夷《采薇操》一首，成王《神鳳操》一首，尹伯奇《履霜操》一首，介子推《士失志操》四首，犢沐子《雉朝飛操》一首，孔子《猗蘭操》一首，《將婦操》一首，魯處女《處女吟》一首，商陵《牧子別鶴操》一首，荆軻《渡易水》一首，項籍《力拔山操》一首，高帝《大風起》一首，四皓《采芝操》一首，劉安《八公操》一首，王嬙《昭君怨》一首，百里奚妻《琴歌》三首，司馬相如《琴歌》二首，霍去病《琴歌》一首。次《雜曲歌辭》，有古辭十一首，曰《蜨蝶行》，曰《驅車上東門行》，曰《傷歌行》，曰《悲歌行》，曰《前緩聲歌》，曰《東飛伯勞歌》，曰《西洲曲》，曰《長干曲》，曰《枯魚過河曲》，曰《冉冉孤生竹》，又《無題》一首。次《近代曲辭》，無漢以前作。次《雜謠歌辭》，有《擊壤歌》一首，《雲卿歌》三首，《塗山歌》一首，《夏人歌》二首，《甯戚商歌》二首，《師乙歌》一首，《孔子獲麟歌》一首，趙簡子《夫人河激歌》一首，《越人歌》一首，《徐人歌》一首，《漁父歌》一首，《採葛婦歌》一首，《紫玉歌》一首，《鄴民歌》一首，《鄭白渠歌》一首，高允生《百里奚歌》一首，《秦始皇歌》一首，《平城歌》一首，《鷄鳴歌》一首，《漢高帝楚歌》一首，《戚夫人歌》一首，《畫一歌》一首，《趙幽王歌》一首，《淮南王歌》一首，漢武帝《秋風辭》一首，《衛皇后歌》一首，《李延年歌》一首，漢武帝《李夫人歌》一首，《烏孫公主歌》一首，《匈奴歌》一首，《驪駒歌》一首，《雜離歌》一首，武帝《瓠子歌》二首，《李陵歌》一首，《廣川王歌》二首，《牢石歌》一首，漢昭帝《黃鵠歌》一首，《黃門倡歌》一首，《五侯歌》一首，《上郡歌》一首,《燕王歌》一首,《華容夫人歌》一首,《廣陵王歌》一首,《穎川歌》一首,《黃澤謠》一首,《白雲謠》一首,《穆天子謠》一首,《越謠歌》一首,《長安謠》一首,堯時《康衢童謠》一首,晋獻公時《童謠》一首,晋惠公時《童謠》一首,魯國《童謠》一首,楚昭王時《童謠》一首,周末時《童謠》一首,漢元帝時《童謠》一首,漢成帝時《燕燕童謠》一首,漢成帝時《歌謠》一首。次《新樂府辭》,無漢以前作。大凡百八十四篇,或確知在前目中,或不可知,大抵皆王莽以前詩歌也。又《文選》韋孟《諷諫詩》一首,四言,李少卿《與蘇武詩》三首,《蘇子卿詩》四首,此皆西漢人作,疑在雜各有主名歌詩十篇中。王闓運《八代詩選》又收韋孟《在鄒詩》一首,東方朔《誡子詩》一首,或亦是也。

凡詩賦百六家,千三百一十八篇。

如目,實千三百二十一篇。

《傳》曰:"不歌而誦謂之賦,登高能賦可以爲大夫。"

《詩·定之方中》毛傳曰:"建邦能命龜,田能施命,作器能銘,使能造命,高能賦,師旅能誓,山川能説,喪紀能誄,祭祀能語,君子能此九者,可謂有德音,可以爲大夫也。"歌,詠也。長,引其聲以詠也。誦,諷也,倍文曰諷,以聲節之曰誦。《詩·子衿》傳"誦之歌之",疏曰:"誦之謂背文闇誦之,歌之謂引聲長詠之。"《周官注》:"賦之言鋪。"左思《三都賦序》:"發言爲詩者,詠其所志也;升高能賦者,頌其所見也。"

言感物造耑,材知深美。可與圖事,故可以爲列大夫也。

師古曰:"耑,古端字也。因物動志,則造辭義之端緒。"材,才也。知,智也,圖謀也。感於物而能造端緒,出言成章,則其材智不淺陋,可與之謀事矣。列爲大夫,與謀事也。本書《百官公卿表》:"爵一級曰公士,二上造,三簪裊,四不更,五大

夫，六官大夫，七公大夫，八公乘，九五大夫。"師古注："大夫，
列位從大夫。加官、公者，示稍尊也。五大夫，大夫之尊也。"
又《史記·田完世家》曰："宣王喜文學遊説之士，自如騶衍、
淳于髡、田駢、接子、慎到、環淵之徒七十六人，皆賜列第，爲
上大夫，不治而議論。"又《孟荀列傳》曰："自如淳于髡以下，
皆命曰列大夫，爲開第康莊之衢、高門大屋尊寵之。"又曰：
"齊襄王時，荀卿最爲老師，齊尚修列大夫之缺，而荀卿三爲
祭酒焉。"

**古者諸侯卿大夫交接鄰國，以微言相感，當揖讓之時，必稱《詩》以
論其志，蓋以別賢不肖而觀盛衰焉。故孔子曰"不學《詩》，無以
言"也。**

《詩序》："《詩》有六藝焉：一曰諷，二曰賦。"班固《兩都賦序》
曰："賦者，古詩之流也。"賦出於《詩》，故《志》先論詩以討其
源。《左傳·僖二十三年》：秦穆公享公子重耳，"公子賦《河
水》，公賦《六月》"。注曰："《河水》，義取河水朝宗於海，海喻
秦。《六月》，喻公子還晉，必能匡王國。古者禮會，因古詩以
見意，故言賦詩斷章也。其全稱《詩》篇者，多取首章之義。"
《文三年》："公如晉。晉侯享公，賦《菁菁者莪》。莊叔以公降
拜，曰：'小國受命於大國，敢不慎儀？君貺之以大禮，何樂如
之？抑小國之樂，大國之惠也。'晉侯降，辭。登，成拜。公賦
《嘉樂》。"注曰："《菁菁者莪》，取其'既見君子，樂且有儀'。
《嘉樂》，取其'顯顯令德，宜民宜人，受禄于天'。"《文十三
年》："鄭伯與公宴於棐，子家賦《鴻雁》，季文子曰：'寡君未免
於此。'文子賦《四月》，子家賦《載馳》之四章。文子賦《采薇》
之四章。"注曰："《鴻雁》，義取侯伯哀恤鰥寡，有征行之勞，言
鄭國寡弱，欲使魯侯還晉卹之。《四月》，義取行役逾時，思歸
祭祀，不欲爲還晉。《載馳》，義取小國有急，欲引大國以救

助。《采薇》，取其‘豈敢定居，一月三捷’，許爲鄭還，不敢安居。”《襄八年》：公享范宣子，“宣子賦《摽有梅》。季武子曰：‘誰敢哉？今譬於草木，寡君在君，君之臭味也。歡以承命，何時之有？’武子賦《角弓》。賓將出，武子賦《彤弓》。宣子曰：‘城濮之役，我先君文公獻功于衡雍，受彤弓于襄王，以爲子孫藏。匄也，先君守官之嗣也，①敢不承命。’君子以爲知禮。”注曰：“《摽有梅》，詩人以興女色盛則有衰，②衆士求之，宜及其時。宣子欲魯及時共討鄭，取其汲汲相赴。《角弓》，取其‘兄弟婚姻，無相遠矣’。《彤弓》，天子賜有功諸侯之詩，欲使晋君繼文之業，復受彤弓於王。《彤弓》之義，義在晋君。范匄受之，所謂知禮。”《襄十六年》：“穆叔如晋。見中行獻子，賦《圻父》。獻子曰：‘偃知罪矣，敢不從執事以同恤社稷，而使魯及此。’見范宣子，賦《鴻雁》之卒章。宣子曰：‘匄在此，敢使魯無鳩乎？’”注曰：“周司馬掌封圻之兵甲，故謂之圻父。詩人責圻父爲王爪牙，不修其職，使百姓受困苦之憂，而無所止居。《鴻雁》卒章曰‘鴻雁於飛，哀鳴嗷嗷。唯此哲人，謂我劬勞’，言魯憂困，嗷嗷然若鴻雁之失所。”《襄二十年》：“季武子如宋。受享，賦《常棣》之七章以卒。歸，復命，公享之，賦《魚麗》之卒章。公賦《南山有臺》。武子去所，曰：‘臣不堪也。’”注曰：“七章以卒，盡八章。取其‘妻子好合，如鼓瑟琴。宜爾室家，樂爾妻帑’。言二國好合，宜其室家，相親如兄弟。《魚麗》卒章，喻聘宋得其時。《南山有臺》，喻武子奉使，能爲國光輝。”《襄二十六年》：“衞侯如晋，晋人執而囚

---

① “先君守”，原誤作“子曰”，據中華書局 1980 年影印清阮元刻《十三經注疏》本《春秋左傳正義》改。

② “盛則有衰”，原作“盛衰而儀”，據《四部叢刊》影印宋刊巾箱本《春秋經傳集解》改。

之於士弱氏。齊侯、鄭伯爲衛侯故如晋。晋侯兼享之。晋侯賦《嘉樂》。國景子相齊侯，賦《蓼蕭》。子展相鄭伯，賦《緇衣》。叔向命晋侯拜二君，曰：‘寡君敢拜齊君之安我先君之宗祧也，敢拜鄭君之不貳也。’國子使晏平仲私於叔向，曰：‘晋君宣其明德於諸侯，恤其患而補其闕，正其違而治其煩，所以爲盟主也。今爲臣執君，若之何？’叔向告趙文子，文子以告晋侯。晋侯言衛侯之罪，使叔向告二君。國子賦《轡之柔矣》，子展賦《將仲子兮》，晋侯乃許歸衛侯。”注曰：“《嘉樂》，取其‘嘉樂君子，顯顯令德。宜民宜人，受禄於天’。《蓼蕭》喻晋君恩澤及諸侯。《緇衣》，義取‘適子之館兮，還予授子之粲兮’。言不敢違遠於晋。《轡之柔矣》，義取寬政以安諸侯，若柔轡之御剛馬。《將仲子兮》，義取衆言可畏。衛侯雖別有罪，而衆人猶謂晋爲臣執君。《昭元年》：“楚令尹享趙孟，賦《大明》之首章，趙孟賦《小宛》二章。事畢，趙孟謂叔向曰：‘令尹自以爲王矣。’”注曰：“《大明》，言文王明明照於下，故能赫赫盛於上。令尹意在首章，故特稱首章以自光大。《小宛》二章取其‘各敬爾儀，天命不又’。言天命一去不可復還，以戒令尹。”又：“趙孟、叔孫豹、曹大夫入於鄭，鄭伯兼享之。子皮戒趙孟，禮終，趙孟賦《瓠葉》。子皮遂戒穆叔，且告之。穆叔曰：‘趙孟欲一獻，子其從之！’子皮曰：‘敢乎？’穆叔曰：‘夫人之所欲也，又何不敢？’及享，具五獻之籩豆於幕下。趙孟辭，私於子産，曰：‘武請於冢宰矣。’乃用一獻。趙孟爲客，禮終乃晏。穆叔賦《鵲巢》。趙孟曰：‘武不堪也。’又賦《采蘩》，曰：‘小國爲蘩，大國省穑而用之，其何實非命？’子皮賦《野有死麕》之卒章。趙孟賦《常棣》，且曰：‘吾兄弟比以安，尨也可使無吠。’穆叔、子皮及曹大夫興拜，舉兕爵曰：‘小國賴之，知免於戾矣。’”注曰：“《瓠葉》義取古人不以微薄廢禮。《鵲巢》喻晉君有國,趙孟治之。《采蘩》義取蘩采薄物,可以薦公侯。享其信,不求其厚。《野有死麕》卒章,喻趙孟以義撫諸侯,無以非禮相加陵。《常棣》,取其'凡今之人,莫如兄弟',言欲親兄弟之國。"《昭十七年》:"小邾穆公來朝,公與之燕。季平子賦《采菽》,穆公賦《菁菁者莪》。"注曰:"《采菽》,取其'君子來朝,何錫與之',以穆公喻君子。《菁菁者莪》,取其'既見君子,樂且有儀',以答《采菽》。"案此皆以微言相感,稱《詩》以喻其志也。《襄二十七年》:"鄭伯享趙孟於垂隴,子展、伯有、子西、子產、子大叔、二子石從。趙孟曰:'七子從君,以寵武也。請皆賦,以卒君貺,武亦以觀七子之志。'子展賦《草蟲》,趙孟曰:'善哉!民之主也。抑武也,不足以當之。'伯有賦《鶉之賁賁》,趙孟曰:'牀笫之言不踰閾,況在野乎?非使臣之所得聞也。'子西賦《黍苗》之四章,趙孟曰:'寡君在,武何能焉?'子產賦《隰桑》,趙孟曰:'武請受其卒章。'子大叔賦《野有蔓草》,趙孟曰:'吾子之惠也。'印段賦《蟋蟀》,趙孟曰:'善哉!保家之主也。吾有望矣。'公孫段賦《桑扈》,趙孟曰:'匪交匪敖,福將焉往?若保是言也,欲辭福祿,得乎?'卒享。文子告叔向曰:'伯有將爲戮矣!詩以言志,志誣其上,而公怨之,以爲賓榮,其能久乎?幸而後亡。'叔向曰:'然。已侈!所謂不及五稔者,夫子之謂矣。'文子曰:'其餘皆數世之主也。子展其後亡者也,在上不忘降。印氏其次也,樂而不荒。樂以安民,不淫以使之,後亡,不亦可乎?'"《昭十六年》:"鄭六卿餞宣子於郊。宣子曰:'二三君子請皆賦,起亦以知鄭志。'子齹賦《野有蔓草》。宣子曰:'孺子善哉,吾有望矣。'子產賦鄭之《羔裘》。宣子曰:'起不堪也。'子大叔賦《褰裳》,宣子曰:'起在此,敢勤子至於他人乎?'子大叔拜。宣子曰:'善哉!子之言是不有是事,其能終乎?'子

游賦《風雨》,子旗賦《有女同車》,子柳賦《籜兮》。宣子喜曰:
'鄭其庶乎!二三君子以君命貺起,賦不出鄭志,皆昵燕好
也。二三君子,數世之主也,可以無懼矣。'宣子皆獻馬焉,而
賦《我將》。[①]子産拜,使五卿皆拜,曰:'吾子靖亂,敢不拜
德?'"案此所謂稱《詩》以諭其志,以別賢不肖而觀盛衰也。
夫言以足志,文以足言,言之無文,行之不遠。《詩》之爲文
也,所以足志也,可以行遠焉,故不學《詩》無以言。

**春秋之後,周道寖壞,聘問歌詠不行於列國,學《詩》之士,逸在
布衣,而賢人失志之賦作矣。**

學《詩》而作賦者,賦自《詩》出,分歧異派。夫學《詩》之士,宜
爲列大夫。子曰:"誦《詩》三百,授之以政不達,使於四方不
能專對,雖多,亦奚以爲?"學《詩》將束帶立於朝,與賓客言
也。聘問歌詠不行,則不得志而在布衣矣。逸,遺佚也。古
者庶人非耆老不衣絲,故曰布衣。賢人失志,如孫卿、屈原
是也。

**大儒孫卿及楚臣屈原,離讒憂國,皆作賦以諷,咸有惻隱古詩
之義。**

《詩序》云:"上以風化下,下以風刺上,主文而譎諫,言之者無
罪,聞之者足以戒,故曰風。至於王道衰,禮義廢,政教失,國
異政,家殊俗,而變風變雅作矣。國史明乎得失之迹,傷人倫
之廢,哀刑政之苛,吟咏情性,以風其上,達於事變而懷其舊
俗者也。"故變風發乎情,止乎禮義。發乎情,民之性也;止乎
禮義,先王之澤也。孫、屈作賦,猶存此義,則所謂"詩人之
賦"也。《史記》:"齊襄王時,荀卿最爲老師。齊人或讒荀卿,
荀卿乃適楚,而春申君以爲蘭陵令。春申君死而荀卿廢。荀

---

① "我"原作"吾",據《四部叢刊》影宋巾箱本《春秋左傳集解》改。

卿嫉濁世之政，亡國亂君相屬，不遂大道而營於巫祝，信機祥，鄙儒小拘，如莊周等又滑稽亂俗，於是推儒、墨、道德之行事興壞，序列著數萬言而卒。""屈原者，名平。爲楚懷王左徒。博聞彊志，明於治亂，嫻於辭令。入則與王圖議國事，以出號令；出則接遇賓客，應對諸侯。王甚任之。上官大夫與之同列，爭寵，而心害其能，因讒之。王怒而疏屈平。屈平疾王聽之不聰也，讒諂之蔽明也，邪曲之害公也，方正之不容也，故憂愁幽思而作《離騷》。離騷者，猶離憂也。夫天者，人之始也；父母者，人之本也。人窮則反本，故勞苦倦極，未嘗不呼天也；疾痛慘怛，未嘗不呼父母也。屈平正道直行，竭忠盡智以事其君，讒人間之，可謂窮矣。信而見疑，忠而被謗，能無怨乎？屈平之作《離騷》，蓋自怨生也。《國風》好色而不淫，《小雅》怨誹而不亂。若《離騷》者，可謂兼之矣。上稱帝嚳，下道齊桓，中述湯武，以刺世事。明道德之廣崇，治亂之條貫，靡不畢見。其文約，其辭微，其志潔，其行廉，其稱文小而其志極大，舉類邇而見義遠。其志潔，故其稱物芳。其行廉，故死而不容。自疏濯淖汙泥之中，蟬蛻於濁穢，以浮游塵埃之外，不獲世之滋垢，皭然泥而不滓者也。推此志也，雖與日月爭光可也。"王逸《離騷經序》曰："屈原執履忠貞而被讒袤，憂心煩亂，不知所愬，乃作《離騷經》。離，別也。騷，愁也。經，徑也。言己放逐離別，中心愁思，猶依道徑，以風諫君也。"又曰："屈原履忠被譖，憂悲愁思，獨依詩人之義而作《離騷》。上以諷諫，下以自慰，遭時闇亂，不見省納，不勝憤懣，遂復作《九歌》以下凡二十五篇。"《九歌序》曰："屈原放逐，懷憂苦毒，愁思沸鬱，出見俗人祭祀之禮，歌舞之樂，其詞鄙陋，因爲作《九歌》之曲，上陳事神之敬，下見己之冤結，託以風諫。"《天問序》曰："屈原放逐，憂心愁悴。彷徨山澤，經歷陵陸。嗟號昊旻,仰天歎息。見楚有先王之廟及公卿祠堂,圖畫天地山川神靈,琦瑋僑佹,及古聖賢怪物行事。周流罷倦,休息其下,仰見圖畫,因書其壁,何而問之,以渫憤懣,舒瀉愁思。"《九章序》曰:"屈原放於江南之壄,思君念國,憂心罔極,故復作《九章》。章者,著也,明也。言己所陳忠信之道,甚著明也。"《遠游序》曰:"屈原履方直之行,不容於世。上爲讒佞所譖毀,下爲俗人所困極,章皇山澤,無所告訴。乃深惟元一,修執恬漠。思欲濟世,則意中憤然,文采鋪發,遂敍妙思,託配仙人,與俱遊戲,周歷天地,無所不到。然猶懷念楚國,思慕舊故,忠信之篤,仁義之厚也。"《九辨序》曰:"屈原懷忠貞之性,而被讒邪,傷君闇蔽,國將危亡,乃援天地之數,列人形之要,而作《九歌》、《九章》之頌,以諷諫懷王。明己所言,與天地合度,可履而行也。"《大招序》曰:"屈原放逐九年,憂思煩亂,精神越散,與形離別,恐命將終,所行不遂,故憤然大招其魂,盛稱楚國之樂,崇懷、襄之德,以比三王,能任用賢,公卿明察,能薦舉人,宜輔佐之,以興至治,因以諷諫,達己之志也。"

其後宋玉、唐勒,漢興枚乘、司馬相如,下及揚子雲,競爲侈麗閎衍之詞,没其諷諭之義。

没其諷諭之義,由詞之侈麗閎衍也。侈麗閎衍,則去惻隱之義遠矣。此辭人之賦也。《史記》:"屈原既死之後,楚有宋玉、唐勒、景差之徒者,皆好辭而以賦見稱;然皆祖屈原之從容辭令,終莫敢直諫。"本書:"枚乘爲吳王濞郎中,諫濞,濞不納,去之梁,從孝王游。梁客皆善屬辭賦,乘尤高。""司馬相如事孝景帝。會景帝不好辭賦,是時梁孝王來朝,從游説之士齊人鄒陽、淮陰枚乘、吳莊忌夫子之徒,相如見而説之,因病免,客遊梁,得與諸侯游士居,數歲,乃著《子虛之賦》。會梁孝王薨。蜀人楊得意爲狗監，侍上。上讀《子虛賦》而善之，曰：‘朕獨不得與此人同時哉！’得意曰：‘臣邑人司馬相如自言爲此賦。’上驚，乃召問相如。相如曰：‘有是。然此乃諸侯之事，未足觀也，請爲天子游獵賦。’上令尚書給筆札，相如以‘子虛’之言也，爲楚稱；‘烏有先生’者，烏有此事也，爲齊難；‘無是公’者，無是人也，明天子之義。故空藉此三人爲辭，以推天子諸侯之苑囿。其卒章歸之於節儉，因以風諫。奏之天子，天子大説。上既美子虛之事，相如見上好僊，因曰：‘上林之事未足美也，尚有靡者。臣嘗爲《大人賦》，未就，請具而奏之。’相如以爲列僊之儒居山澤間，形容甚臞，此非帝王之僊意也，乃遂奏《大人賦》。天子大説，飄飄有陵雲之氣，似游天地之間意。司馬遷曰：‘相如雖多虛辭濫説，然其要歸引之節儉，此與《詩》之諷諫何異？’”“揚雄字子雲，好辭賦。以司馬相如作賦甚弘麗温雅，心壯之，每作賦，常擬之以爲式。又怪屈原文過相如，至不容，作《離騷》，自投江而死，悲其文，讀之未嘗不流涕也。以爲君子之得時則大行，不得時則龍蛇，遇不遇命也，何必湛身哉！迺作書，往往摭《離騷》文而反之，自崏山投諸江流以弔屈原，名曰《反離騷》；又旁《離騷》作重一篇，名曰《廣騷》；又旁《惜誦》以下至《懷沙》一卷，名曰《畔牢愁》。孝成帝時，客有薦雄文似相如者，上方郊祠甘泉泰畤，汾陰后土，以求繼嗣，召雄待詔承明之庭。正月，從上甘泉，還奏《甘泉賦》以諷。甘泉本因秦離宮，既奢泰，而武帝復增通天、高光、迎風。宮外近則洪厓、旁皇、儲胥、弩陒，遠則石關、封巒、枝鵲、露寒、棠梨、師得，游觀屈奇瑰瑋，非木摩而不彫，墻塗而不畫，周宣所考，般庚所遷，夏卑宮室，唐虞採椽三等之制也。且其爲已久矣，非成帝所造，欲諫則非時，欲默則不能已，故遂推而隆之，迺上比於帝室紫宮，若曰此非人力之所能，黨鬼神可也。又是時趙昭儀方大幸，每上甘泉，常法從，在屬車間豹尾中。故雄聊盛言車騎之衆，參麗之駕，非所以感動天地，逆釐三神。又言‘屏玉女，却虙妃’，以微戒齋肅之事。賦成奏之，天子異焉。其三月，將祭后土，上迺帥羣臣橫大河，湊汾陰。既祭，行遊介山，回安邑，顧龍門，覽鹽池，登歷觀，陟西嶽以望八荒，迹殷周之虚，眇然以思唐虞之風。雄以爲臨川羨魚不如歸而結罔，還，上《河東賦》以勸。其十二月羽獵，雄從。以爲昔在二帝三王，宫觀、臺榭、沼池、苑囿、林麓、藪澤，財足以奉郊廟，御賓客，充庖廚而已，不奪百姓膏腴穀土桑柘之地。女有餘布，男有餘粟，國家殷富，上下交足，故甘露零其庭，醴泉流其唐，鳳凰巢其枝，黄龍游其沼，麒麟臻其囿，神爵棲其林。昔者禹任益虞而上下和，山木茂；成湯好田而天下用足；文王囿百里，民以爲尚小；齊宣王囿四十里，民以爲大：裕民之與奪民也。武帝廣開上林，南至宜春、鼎胡、御宿、昆吾，旁南山而西，至長楊、五柞，北繞黄山，瀕渭而東，周袤數百里。穿昆明池象滇河，營建章、鳳闕、神明、駊娑、漸臺、泰液象海水周流方丈、瀛洲、蓬萊。游觀侈靡，窮妙極麗。雖頗割其三垂以瞻齊民，然至羽獵田車戎馬器械諸儲偫禁禦所營，尚泰奢麗誇詡，非堯、舜、成湯、文武三驅之意也。又恐後世復修前好，不折中以泉臺，故聊因《校獵賦》以風。明年，上將大誇胡人以多禽獸，秋，命右扶風發民入南山，西自褒斜，東至弘農，南敺漢中，張羅綱罝罘，捕熊豪豬虎豹狖玃狐菟麋鹿，載以檻車，輸長楊射熊館。以罔爲周阹，從禽獸其中，令胡人搏之，自取其獲，上親臨觀焉。是時，農民不得收斂。雄從至射熊館，還，上《長楊賦》，聊因筆墨成文章，故籍翰林以爲主人，子墨爲客卿以風。雄以爲賦者，將以風之，必推類而言，極麗靡之辭，閎侈鉅衍，競於

使人不能加也，既乃歸之於正，然覽者已過矣。往時武帝好
神仙，相如上《大人賦》，欲以風，帝反縹縹有陵雲之志。繇
是言之，賦勸而不止，明矣。又頗似俳優淳于髡、優孟之徒，
非法度所存，賢人君子詩賦之正也，於是輟不復爲。”

**是以揚子悔之，曰：“詩人之賦麗以則，辭人之賦麗以淫。如孔
氏之門人用賦也，則賈誼登堂，相如入室矣，如其不用何！”**

《文心雕龍·詮賦篇》“宋發巧談，實始淫麗”，蓋斥宋玉也。
玉《神女》《好色》兩賦，始爲淫麗之辭，屈原弟子衍於楚辭者
也。《法言·吾子篇》：“或問：‘吾子少而好賦。’曰：‘然。童
子雕蟲篆刻。’俄而，曰：‘壯夫不爲也。’或曰：‘賦可以諷乎？’
曰：‘諷則已，不已，吾恐不免於勸也。’或曰：‘霧縠之組麗。’
曰：‘女工之蠹矣。’劍客論曰：‘劍可以愛身。’曰：‘狴犴使人
多禮乎？’或問：‘景差、唐勒、宋玉、枚乘之賦也，益乎？’曰：
‘必也淫。’‘淫則奈何？’曰：‘詩人之賦麗以則，辭人之賦麗以
淫。如孔氏之門用賦也，則賈誼升堂，相如入室矣。如其不
用何？’”師古曰：“言孔氏之門既不用賦，不可如何。謂賈誼、
相如無所施也。”案《吾子篇》又云：“或曰：‘女有色，書亦有色
乎？’曰：‘有女惡華丹之亂窈窕也，書惡淫辭之淈法度也。’或
問：‘屈原智乎？’曰：‘如玉如瑩，爰愛丹青，如其智！如其
智！’或曰：‘君子尚辭乎？’曰：‘君子事之爲上。事勝辭則伉，
辭勝事則賦，事、辭稱則經。足言足容，德之藻矣。’”楊子之
論辭也如此。班固《兩都賦序》：“言語侍從之臣，若司馬相
如、虞丘壽王、東方朔、枚皋、王褒、劉向之屬，朝夕論思，日月
獻納；而公卿大臣，御史大夫倪寬、太常孔臧、太中大夫董仲
舒、宗正劉德、太子太傅蕭望之等，時時間作。或以抒下情而
通諷諭，或以宣上德而盡忠孝，雍容揄揚，著於後嗣，抑亦雅
頌之亞。”此蓋以詩人之見論賦也。《司馬相如傳》：“亡是公

言上林廣大,山谷水泉萬物,及子虛言雲夢所有甚衆,侈靡多
過其實,且非義理所止。"《枚皋傳》:"皋不通經術,詼笑類俳
倡,爲賦頌,好嫚戲。自言爲賦迺俳,見視如倡,自悔類倡也。
故其賦有詆娸東方朔,又自詆娸。其文骫骳,曲隨其事,皆得
其意,頗詼笑,不甚間靡。"此蓋以辭人之見論賦也。《王褒
傳》:"上所幸宮館,輒爲歌頌,第其高下以差賜帛。議者多以
爲淫靡不急。上曰:'不有博弈者乎,爲之猶賢乎已!'辭賦大
者與古詩同義,小者辯麗可喜,辟如女工有綺縠,音樂有鄭
衛,今世俗猶皆以此虞說耳目,辭賦比之,尚有仁義風諭,鳥
獸草木多聞之觀,賢於倡優博弈遠矣。"《詮賦篇》曰:"《詩》有
六義,其二曰賦。賦者,鋪也,鋪采摛文,體物寫志也。《詩
序》則同義,傳說則異體。總其歸塗,實相枝幹。原夫登高之
旨,蓋覩物興情。情以物興,故義必明雅;物以情觀,故辭必
巧麗。麗辭雅義,符采相勝,如組織之品朱紫,畫繪之著玄
黃,文雖新而有質,色雖糅而有本。此立賦之大體也。然逐
末之儔,蔑棄其本,雖讀千賦,愈惑體要,遂使繁華損技,膏腴
害骨,無貴風軌,莫益勸戒,此揚子所以追悔雕蟲,貽誚於霧
縠者也。"孔子曰:"《關雎》樂而不淫。"又曰:"辭達而已矣。"
夫達而已,故不淫也,師古曰:"辭人,言後代之爲文辭。"後代
之爲文辭者,而競爲侈衍閎麗之詞則淫矣,詩義之賦不爾。

**自孝武立樂府而采歌謠,於是有代趙之謳,秦楚之風,皆感於哀
樂,緣事而發,亦可以觀風俗,知薄厚云。**

本書《禮樂志》:"武帝定郊祀之禮,祠太一於甘泉,就乾位也;
祭后土於汾陰,澤中方丘也。乃立樂府,采詩夜誦,有趙、代、
秦、楚之謳。曰李延年爲協律都尉。是時河間獻王有雅材,亦
曰爲治道非禮樂不成,因獻所集雅樂。天子下太樂官,常存肄
之歲時曰備數,然不常御,常御及郊廟皆非雅聲。然詩樂施於

後嗣，猶得有所祖述。昔殷周之《雅頌》，遡上本有娀、姜原，禼、稷始生，玄王、公劉、古公、大伯、王季、姜女、大任、太姒之德，乃及成湯、文、武受命，武丁、成、康、宣王中興，下及輔佐阿衡、周、吕、太公、申伯、召虎、仲山甫之屬，君臣男女有功德者，靡不襃揚。功德既信美矣，襃揚之聲盈乎天地之間，是以光名著於當世，遺譽垂於無窮也。今漢郊廟詩歌未有祖宗之事，八音調均，又不協於鐘律，而内有掖庭材人，外有士林樂府，皆以鄭聲施於朝庭。至成帝時，鄭聲尤甚。黄門名倡丙强、景武之屬富顯於世，貴戚五侯定陵、富平外戚之家淫侈過度，至與人主爭女樂。哀帝自爲定陶王時疾之，又性不好音，及即位，下詔曰：‘惟世俗奢泰文巧，而鄭衛之聲興。夫奢泰則下不孫而國貧，文巧則趨末背本者衆，鄭衛之聲興則淫辟之化流，而欲黎庶敦樸家給，猶濁其源而求其清流，豈不難哉！孔子不云乎？“放鄭聲，鄭聲淫。”其罷樂府官。郊祭樂及古兵法武樂，在經非鄭衛之樂者，條奏，别屬他官。’丞相孔光、太司空何武奏：‘凡八百二十九人，其三百八十八人不可罷，可領屬大樂，其四百四十一人不應經法，或鄭衛之聲，皆可罷。’奏可。”案孝武立樂府，蓋官名也。其後朝廟所用樂章，皆稱樂府。又其後，歌曲亦皆稱樂府，而鐃歌鼓吹凡合樂器者皆以樂府名之。至郭茂倩輯《樂府詩集》，總括歷代樂府，上起陶唐，下迄五代，考樂府者無能出其範圍。元李孝光序曰：“茂倩顧因以爲四詩之續，《郊祀》若《頌》，《鐃歌》、《鼓吹》若《雅》，《琴曲》、《雜詩》若《國風》。”沈德潛《古詩源·例言》亦曰：“《安世房中歌》，詩中之《雅》也；漢武《郊祀》等歌，詩中之《頌》也；《陌上桑》等篇，詩中之《國風》也。”《詩序》：“詩者，志之所之也，在心爲志，發言爲詩，情動於中而形於言，言之不足，故嗟嘆之，嗟嘆之不足，故永歌之，永歌之不足，不知手之舞之足之蹈之也。情發於聲，聲成文謂之音。治世之音安以樂，其政和；亂世之音怨以怒，其政乖；亡國之音哀以思，其民困。故正得失，感天地，動鬼神，莫近於《詩》。先王以是經夫婦，成孝敬，厚人倫，美教化，移風俗。"《四庫提要》稱茂倩書："解題徵引浩博，援據精審，《志》所云'感於哀樂，緣事而發'者，可藉以考見一斑焉。"本書《地理志》："凡民函五常之性，而其剛柔緩急音聲不同，繫水土之風氣，故謂之風。好惡取舍動靜亡常，隨君上之情欲，故謂之俗。"孔子曰："移風易俗，莫善於樂。"孔穎達《毛詩正義序》曰："夫詩者，論功頌德之歌，止僻防邪之訓，雖無爲而自發，乃有益於生靈。六情靜於中，百物盪於外，情緣物動，物感情遷。若政遇醇和，則歡娛被於朝野。時當慘黷，亦怨刺形於詠歌。作之者所以暢懷舒憤，聞之者足以塞違從正。"《宋書·樂志》曰："黄帝、帝堯之世，王化下洽，民樂無事，故因擊壤之歡，慶雲之瑞，因以作歌。其後《風》衰《雅》缺，而妖淫靡漫之聲起。"《樂府詩集·雜曲歌辭》小序曰："周室下衰，官失其職。漢魏之世，歌詠雜興，而詩之流乃有八名：曰行，曰引，曰歌，曰謠，曰吟，曰詠，曰怨，曰嘆，皆詩人六義之餘也。至其協聲律，播金石，而總謂之曲。若夫均奏之高下，音節之緩急，文辭之多少，則繫乎作者才思之淺深與其風俗之薄厚。"《王制》說天子巡守，則命太師陳詩以觀民風。本書《食貨志》："春令民畢出在壄，冬則畢入於邑。冬民既入，男女有不得其所者，因相與歌詠，各言其傷。孟春之月，羣居者將散，行人振木鐸徇於路以采詩，獻之太師，比其音律，以聞於天子。"《春秋·宣十五年》公羊傳注：①"五穀畢入，從十月盡正月止，男女有所怨恨，

---

① "十五"原作"十四"，據《春秋公羊傳注疏》改。

相從而歌，飢者歌其食，勞者歌其事。男年六十，女年五十無
子者，官衣食之，使之民間求詩，鄉移於邑，邑移於國，國以聞
於天子，故王者不出牖户盡知天下所苦，不下堂而知四方。"
後世未行此制，而歌詩流傳，亦可以察治忽而驗盛衰也。

序詩賦爲五種。

《校讎通義》曰："《漢志》分藝文爲六略，每略又各別爲數種，
每種始序列爲諸家，猶如《太玄》之經，方州部家，大綱細目，
互相維繫，法至善也。每略各有總叙，論辨流別，義至詳也。
惟詩賦一略，區爲五種，而每種之後，更無叙論，不知劉、班之
所遺耶？抑流傳之脱簡耶？今觀《屈原賦》二十五篇以下，共
二十家爲一種；《陸賈賦》三篇以下，共二十一家爲一種；孫卿
賦十篇以下，共二十五家爲一種；名類相同，而區種有別，當
日必有其義例。今諸家之賦，十逸八九，而叙論之說，闕焉無
聞，非著録之遺憾與？若雜賦與雜歌詩二種，則署名既異，觀
者猶可辨別，第不如五略之有叙録，更得詳其源委耳。"又曰：
"古之賦家者流，原本詩騷，出入戰國諸子。假設問對，莊列
寓言之遺也；恢廓聲勢，蘇張縱橫之體也；排比諧隱，韓非《儲
說》之屬也；徵材聚事，《吕覽》類輯之義也。雖其文逐聲韻，
旨存比興，而深推本源，實能自成一子之學，與夫專門之書，
初無差別。故其序列諸家之所撰述，多或數十，少僅一篇，列
於文林，義不多讓，爲此志也。然則三種之賦，亦如諸子之各
別爲家，而當時不能盡歸一例者耳。豈若後世詩賦之家，哀
然成帙，使人无從辨別者哉？"又曰："賦者，古詩之流，劉勰所
謂'六義附庸，蔚爲大國'者是也。義當列詩於前，而叙賦於
後，乃得文章承變之次第。劉、班顧以賦居詩前，則標略之稱
詩賦，豈非顛倒與？每怪蕭梁《文選》，賦冠詩前，絕無義理，
而後人競效法之，爲不可解。今知劉、班著録，已啓之矣。"又

曰:"詩賦前三種之分家,不可考矣,其與後二種之別類,甚曉
然也。三種之賦,人自爲篇,後世別集之體也。雜賦一種,不
列專名,而類聚爲篇,後世總集之體也。歌詩一種,則詩之與
賦,固當分體者也。"

漢書藝文志注解卷五

吴孫子兵法八十二篇　圖九卷。

今闕。《四庫》著録一卷，凡十三篇，無圖。《史記》："孫子武者，齊人也。以兵法見於闔廬。闔廬曰：'子之十三篇，吾盡觀之矣。'""太史公曰：世俗所稱師旅，皆道《孫子》十三篇。"魏武帝《孫子兵法序》亦言："武爲吴王闔廬作兵法一十三篇。"《史記正義》引《七録》云："《孫子兵法》三卷。案十三篇爲上卷，又有中下二卷。"則所佚六十九篇即中下二卷也。

齊孫子八十九篇　圖四卷。

今佚。師古曰："孫臏。"案《史記》附見《孫武傳》。

公孫鞅二十七卷

今佚。即法家商鞅。

吴起四十八篇　有列傳。

今闕。存六篇。

范蠡二篇　越王勾踐臣也。

今佚。《史記》見《貨殖列傳》。

大夫種二篇　與范蠡俱事勾踐。

今佚。

李子十篇

今佚。疑即李牧。《史記》有《李牧傳》。

娷一篇

今佚。師古："娷，音女瑞反。蓋說兵法者人名也。"

兵春秋三篇

今佚。

龐煖三篇

今佚。見從橫家,爲燕將。

兒良一篇

今佚。師古曰:"六國時人也。"

廣武君一篇　李左車。

今佚。《淮陰侯傳》載廣武君李左車事。

韓信三篇

今佚。師古曰:"淮陰侯。"案《史記》、本書皆有列傳。

右兵權謀十三家,二百五十九篇。 省伊尹、太公、《管子》、《孫卿子》、《鶡冠子》、《蘇子》、蒯通、陸賈、淮南王二百五十九種,出《司馬法》入禮也。

如目,實二百七十二篇,又圖十三卷。《伊尹》、《太公》、《管子》、《鶡冠子》見道家,《孫卿子》、《陸賈》見儒家,《蘇子》、《蒯通》見從橫家,《淮南王》見雜家。《七略》蓋互見,《志》省此仍彼,合此九家,凡五百二十三篇。《志》云二百五十九,當是九家中言兵者裁篇重録於此,故不足數。劉奉世曰:"種當作重,'九'下又脱一'篇'字是也。"

權謀者,以正守國,以奇用兵,先計而後戰,兼形勢,包陰陽,用技巧者也。

"以正守國,以奇用兵",出《老子》。《司馬法·仁本篇》:"古者以仁爲本,以義治之之謂正,正不獲意則權。權出於戰,不出於中人。是故殺人安人,殺之可也;攻其國愛其民,攻之可也;以戰止戰,雖戰可也。"《孫子》十三篇,《始計》第一,《作戰》第二,第三《謀攻篇》曰:"夫用兵之法,全國爲上,破國次之;全軍爲上,破軍次之;全旅爲上,破旅次之;全卒爲上,破卒次之;全伍爲上,破伍次之。是故百戰百勝,非善之善者也;不戰而屈人之兵,善之善者也。故上兵伐謀,其次伐交,其次伐兵,其下攻城。"此所謂先計而後戰者也。又《始計篇》

曰："未戰而廟算勝者，得算多也；未戰而廟算不勝者，得算少
也。多算勝，少算不勝，而況於無算乎。吾以此觀之，勝負見
矣。"又《兵勢篇》曰："凡戰者以正合，以奇勝。故善出奇者，
無窮如天地，不竭如江海。"此尚謀用奇之說也。《心書》曰：
"行兵之勢有三焉；一曰天，二曰地，三曰人。天勢者，日月清
明，五星合度，孛彗不映，風氣調和；地勢者，城峻重崖，洪波
千里，石門幽動，羊腸曲沃；人勢者，主聖將賢，三軍由禮，士
卒用命，糧甲堅備。善將者因天之時，就地之勢，依人之利，
則所向者無敵，所擊者萬全矣。夫陰陽在天，形勢在地，技巧
在人。權謀家包兼而用之，其戰必勝，而攻必克矣。"

楚兵法七篇　圖四卷。

今佚。

蚩尤二篇　見《呂刑》。

今佚。王應麟曰："《管子》'黃帝得蚩尤而明於天道'，則黃帝
六相亦有蚩尤。"《隋志》："梁有黃帝蚩尤兵法一卷。"案《志》
自注"見《呂刑》"，則非黃帝臣蚩尤也。

孫軫五篇　圖五卷。

今佚。

繇敍二篇

今佚。

王孫十六篇　圖五卷。

今佚。

尉繚三十一篇

今《四庫》著錄《尉繚子》五卷，凡二十四篇。子雜家亦有《尉
繚》二十九篇。

魏公子二十一篇　圖十卷。名無忌，有列傳。

今佚。《史記·信陵君列傳》："當是時，公子威震天下，諸侯
之客進兵法，公子皆名之，故世俗稱《魏公子兵法》。"《集解》：
"劉向《七略》有《魏公子兵法》二十一篇，圖七卷。"

景子十三篇

今佚。

李良三篇

今佚。見《張耳陳餘列傳》。

丁子一篇

今佚。

項王一篇　名籍。

今佚。韓信權謀，項王形勢，以形勢敵權謀，宜其敗也，乃曰：
"天亡我，非戰之罪。"其不自知也甚矣！《史記·項羽本紀》：
"於是項梁乃教籍兵法，籍大喜，略知其意，又不肯竟學。"殆
羽所學僅形勢，不竟學，所以敗乎。

右兵形勢十一家，九十二篇，圖十八卷。

如目，實百二篇，圖二十四卷。

形埶者，靁動風舉，後發而先至，離合背鄉，變化無常，昌輕疾制
敵者也。

《尉繚子·制談篇》："金鼓所指，則百人盡鬭；陷行亂陳，則千
人盡鬭；覆軍殺將，則萬人盡刃，天下莫能當其戰矣。""靁動
風舉"，其如此乎？又《攻權篇》："凡集兵，千里者旬日，百里
者一日，必集敵境。卒聚將至，深入其地，錯絕其道。棲其大
城大邑，使之登城逼危，男女數重，各逼地形，而攻要害。據
一城邑而數道絕，從而攻之。敵將帥不能攻，吏卒不能和，刑
有所不從者，則我敗之矣。敵救未至，而一城已降。津梁未
發，要塞未修，城險未設，渠答未張，則雖有城無守矣。遠堡
未入，戍客未歸，則雖有人無人矣。六畜未聚，五穀未收，財

用未斂,則雖有資無資矣。夫城邑空虛而資盡者,我因其虛而攻之。法曰:'獨出獨入,敵不接刃而致之。'此之謂也。"
"後發先至",其如此乎? 又《兵令篇》:"常陳皆向敵,有内向,有外向,有立陳,有坐陳。夫内向,所以顧中也。外向,所以備外也。立陳,所以行也。坐陳,所以止也。立坐之陳,相參進止,將在其中。坐之兵劍斧,立之兵戟弩,將亦居中。"又《兵教篇》:"地大而城小者,必先收其地;城大而地窄者,必先攻其城;地廣而人寡者,則絕其扼;地窄而人衆者,則築大堙以臨之。""離合背鄉,變化無常",其如此乎?《六韜·動靜篇》太公對武王問二則,皆"離合背鄉"之道也。《吳子·應變篇》對武侯問九節,皆"變化無常"之道也。《孫子·軍形篇》:"善戰者立於不敗之地。是故勝兵先勝而後求戰。兵法:一曰度,二曰量,三曰數,四曰稱,五曰勝。地生度,度生量,量生數,數生稱,稱生勝。故勝兵若以鎰稱銖,敗兵若以銖稱鎰。勝者之戰,若決積水於千仞之谿者,形也。"又《兵勢篇》:"善戰者,求之於勢,不責於人,故能擇人而任勢。任勢者,其戰人也,如轉木石。木石之性,安則靜,危則動,方則止,圓則行。故善戰人之勢如轉圓石於千仞之山者,勢也。"此所謂"以輕疾制敵者"。

太壹兵法一篇

今佚。王應麟曰:"《武經總要》:太一者,天帝之神也。其星在天一之南,總十六神,知風雨、水旱、金革、凶饉、陰陽二局,存諸秘式星文之次舍,分野之災祥,貴於先知,逆爲之備。"案《天官書》、《天文志》皆有太一,乃今紫微垣之帝星,非此太一也。此太一,今己未,歲在赤道北六十六度三十三分二十八秒，辰宮二十一度五十分三十秒。

天一兵法三十五篇

今佚。《天官書》、《天文志》皆有天一，乃紫微垣之陰德，非此天一也。此天一在今赤道北六十五度五分二十二秒，辰宮二十七度十九分四秒。《星經》曰：“天一星在紫微宮門外右星南，爲天帝之神，主戰鬥，知吉凶。”

神農兵法一篇

今佚。

黃帝十六篇　圖三卷。

今佚。

封胡五篇　黃帝臣，依託也。

今佚。

風后十三篇　圖二卷。黃帝臣，依託也。

今佚。王應麟引《武經總要》：“風后衍遁甲，究鬼神之奧。”《四庫》著錄風后《握奇經》一卷，《提要》謂唐宋以後晚出僞書。

力牧十五篇　黃帝臣，依託也。

今佚。

鵊冶子一篇　圖一卷。

今佚。晉灼曰：“鵊，音夾。”宋祁曰：“治，一作冶。”

鬼容區三篇　圖一卷。黃帝臣，依託。

今佚。師古曰：“即鬼臾區也。”

地典六篇

今佚。沈欽韓曰：“陶潛《羣輔錄》黃帝七輔，地典受州絡。”

孟子一篇

今佚。沈欽韓曰：“下五行家有猛子閭昭，疑此是猛子。”

東父三十一篇

今佚。

師曠八篇　晋平公臣。

今佚。《左·襄十八年傳》：“晋人聞有楚師，師曠曰：‘不害。吾驟歌北風，又歌南風，南風不競，多死聲。楚必無功。’”

萇弘十五篇　周史。

今佚。《史記·天官書》：“昔之傳天數者，周室史佚萇弘。”

別成子望軍氣六篇　圖三卷。

今佚。《孫子》十家注杜佑曰：“若細雨沐軍，臨機必有捷；回風相觸，道遠而無功；雲類群羊，必走之道；氣如驚鹿，必敗之勢；氣雲出壘，赤黑臨軍，皆敗之兆。若烟非烟，此慶雲也，必勝。若霧非霧，是泣軍也，必敗。”案軍氣，此類是也。《史記·律書》：“望敵知吉凶。”正義曰：“凡兩军相敵，上皆有雲氣及日暈。”《天官書》云：“暈等力鈞厚长大，有勝；薄短小，无勝。故望雲氣，知勝負强弱。”

辟兵威勝方七十篇

今佚。

右陰陽十六家，二百四十九篇，圖十卷。

如目，實二百二十七篇。

陰陽者，順時而發，推刑德，隨斗擊，因五勝，假鬼神而爲助者也。

《孫子》十家注杜牧曰：“凖星經歲星，所在之分不可攻，攻之反受其殃也。”《左傳·昭三十二年》：“夏，吳伐越，始用師於越。史墨曰：‘不及四十年，越其有吳乎。越得歲而吳伐之，必受其凶。’”注曰：“存亡之數，不過三紀。歲星三周三十六歲，故曰不及四十年也。此年歲在星紀，星紀，吳越之分也。①

---

① “越之”二字，原脱，據十三經注疏本《春秋左傳正義》補。

歲星所在，其國有福。吳先用兵，故反受其殃。哀二十二年，越滅吳，至此三十八歲也。"案吳伐越不順時也。刑德，略見《尉繚子・天官篇》、《淮南子・天文訓》，其說不詳。《天文訓》曰："北斗之辰有雌雄，十一月始建於子，月從一辰，雄左行，雌右行，五月合午謀刑，十一月合子謀德。"又曰："北斗所擊，不可與敵。"此斗擊之說也，亦不可解。又《尉繚・天官篇》云："楚將公子心與齊人戰，時有彗星出，柄在齊。柄所在，勝不可擊。"此似亦斗擊說。師古曰："五勝，五行相勝也。"夫刑德、斗擊、五勝，皆鬼神之道，《尉繚子》謂之天宮，尉繚形勢家，排斥之，故《天官篇》曰："天官時日，不若人事也。"又引黃帝曰："先神先鬼，先稽吾智。"志言假鬼神而爲助，則非專賴夫此，可知矣。

鮑子兵法十篇　　圖一卷。

今佚。

五子胥十篇　　圖一卷。

今佚，即伍子胥。《史記》有列傳。子雜家亦有《伍子胥》八篇。

公勝子五篇

今佚。疑即公輸子。勝、輸雙聲。

苗子五篇　　圖一卷。

今佚。

逢門射法二篇

今佚。師古曰："即逢蒙。"案此當是傳逢蒙射法，非必逢蒙著。

陰通成射法十一篇

今佚。

李將軍射法三篇。

今佚。師古曰："李廣。"案《史記》、本書皆有列傳。

魏氏射法六篇

今佚。

强弩將軍王圍射法五卷

今佚。師古曰："圍，郁郅人也，見《趙充國傳》。"

望遠連弩射法具十五篇

今佚。

護軍射師王賀射書五篇

今佚。

蒲苴子弋法四篇

今佚。蒲苴子善弋，見《列子》、《淮南子》。

劍道三十八篇

今佚。

手搏六篇

今佚。本書《哀帝紀》："時覽卞射、武戲。"注："手搏爲卞，角力爲武戲。"

雜家兵法五十七篇

今佚。

蹴鞠二十五篇

今佚。師古曰："鞠以韋爲之，實以物，蹴蹋之以爲戲也。蹴鞠，陳力之事，故附於兵法焉。蹴音子六反。鞠音巨六反。"王應麟曰："劉向《別錄》云：'蹴鞠者，傳言黃帝所作，或曰起戰國時，記黃帝蹴鞠兵勢，所以練武士知有材也。今軍無事，得使蹴鞠。有書二十五篇。'《史記》霍去病'穿域蹋鞠'。《正義》徐廣云：'穿地爲營。'案《蹴鞠》書有《域說篇》，即今之打球也，黃帝所作，戰國時程武士，知其材力，若講武。"《蘇秦傳》臨淄民"六博蹴鞠"。揚子云："斷木爲棋，捖革爲鞠。"亦皆有法焉。

右兵技巧十三家，百九十九篇，省《墨子》重，入《蹴鞠》也。

如目，實二百七篇，圖三卷。《墨子》末十二篇言技巧攻守，《七略》所重當即此也。《蹴鞠》出於諸子。

技巧者，習手足，便器械，積機關，以立攻守之勝者也。

習手足，如手搏、蹴鞠是；說器械，如射弋是也；積機關，如連弩是也。《墨子·公輸篇》："公輸盤為楚造雲梯之械，成，將以攻宋。子墨子聞之，起於齊，行十日十夜而至於郢，見公輸盤。子墨子解帶爲城，以牒爲械。公輸盤九設攻城之機變，子墨子九距之。公輸盤之攻械盡，子墨子之守圉有餘。"此所謂立攻守之勝者也。

凡兵書五十三家，七百九十篇，圖四十三卷。省十家二百七十一篇重，入《蹴鞠》一家，二十五篇，出《司馬法》百五十五篇入禮也。

如目，實八百八篇，圖五十卷，省十家者，權謀九家，又技巧墨家也。二百七十一篇去權謀二百五十九篇，餘十二篇，當是所省墨家篇數。《校讎通義》曰："任宏《兵書》一略，鄭樵稱其最優。今觀劉略重複之書，僅止十家，皆出《兵略》。其申明流別，獨重家學，而不避重複著錄，善矣。自班固併省部次，而後人不復知有家法，可勝惜哉！"

兵家者，蓋出古司馬之職，王官之武備也。

王官，王朝之官。古司馬之職見《周禮·夏官》。《穀梁·襄二十五年傳》曰："古者雖有文事，必有武備。"

《洪範》八政，八曰師。孔子曰爲國者"足食足兵"，"以不教民戰，是謂棄之"，明兵之重也。

師古曰："《論語》載孔子之言。無兵與食，不可以爲國。"棄之，"非其素習武備"。

易曰"古者弦木爲弧，剡木爲矢，弧矢之利，以威天下"，其用上

矣。後世燿金爲刃，割革爲甲，器械甚備。

《易·下繫》之辭。師古曰：“弧，木弓也。剡謂銳而利之也。”
“燿，讀與鑠同，謂銷也”。

下及湯武受命，以師克亂而濟百姓，動之以仁義，行之以禮讓，《司馬法》是其遺事也。

以師克亂而濟百姓，《司馬法》所謂“殺人安人，殺之可也；攻
其國愛其民，攻之可也”。仁義禮讓之說，略見《司馬法》佚存
五篇中。《史記·司馬穰苴列傳》稱：“齊威王使大夫追論古
者《司馬兵法》，而附穰苴於其中，因號曰《司馬穰苴兵法》。”
《四庫提要》云：“然則是書乃齊國諸臣所追輯，《隋》、《唐》諸
志皆以爲穰苴之所自撰者，非也。”

自春秋至於戰國，出奇設伏，變詐之兵並作。

《左傳·隱九年》：“北戎侵鄭，鄭伯禦之。患戎師，曰：‘彼徒
我車，懼其侵軼我也。’公子突曰：‘使勇而無剛者，嘗寇而速
去之。君爲三覆以待之。戎輕而不整，貪而無親，勝不相讓，
敗不相救。先者見獲必務進，進而遇覆必速奔，後者不救，則
無繼矣。乃可以逞。’從之。戎人之前遇覆者奔。祝聃逐之，
衷戎師，前後擊之，盡殪。戎師大奔。《桓九年》：“楚使鬬廉
帥師及巴師圍鄾。鄧養甥、聃甥帥師救鄾。三逐巴師，不克。
鬬廉衡陳其師於巴師之中以戰，而北。鄧人逐之，背巴師而
夾攻之，鄧師大敗，鄾人宵潰。”《十二年》：“楚伐絞，軍其南
門。屈瑕曰：‘絞小而輕，輕則寡謀，請無扞采樵者以誘之。’
從之。絞人獲三十人。明日，絞人爭出，驅楚役徒於山中。
楚人坐其北門，而覆諸山下，大敗之。”《僖二十八年》：城濮之
戰，“狐毛設二旆而退之。欒枝使輿曳柴而僞遁，楚師馳之。
原軫、郤溱以中軍公族橫擊之。狐毛、狐偃以上軍夾攻子西，
楚左師潰。楚師敗績”。《襄十三年》：“吳侵楚，養由基奔命，
子庚以師繼之。養叔曰：‘吳乘我喪，謂我不能師也，必易我

而不戒。子爲三覆以待我，我請誘之。'子庚從之。戰於庸，[①]大敗吳師。"《二十五年》："楚令尹子木伐舒鳩。吳人救之，子木遽以右師先，子彊、息桓、子捷、子駢、子盂帥左師以退。吳人居其間七日。子彊曰：'久將墊隘，隘乃禽也。不如速戰！請以其私卒誘之，簡師，陳以待我。不然，必爲吳禽。'五人以其私卒先擊吳師。吳師奔，登山以望，見楚師不繼，復逐之，傅諸其軍，簡師會之。大敗吳師。遂滅舒鳩。"《昭元年》："晋中行穆子敗無終及羣狄於太原，崇卒也。將戰，魏舒曰：'彼徒我車，所遇又阨，以什共車，必克。困諸阨，又克。請皆卒，自我始。'乃毀車以爲行，五乘爲三伍。荀吳之嬖人不肯即卒，斬以徇。爲五陳以相離，兩於前，伍於後，專爲右角，參爲左角，偏爲前拒，以誘之。翟人笑之。未陳而薄之，大敗之。"《十七年》：吳伐楚，戰於長岸，吳師大敗，"楚獲其乘舟餘皇。使隨人與後至者守之，環而塹之，及泉，盈其隧炭，陳以待命。吳公子先請於其衆曰：'喪先王之乘舟，豈唯光之罪，衆亦有焉。請藉取之，以救死。'衆許之。使長鬣者三人，潛伏於舟側，曰：'我呼餘皇，則對。'師夜從之。三呼，皆迭對。楚人從而殺之。楚師亂，吳人大敗之，取餘皇以歸。"《定十四年》[②]：檇李之役，"勾踐患吳之整也，使死士再禽焉，不動。使罪人三行，屬劍於頸，而辭曰：'二君有命，臣奸旗鼓，不敏於君之行前，不敢逃刑，敢歸死。'遂自剄也。師屬之目，越子因而伐之，大敗之。"《哀十七年》："越子伐吳，吳子禦諸笠澤，夾水而陳。越子爲左右句卒，使夜或左或右，鼓譟而進。吳師分以

---

① "庸"下，中華書局1980年影印清阮元刻《十三經注疏》本《春秋左傳正義》有"浦"字。

② "十四年"，原誤作"四年"，據中華書局1980年影印清阮元刻《十三經注疏》本《春秋左傳正義》改。

禦之。越子以三軍潛涉，當吳中軍而鼓之，吳師大亂，遂敗
之。"《淮南子》："楚將子發好求技道之士。楚有善爲偷者往
見曰：'聞君求技道之士，臣，偷也，願以技齎一卒。'子發聞
之，衣不結帶，冠不暇正，出見而禮之。左右諫曰：'偷者，天
下之盜也。何爲之禮！'君曰：'此非左右之所得與。'後無幾
何，齊興兵伐楚。子發將師以當之，兵三却。楚賢良大夫皆
盡其計而悉其誠，齊師愈强。於是市偷進請曰：'臣有薄技，
願爲君行之。'子發曰：'諾。'不問其辭而遣之。偷則夜解齊
將軍之幬賬而獻之。子發因使人歸之曰：'卒有出薪者，得將
軍之帷，使歸之於執事。'明日又復往，取其枕。子發又使人
歸之。明日又復往，取其簪。子發又使歸之。齊師聞之，大
駭，將軍與軍吏謀曰：'今日不去，楚君恐取吾頭。'乃還師而
去。"《史記》魏與趙攻韓，韓告急於齊。齊使田忌將而往，直
走大梁。"魏將龐涓聞之，去韓而歸，齊軍既已過而西矣。孫
子謂田忌：'彼三晋之兵素悍勇而輕齊，齊號爲怯，善戰者
因其勢而利導之。兵法，百里而趣利者蹶上將，五十里而趣
利者軍半至。使齊軍入魏地爲十萬竈，明日爲五萬竈，又明
日爲三萬竈。'龐涓行三日，大喜，曰：'吾固知齊軍怯，入吾地
三日，士卒亡者過半矣。'乃棄其步軍，與其輕銳倍日并行逐
之。孫子度其行，暮當至馬陵。馬陵道狹，而旁多阻隘，可伏
兵，乃斫大樹白而書之曰'龐涓死於此樹之下'。於是令齊軍善
射者萬弩，夾道而伏，期曰'暮見火舉而俱發'。龐涓果夜至斫
木下，見白書，乃鑽火燭之。讀其書未畢，齊軍萬弩俱發，魏軍
大亂相失。龐涓自知智窮兵敗，乃自到，曰：'遂成豎子之名！'
齊因乘勝破其軍，虜魏太子申以歸。孫臏以此名顯天下。"又：
长平之战，"趙括出兵击秦军。秦军佯败而走，张二奇兵以劫
之。趙軍逐勝，追造秦壁。壁堅拒不得入，而秦奇兵二萬五千

人絕趙軍後,又一軍五千騎絕趙壁間,趙軍分而爲二,糧道絕。而秦出輕兵擊之。趙戰不利,因築壁堅守,以待救至。秦王聞趙食道絕,王自之河內,發年十五以上悉詣長平,遮絕趙救及粮食。至九月,趙卒不得食四十六日,皆內陰相殺食。其將軍趙括出銳卒自搏戰,秦軍射殺趙括。括軍敗,卒四十萬人降武安君。武安君乃挾詐而盡坑殺之。"此皆出奇設伏變詐之兵也。

漢興,張良、韓信次兵法,凡百八十二家,删取要用,定著三十五家。

王應麟《攷證》引李靖云:"張良所學,《六韜》、《三略》是也。韓信所學,穰苴、孫武是也。"案《六韜》舊題太公撰,《三略》舊題黃石公撰,今皆存,而《志》未之載。《四庫提要》謂:"《六韜》詞意淺近,不類古書,其依託之迹,灼然可驗。《三略》文義不古,當亦後人所依託。"又《四庫》著錄《素書》一卷,亦題黃石公撰,《提要》疑是宋人僞書。

諸呂用事而盜取之。武帝時,軍政楊僕捃摭遺逸,紀奏兵錄,猶未能備。至於孝成,命任宏論次兵書爲四種。

師古曰:"捃摭,謂拾取之。"《通志・校讎略》曰:"兵家一略,任宏所校,分權謀、形勢、陰陽、技巧爲四種。書又有圖四十三卷,與書參焉。觀其類列,亦可知兵,況見其書乎!"

漢書藝文志注解卷六

泰壹雜子星二十八卷

今佚。此泰壹當即《天官書》、《天文志》之太一，實爲恒星之領袖，今紫微垣中帝星也。王先謙曰："雜子星者，蓋此書雜記諸星，以太一冠之，猶下雜變星，以五殘冠之也。"

五殘雜變星二十一卷

今佚。師古曰："五殘，星名也。見《天文志》。"案《天官書》、《天文志》，自"中宮天極星，其一明者，泰一之常居也"以下東宮、南宮、西宮、北宮，至"織女，天女孫也"，皆志恒星，而泰一爲首。自"國皇星"以下，至"景星"，皆志不常見之星。五殘居第三，變星，有不常見之義，則子星其恒星歟？

黃帝雜子氣三十三篇

今佚。《天官書》："自華以南，氣下黑上赤。嵩高、三河之郊，氣正赤。恒山之北，氣下黑上青。勃、碣、海、岱之間，氣皆黑。江、淮之間，氣皆白。"沈欽韓曰："《御覽》引《黃帝占軍氣訣》曰：'攻城有虹，欲敗之應。'"

常從日月星氣二十一卷

今佚。師古曰："常從，人姓名也。老子師之。"案《周禮·春官》："保章氏掌天星，以志星辰日月之變，動以觀天下之遷，辨其吉凶。"注曰："星謂五星。辰，日月所會。五星有贏縮圜角，日有薄食運珥，月有盈虧朓側匿之變。七者右行列舍，天下禍福變移所在皆見焉。"

皇公雜子星二十二卷

今佚。

淮南雜子星十九卷

今佚。

泰壹雜子雲雨三十四卷

今佚。

國章觀霓雲三十四卷

今佚。"保章氏以五雲之物，辨吉凶、水旱降豐荒之祲象。"注曰："物，色也。視日旁雲氣之色。降，下也，知水旱所下之國。鄭司農云：'以二至二分觀雲色，青爲蟲，白爲喪，赤爲兵荒，黑爲水，黃爲豐。故《春秋傳》曰：凡分至啓閉，必書雲物，爲備故也。'"

泰階六符一卷

今佚。李奇曰："三台謂之泰階，兩兩成體，三台故六，觀色以知吉凶。故曰符。"案三台，今太微垣星。本書《東方朔傳》注有應劭引《黃帝泰階六符》經文。

金度玉衡漢五星客流出入八篇

今佚。玉衡，北斗柄第三星。五星：歲星即木星，熒惑即火星，太白即金星，辰星即水星，填星即土星。金度蓋闕。《御覽》引京氏《易五星占》。《志》凡漢代事，以漢總之。五星或爲客，或爲流，及出入皆有占也。

漢五星彗客行事占驗八卷

今佚。王先謙曰："彗客五星之變，以行事占之。"案保章氏"以十有二歲之相，觀天下之妖祥。"注曰："歲謂太歲。歲星與日同次之月，斗所建之辰也。歲星爲陽，右行於天，太歲爲陰，左行於地，十二歲而小周。其妖祥之占，《甘氏歲星經》其遺象也。鄭司農云：'太歲所在，歲星所居。《春秋傳》曰"越得歲而吳伐之，必受其凶"之屬是也。'"

漢日旁氣行事占驗三卷

今佚。本書《天文志》："暈適背穴，抱珥蜺蜺。"注："孟康曰："皆日旁氣也。'"《志》又云："王朔所候，決於日旁。日旁雲氣，人主象。皆如其形以占。"案《史記‧天官書》，漢之爲天數者，星則唐都，氣則王朔。朔，候氣專家也。

漢流星行事占驗八卷

今佚。本書《天文志》："彗孛飛流。"注："張晏曰："飛流謂飛星流星也。'孟康曰："飛，絕迹而去也。流，光迹相連也。'"

漢日旁氣行占驗十三卷

今佚。王先謙曰："此與上《日旁氣行事占驗》同，而奪一'事'字。云十三卷，蓋別一書。"

漢日食月暈雜變行事占驗十三卷

今佚。

海中星占驗十二卷

今佚。海中對漢言之，疑是四夷事。

海中五星經雜事二十二卷

今佚。

海中五星順逆二十八卷

今佚。

海中二十八宿國分二十八卷

今佚。保章氏"以星土辨九州之地，所封封域，皆有分星，以觀妖祥"。注曰："星土，星所主土也。封，猶界也。鄭司農說星土以《春秋傳》曰'參爲晉星'、'商主大火'，《國語》曰'歲之所在，則我有周之分野'之屬是也。玄謂大界則曰九州，州中諸國中之封域，於星亦有分焉。其書亡矣。堪輿雖有郡國所入度，非古數也。今其存可言者，十二次之分也。星紀，吳越也；玄枵，齊也；娵訾，衛也；降婁，魯也；大梁，趙也；實沈，晉也；

鶉首，秦也；鶉火，周也；鶉尾，楚也；壽星，鄭也；大火，宋也；析木，燕也。此分野之妖祥，主用客星彗孛之氣爲象。"《淮南·天文訓》："星部地名：角、亢，鄭。氐、房、心，宋。尾、箕，燕。斗、牽牛，越。須女，吳。虛、危，齊。營室、東壁，衛。奎、婁，魯。胃、昴、畢，魏。觜觿、參，趙。東井、輿鬼，秦。柳、七星、張，周。翼、軫，楚。"《史記·天官書》："角、亢、氐，兗州。房、心，豫州。尾、箕，幽州。斗，江、湖。牽牛、婺女，楊州。虛、危，青州。營室至東壁，並州。奎、婁、胃，徐州。昴、畢，冀州。觜觿、參，益州。東井、輿鬼，雍州。柳、七星、張，三河。翼、軫，荊州。"本書《地理志》：秦，東井、輿鬼。魏，觜觿、參。周，柳、七星、張。韓，角、亢、氐。趙，昴、畢。燕，尾、箕。齊，虛、危。魯，奎、婁。宋、房、心。衛，營室、東璧。楚，翼、軫。吳，斗。粵，牽牛、婺女。案二十八宿國分，當即《周官》之星土、《國語》之分野。自《淮南》以下四家說不同，其書既亡，無可折衷，竊謂國分非漢一隅之封，既屬海中，疑爲鄒衍所設大九州之分古今論。分野者，多指爲中國小九州封域，不可通。又《漢日食月暈》以上五家，皆以漢統之，疑若今所謂本國。海中星占驗以下六家，皆以海中統之，疑若今所謂世界。

海中二十八宿臣分二十八卷

今佚。

海中日月彗虹雜占十八卷

今佚。

圖書祕記十七篇

今佚。《推背圖》疑此之流。沈祖緜曰："圖即河圖，書即洛書。古人讖緯，皆從河洛而生。"

右天文二十一家，四百四十五卷。

如目，實四百十九卷。

天文者，序二十八宿，步五星日月，以紀吉凶之象，聖王所以參政也。

《史記·曆書》："今上即位，招致方士唐都，分其天部；而巴落下閎運算轉曆。"序二十八宿，即分天部運算轉曆。必步五星日月，前書盡佚，所紀吉凶之象不可知其源，蓋出保章氏之辨吉凶。《史記·天官書》、本書《天文志》、《五行志》皆存其梗概。聖王所以參政者，《天文志》曰："經星常宿中外官凡百一十八名，積數七百八十三星，皆有州國官宫物類之象。其伏見蚤晚，邪正存亡，虛實闊狹，及五星所行，合散犯守，陵歷鬥食，彗孛飛流，日月薄食，暈適背穴，抱珥虹蜺，迅雷風袄，怪雲變氣變：此皆陰陽之精，其本在地，而上發於天者也。政失於此，則變見於彼，猶景之象形，鄉之應聲。是以明君覩之而寤，飭身正事，思其咎謝，則禍除而福至，自然之符也。"

《易》曰："觀乎天文，以察時變。"

師古曰："《賁卦》之彖辭也。"

然星事殈悍，非湛密者弗能由也。

星事殈悍不易知，不知而妄測之則搖動天下，且天道祕，非可盡泄，泄之則殺其身，故非湛密不能由。師古曰："殈讀與凶同。湛讀曰沈。由，用也。"

夫觀景曰譴形，非明王亦不能服聽也。

《天文志》言："政失於此，而變見於彼，猶景之象形，明君覩之而寤，飭身正事，思其咎謝。"此觀景曰譴形也，非明君則不能矣。《史記·天官書》曰："天道命，不傳；傳其人，不待告；告非其人，雖言不著。"

曰不能由之臣，諫不能聽之主，此所以兩有患也。

本書《京房傳》：房事梁人焦延壽，延壽常曰："得吾道以亡身者，必京生也。"其說長於災變。房用之尤精。永光、建昭間，西羌反，日蝕，又久青無光，陰霧不精。房數上疏，先言其將然，近數月，遠一歲，數言屢中，天子說之。是時中書令石顯顓權。房嘗晏見，諫帝比石顯於豎刁、趙高，謂帝即位已來，日月失明，星辰逆行，山崩泉涌，地震石隕，夏霜冬雷，春凋秋榮，隕霜不殺，水旱螟蟲，民人飢疫，盜賊不禁，刑人滿市，《春秋》所記災異盡備，爲信任石顯故。顯疾房，欲遠之，乃言於帝，以爲魏郡太守，房知其故，憂懼，又上封事，諫用石顯。月餘，顯告房非謗政事，歸惡天子，竟徵下獄棄市。

黃帝五家曆三十三卷

今佚。《史記・五帝本紀》：黃帝“迎日推策”。《索隱》：“《封禪書》曰‘黃帝得寶鼎神策’，下云‘於是推策迎日’，則神策者，神蓍也。黃帝得蓍以推算曆數，於是逆知節氣日辰之將來，故曰推策迎日也。”又《天官書》：“自初生民以來，世主曷嘗不曆日月星辰？及至五家、三代，紹而明之。”《索隱》：“五家，謂五紀，歲、月、日、星辰、曆數，各有一家顓學習之，故曰‘五家’也。”《正義》：“五家，黃帝、高陽、高辛、唐虞、堯舜也。三代，夏、殷、周也。”

顓頊曆二十一卷

今佚。《史記・五帝本紀》：“顓頊載時以象天。”《索隱》：“言行四時以象天。”

顓頊五星曆十四卷

今佚。《續漢・律曆志》注引蔡邕《月令論》曰：“顓帝曆術曰‘天元正月己巳，朔旦立春，俱以日月起於天廟營室五度。’”

日月宿曆十三卷

今佚。

夏殷周魯曆十四卷

今佚。本書《律曆志》："三代既没，五伯之末史官喪紀，疇人子弟分散，或在夷狄，故其所記有《黃帝》、《顓頊》、《夏》、《殷》、《周》及《魯曆》。"

天曆大曆十八卷

今佚。

漢元殷周諜曆十七卷

今佚。《續漢・律曆志》："黃帝造曆，元起辛卯，而顓頊用乙卯，虞用戊午，夏用丙寅，殷用甲寅，周用丁巳，魯用庚子。漢興承秦，初用乙卯，至武帝元封，不與天合，乃會術士作《太初曆》，元曰丁丑。"案漢元當是丁丑元，以之上推殷周，猶《續漢志》言四分曆，仲紀之元起於孝文皇帝後元三年，歲在庚辰，上四十五歲，歲在乙未，則漢興元年也。又上二百七十五歲，歲在庚申，則孔子獲麟。二百七十六萬歲尋之上行，復得庚申，歲歲相承，從下尋上，其執不誤，諜譜第也。

耿昌月行帛圖二百三十二卷

今佚。中國曆法最重月行，帛圖當是繪圖於帛，至二百三十二卷，則專家之學矣。《續漢・律曆志》載賈逵論引"甘露二年大司農耿壽昌奏，以圖儀度日月行，考驗天運狀"云云，即此人也。

耿昌月行度二卷

今佚。

傳周五星行度三十九卷

今佚。傳當爲傅矣。

律曆數法三卷

今佚。日冬至則黃鐘之氣應，夏至則蕤賓之氣應，春分則夾鐘應，秋分則南呂應。律數應曆數，律分應晷景，律曆相表裏也。

自古五星宿紀三十卷

今佚。

太歲謀日晷二十九卷

今佚。

帝王諸侯世譜二十卷

今佚。

古來帝王年譜五卷

今佚。《史記·十二諸侯年表》自共和元年始,共和以前訖黄帝爲《三代世表》,不著年。

日晷書三十四卷

今佚。

許商算術二十六卷

今佚。

杜忠算術十六卷

今佚。沈欽韓曰:"此許商、杜忠所爲,即是《九章術》。"

右曆譜十八家,六百六卷。

如目,實五百六十六卷。

曆譜者,序四時之位,正分至之節,會日月五星之辰,以考寒暑殺生之實。

《續漢·律曆志》:"日行北陸謂之冬,西陸謂之春,南陸謂之夏,東陸謂之秋。"此"四時之位"也。又"日道發南,去極彌遠,其景彌長,遠長乃極,冬乃至焉。日道斂北,去極彌近,其景彌短,近短乃極,夏乃至焉。二至之中,道齊景正,春秋分焉。"此"分至之節"也。《左·昭七年傳》:"日月之會是謂辰。"《書·堯典》:"在璿璣玉衡,以齊七政。"鄭康成云:"七政,日月五星也。"四時定,分至正,七政齊,則寒暑殺生之實有所考矣。

故聖王必正曆數，以定三統服色之制。

《續漢·律曆志》：“元法，四千五百六十。紀法，千五百二十。紀月，萬八千八百。蔀法，七十六。蔀月，九百四十。章法，十九。章月，二百三十五。周天，千四百六十一。日法，四。蔀日，二萬七千七百五十九。沒數，二十一，爲章閏。通法，四百八十七。沒法，七，因爲章閏。日餘，百六十八。中法，三十二。大周，三十四萬三千三百三十五。月周千一十六。”曆數此類是也。又《古文尚書·大禹謨》：“天之曆數在汝躬，汝終陟元后。”孔傳：“曆數謂天道。”疏：“曆數謂天曆運之數，帝王易姓而興，故言曆數。”本書《律曆志》：“自殷周皆創業改制，咸正曆紀，服色從之，順其時氣，昭應天道。”又曰：“於夏爲三月，商爲四月，周爲五月。夏數得天，得四時之正也。三代各據一統，明三統常合，而迭爲首，登降三統之首，周還五行之道也。故三五相包而生。天統之正，始施於子半，日萌色赤。地統受之於丑初，日肇化而黃，至丑半，日牙化而白。人統受之於寅初，日孳成而黑，至寅半，日生成而青。天施復於子，地化自丑畢於辰，人生自寅成於申。故曆數三統，天以甲子，地以甲辰，人以甲申。孟仲季迭用事爲統首。三微之統既著，而五行自青始，其序亦如之。五行與三統相錯。傳曰‘天有三辰，地有五行’，然則三統五星可知也。”《白虎通》：“王者受命必改朔何？明易姓，示不相襲也。”“正朔有三何本？天有三統，謂三微之月也。明王者當奉順而成之，故受命各統一政也。敬始重本也。朔者，蘇也，革也。言萬物革更於是，故統焉。《禮·三正記》曰：‘正朔三而改，文質再而復也。’三微者，何謂也？陽氣始施黃泉，萬物動微而未著也。十一月之時，陽氣始養根株黃泉之下，萬物皆赤，赤者，盛陽之氣也。

故周爲天正,色尚赤也。十二月之時,萬物始牙而白,白者,陰氣,故殷爲地正,色尚白也。十三月之時,萬物始達,孚甲而出,皆黑,人得加功,故夏爲人正,色尚黑。《尚書大傳》曰:'夏以孟春月爲正,殷以季冬月爲正,周以仲冬月爲正。夏以十三月爲正,色尚黑,以平旦爲朔。殷以十二月爲正,色尚白,以鷄鳴爲朔。周以十一月爲正,色尚赤,以夜半爲朔。不以二月後爲正者,萬物不齊,莫適所統。故必以三微之月也。'三正之相承,若順連環也。孔子承周之弊,行夏之時,知繼十一月正者,當用十三月也。"《禮·稽命微》曰:"舜以十一月爲正統,尚赤。堯以十月爲正,尚白。高辛氏以十二月为正,尚黑。高陽氏以十一月爲正,尚赤。少昊以十二月爲正,尚白。黃帝以十二月爲正,尚黑。神農以十一月爲正,尚赤。女媧以十二月爲正,尚白。伏羲以上,未有聞焉。"

又以探知五星日月之會。凶阨之患,吉隆之喜,其術皆出焉。

五星日月之會,有吉有凶,其於人,或爲喜,或爲患,今星命家蓋出此術。西人穆尼閣著《天步真原》,以太陽、太陰、官祿、宮命、宮福星共五處爲照星,以木、金、水、土、火五星之本體及五星各項之絡照共四十處爲許星,照星每年各右行一度,其行值木、金、水之本體及絡照爲吉隆之喜,其行值土、火之本體及絡照爲凶阨之患。

此聖人知命之術也。非天下之至材,其孰與焉。

材猶藝能。師古曰:"與,讀曰豫。"知命,如堯曰"咨爾舜,天之曆數在爾躬"是也。《左·成十三年傳》:劉康公曰:"民受天地之中以生,所謂命也。"案天有曆運之數而民生於其中,無所逃命。古聖王正三統以定服色之制,知天命也。術者用人生年月日八字推其强弱,又於行運視窮通,於流年視隆阨,於天星視吉凶,亦以知命,第方術之所爲耳。本書《律曆志》:

"曆數日閏正天地之中，以作事厚生，皆所以定命也。"

道之亂也，患出於小人而强欲知天道者，壞大以爲小，削遠以爲近，是曰道術破碎而難知也。

非天下之至材，不能與於此，故小人不可强知。天道全體，至遠至大，得其一端者爲方術，得其全體者爲道術。壞大爲小，削遠爲近，皆方術之所爲。今之星命家，皆所謂小人而强欲知天道者。蓋自孔子五十知命以來，未有能知天道之全體者也。

泰一陰陽二十三卷

　　今佚。

黃帝陰陽二十五卷

　　今佚。

黃帝諸子論陰陽二十五卷

　　今佚。

諸王子論陰陽二十五卷

　　今佚。

太元陰陽二十六卷

　　今佚。

三典陰陽談論二十七卷

　　今佚。

神農大幽五行二十七卷

　　今佚。

四時五行經二十六卷

　　今佚。

猛子閭昭二十五卷

　　今佚。

陰陽五行時令十九卷

今佚。

堪輿金匱十四卷

今佚。師古曰：“許慎云‘堪，天道；輿，地道也’。”沈祖緜曰：
“此書列入五行家，疑即今之《紫白圖》。”按《漢書·日者
傳》，[①]娶婦謀於堪輿家，可類推今曆書僅載年月紫白，不載日
時之紫白矣。此圖爲天道地道之玄關。

務成子災異應十四卷

今佚。《吕氏春秋》：“務成子，堯師也。”

十二典災異應十二卷

今佚。

鍾律災異二十六卷

今佚。

鍾律叢辰日苑二十三卷

今佚。叢辰略見《協紀辨方》，蓋即星命家所論星宿也。

鍾律消息二十九卷

今佚。

黃鍾七卷

今佚。

天一六卷

今佚。《淮南·天文訓》：“天神之貴者，莫貴於青龍，或曰
天一，或曰太陰。”《史記·日者列傳》：“褚先生曰：孝武帝
時，聚會占家問之，某日可取婦乎？五行家曰可，堪輿家
曰不可，建除家曰不吉，叢辰家曰大凶，曆家曰小凶，天
人家曰小吉，太乙家曰大吉。辯訟不決，以狀聞。制曰：

---

① “漢書”當作“史記”。

'避諸死忌，以五行爲主。'人取於五行者也。"案天人疑
即天一。

泰一二十九卷

今佚。

刑德七卷

今佚。

風鼓六甲二十四卷

今佚。

風后孤虛二十卷

今佚。《史記·龜策傳》：褚先生曰"日辰不全，故有孤虛。"《集
解》："甲乙謂之日，子丑謂之辰。《六甲孤虛法》：甲子旬中無戌
亥，戌亥爲孤，辰巳爲虛。甲戌旬中無申酉，申酉爲孤，寅
卯爲虛。甲申旬中無午未，午未爲孤，子丑为虛。甲午旬
中無辰巳，辰巳爲孤，戌亥爲虛。甲辰旬中無寅卯，寅卯爲
孤，申酉爲虛。甲寅旬中無子丑，子丑爲孤，午未为虛。"
《後漢書·方術傳》注："孤爲六甲之孤，辰對孤爲虛。"

六合隨典二十五卷

今佚。子與丑合，寅與亥合，卯與戌合，辰與酉合，巳與申合，
午與未合。

轉位十二神二十五卷

今佚。

羨門式法二十卷

今佚。《司馬相如傳》注："羨門，偈石山上仙人羨門高也。"
《郊祀志》："求仙人羨門之屬。"應劭曰："羨門，名子高，古仙
人也。"

羨門式二十卷

今佚。

文解六甲十八卷

今佚。

文解二十八宿二十八卷

今佚。

五音奇胲用兵二十三卷

今佚。師古曰:"許慎云:胲,軍中約也。"案《淮南·兵略訓》:"明於奇賮陰陽刑德,五行望氣候,星龜策機祥。"高注:"奇賮,陰陽奇祕之要,非常之術。"

五音奇胲刑德二十一卷

今佚。

五音定名十五卷

今佚。

右五行家三十一家,六百五十二卷。

如目,寔六百五十四卷。

五行者,五常之刑氣也。

刑,本作形,是也。《中庸》注:"木神則仁,金神則義,火神則禮,水神則信,土神則知。"蓋五常者,五行之神也。以俗學言之,五行爲物質,五常爲精神,有形有氣是有質也。

《書》云:"初一曰五行,次二曰羞用五事。"言進用五事以順五行也。

師古曰:"《周書·洪範》之辭也。"案今梅賾本"羞"作"敬"。

貌、言、視、聽、思心失,而五行之序亂,五星之變作,皆出於律曆之數而分爲一者也。

律曆之數,天數也,律曆之學即天數之學。五行各家皆分於律曆而自爲一家耳。《堯典》:"協時月正日曆也,同律度量衡律也。"其源蓋皆出於天貌一,事言二,事視三,事聽四,事思心五,事失則不順五行而讁見於天。師古曰:"説在《五行志》也。"

其法亦起五德終始，推其極則無不至。

《史記·曆書》：戰國“獨有鄒衍，明於五德之轉”。《孟荀列傳》：鄒衍“深觀陰陽消息而作怪迂之變，《終始》、《大聖》之篇十餘萬言，稱引天地剖判以來，五德轉移，治各有宜”。本《志》諸子陰陽家著《鄒子終始》五十六篇，又著《公檮生終始》十四篇，至漢文帝時魯人公孫臣以《終始五德》上書武帝，時丞相屬寶、長安單安國、安陵桷育亦治終始。其後劉向亦論五德終始，蓋奏漢以前專門之学也。[1] 本書《律曆志》：“太昊爲百王先，首德始於木，炎帝以火承木，火生土，故黃帝爲土德。土生金，故少昊爲金德。金生水，故顓頊爲水德。水生木，故帝嚳爲木德。唐帝火德，虞帝土德，伯禹金德，成湯水德，武王木德，漢火德。”此即劉向之説也。《易緯·乾鑿度》：“孔子曰：至德之數先立木金水火土，德合三百四歲，五德備凡一千五百二十歲，大終復初。其求金木水火土德日名之法，道一紀，七十六歲，因而四之，爲三百四歲，以一歲三百六十五日四分乘之，凡爲十一萬一千三十六。以甲爲法除之，餘三十六。以三十六甲子始數立，立算皆爲甲旁，算亦爲甲。以日次次之母算者，乃木金水火土德之日也，德益三十六，五德而止，六日名甲子。木德主春，春生三百四歲，庚子金德，主秋成收，三百四歲。丙子火德，主夏長，三百四歲。壬子水德，主冬藏，三百四歲。戊子土德，主季夏致養，三百四歲。六子德四正，四正，子午卯酉也，而期四時。凡一千五百二十歲終一紀。五德者，所以立尊號，論天弗志長久。”又《周髀算經》甄鸞注引《乾鑿度》曰：“甲子爲蔀首七十六歲，次得癸卯蔀七十六歲，次壬午蔀七十六

---

[1]　“奏”，疑當作“秦”。

歲,次辛酉蔀七十六歲,凡三百四歲。木德也主春生,次庚子蔀,七十六歲,次己卯蔀,七十六歲,次戊午蔀十六歲。次丁酉蔀七十六歲,凡三百四歲,金德也主秋成。次丙子蔀,七十六歲,次乙卯蔀,七十六歲,次甲午蔀,七十六歲,次癸酉蔀,七十六歲,凡三百四歲,火德也,主夏長。次壬子蔀七十六歲,次辛卯蔀七十六歲,次庚午蔀七十六歲,次己酉蔀七十六歲,凡三百四歲,水德也,主冬藏。次戊子蔀七十六歲,次丁卯蔀七十六歲,次丙午蔀七十六歲,次乙酉蔀七十六歲,凡三百四歲,土德也,主致養。其德四正子午卯酉而朝四時焉,凡一千五百二十歲。終一紀,復甲子。"鄒子之法似本此。沈約云:"五德更王,有二家之說,鄒衍以相勝主體,劉向以相生爲義。"《孟荀列傳》又言:"鄒衍其語閎大不經,必先驗小物,推而大之,至於無垠。先序今以上至黃帝,學者所共術,大並世盛衰,因載其機祥度制,推而遠之,至天地未生,窈冥不可考而原也。先列中國名山大川,通谷禽獸,水土所殖,物類所珍,因而推之,及海外人之所不能睹。"此所謂推其極則無不至者歟?

而小數家因此以爲吉凶,而行於世,寖以相亂。

羞用五事以順五行,則天下之理得,否則政失於人而變見於天。天人之際捷於影響,如《五行志》所言,皆大數也。小數家若今星家是,其以爲吉凶而行於世,亦分於大數,無有謬妄,惟行世者志在求食,則或其術不精而妄言欺人,或祕其術而流傳謬種,故寖以相亂。師古曰:"寖,漸也。"

龜書五十二卷

今佚。

夏龜二十六卷

今佚。

南龜書二十八卷

今佚。

巨龜三十六卷

今佚。

雜龜十六卷

今佚。

蓍書二十八卷

今佚。《說文》："蓍，蒿屬，生十歲，百莖，《易》以爲數。"賈公彦云："凡草之靈莫善於蓍，凡蟲之靈莫善於龜。"

周易三十八卷

錢大昭曰："周易下當有脫字。"案此是占卜書，今佚。

周易明堂二十六卷

今佚。

周易隨曲射匿五十卷

今佚。本書《東方朔傳》："上嘗使諸數家射覆，置守宮盂下，射之，皆不能中。朔自贊曰：'臣嘗受《易》，請射之。'迺別蓍布卦而對曰：'臣以爲龍又無角，謂之爲蛇又有足，[①]跂跂脉脉，善緣壁，是非守宮即蜥蝪。'上曰：'善。'復使射他物，連中。"《三國志·管輅傳》："平原太守劉邠取印囊及山雞毛著器中，使筮。輅曰：'内方外員，五色成文，含寶守信，出則有章，此印囊也。高岳巖巖，有鳥朱身，羽翼玄黄，鳴不失晨，此山雞毛也。'"

大筮衍易二十八卷

今佚。

大次雜易三十卷

---

① "有"字原作"無"，據王先謙《漢書補注》改。

今佚。

鼠序卜黄二十五卷

今佚。《抱朴子·對俗篇》:"鼠壽三百歲,滿百歲則色白,善憑人而卜,名曰仲,能知一年中吉凶及千里外事。"又術家有五鼠遁,蓋日上起時法也。

於陵欽易吉凶二十三卷

今佚。

任良易旗七十一卷

今佚。良見《京房傳》。

易卦八具

今佚。今科學儀器類此矣。

右蓍龜十五家,四百一卷。

如目,寔四百七十七卷,又八具。

蓍龜者,聖人之所用也。

《史記·日者列傳》:"自古受命而王,王者之興何嘗不以卜筮決於天命哉!"

《書》曰:"女則有大疑,謀及卜筮。"

師古曰:"《周書·洪範》之辭也。言所爲之事有疑,則以卜筮決之也。龜曰卜,蓍曰筮。"

《易》曰:"定天下之吉凶,成天下之亹亹者,莫善於蓍龜。""是故君子將有爲也,將有行也,問焉而以言,其受命也如嚮,無有遠近幽深,遂知來物。非天下之至精,其孰能與於此!"

師古曰:"皆《上繫》之辭也。亹亹,深遠也。言君子所爲行,皆以其言問於《易》。受命如嚮者,謂示以吉凶,其應速疾,如嚮之隨聲也。遂,猶究也。來物,謂當來之事也。嚮與響同。與讀曰豫。"

及至衰世,解於齊戒,而婁煩卜筮,神明不應。

師古曰："解讀曰懈。齊讀曰齋。婁讀曰屢。"《禮記·祭統》："散齊七日以定之，致齊三日以齊之。定之之謂齊，齊者，精明之至也，然後可以交於神明也。"

故筮瀆不告，《易》以爲忌；龜厭不告，《詩》以爲刺。

師古曰："《易·蒙卦》之辭曰'初筮告，再三瀆，瀆則不告'，言童蒙之来決疑，初則以實而告，至於再三，爲其煩瀆，乃不告也。""《小雅·小旻》之詩曰'我龜即厭，不我告猶'，言卜問煩數，媟嫚於龜，龜靈厭之，不告以道也。"案今筮卜往往不靈即因此。古聖人有大疑而謀及乃心，謀及卿土，謀及庶人。不決，始謀及卜筮。故其意誠而神告之如嚮，盖惟聖人乃能用之。

黄帝長柳占夢十一卷

今佚。《史記正義》引《帝王世紀》云："黄帝夢大風吹天下之塵垢皆去，又夢人執千鈞之弩，驅羊萬羣。帝寤而嘆曰：'風爲號令，執政者也。垢去土，后在也。天下豈有姓風名后者哉？夫千鈞之弩，異力者也。驅羊數萬羣，能牧民爲善者也。天下豈有姓力名牧者哉？'於是依二占而求之，得風后於海隅，登以爲相。得力牧於大澤，進以爲將。黄帝因著《占夢經》十一卷。"《詩·小雅》"大人占之"，鄭《箋》謂"以聖人占夢之法占之"。《周禮》亦有占夢之官。

甘德長柳占夢二十卷

今佚。《史記·天官書》："昔之傳天數者在齊甘公。"徐廣曰："或曰甘公，名德也，本是魯人。"

武禁相衣器十四卷

今佚。

嚏耳鳴雜占十六卷

今佚。《玉匣記》等所載是其流也。

禎祥變怪二十一卷

今佚。《中庸》疏:"本有今異曰禎,如本有雀,今有赤雀来,是禎也。本無今有曰祥,本無鳳今有鳳来,是祥也。"

人鬼精物六畜變怪二十一卷

今佚。

變怪誥咎十三卷

今佚。

執不祥劾鬼物八卷

今佚。

請官除訞祥十九卷

今佚。《周官》:"眡祲掌安宅。"注曰:"人見妖祥則不安,主安其居處也。"前書與此皆其流也。師古曰:"訞與妖同。"

禳祀天文十八卷

今佚。師古曰:"禳,除災也。"

請禱致福十九卷

今佚。

請雨止雨二十六卷

今佚。

泰一雜子候歲二十二卷

今佚。《史記‧天官書》有"候歲美恶"一節。又言"自漢之爲天數者,占歲則魏鮮"。

子贛雜子候歲二十六卷

今佚。

五法積貯寶藏二十三卷

今佚。

神農教田相土耕種十四卷

今佚。

昭明子鈞種生魚鼈八卷

今佚。

種樹臧果相蠶十三卷

今佚。

右雜占十八家三百一十三卷

如目，實三百一十二卷。

雜占者，紀百事之象，候善惡之徵。

占者，視兆以知吉凶也。善惡猶吉凶。師古曰："徵，證也。"

《易》："占事知來。"

師古曰："《下繫》之辭也。言有事而占，則覩方來之驗也。"案
《上繫》曰："極數知來謂之占。"

衆占非一，而夢爲大，故周有其官。

師古曰："謂大卜掌三夢之法，又占夢中士二人皆宗伯之
屬官。"

而《詩》載熊羆虺蛇衆魚旐旟之夢，著明大人之占，以考吉凶。

師古曰："《小雅・斯干》之詩曰：'吉夢維何？維熊維羆，
男子之祥；維虺維蛇，女子之祥。'《無羊》之詩曰：'牧人乃
夢，衆維魚矣，旐維旟矣。大人占之：衆維魚矣，實維豐
年；旐維旟矣，室家溱溱。'言熊羆虺蛇皆爲吉祥之夢，而
生男女。及見衆魚，則爲豐年之應，旐旟則爲多盛之象。
大人占之，謂以聖人占夢之法占之也。畫龜蛇曰旐，魚隼
曰旟。"

蓋參卜筮。

參謂與之相參，交互之意。

《春秋》之説訞也，曰："人之所忌，其氣炎以取之，訞由人興也。
人失常則訞興，人無釁焉，訞不自作。"

師古曰:"申繻之辭也。事見莊公十四年。炎謂火之光始燄燄也。言人之所忌,其氣燄引致於災也。釁,瑕也。失常,謂反五常之德也。炎,讀與燄同。"

故曰:"德勝不祥,義厭不惠。"

師古曰:"厭音伊葉反。惠,順也。"

桑穀共生,大戊以興。雊雉登鼎,武丁爲宗。

《史記·殷本紀》:"帝太戊立伊陟爲相。亳有祥桑穀共生於朝,一暮大拱。帝太戊懼,問伊陟。伊陟曰:'臣聞妖不勝德,帝之政其有闕與?帝其修德。'太戊從之,而祥桑枯死而去。殷復興,諸侯歸之,故稱中宗。"又曰:"帝武丁祭成湯,明日,有飛雉登鼎耳而呴,武丁懼。祖己曰:'王勿憂,先修政事。'武丁修政行德,天下咸驩,殷道復興。帝武丁崩,祖己嘉武丁之以祥雉爲德,立其廟爲高宗。"師古曰:"説在《郊祀》、《五行志》。"

然惑者不稽諸躬,而忌訞之見,是以《詩》刺"召彼故老,訊之占夢",傷其舍本而憂末,不能勝凶咎也。

師古曰:"《小雅·正月》之詩也。故老,元老也。訊,問也。言不能修德以禳災,但問元老以占夢之吉凶。"稽,考也,計也。案《正月》之詩,刺幽王也。《箋》云:"君臣在朝,侮慢元老。召之,不問政事,但問占夢;不尚道德,而信徵祥之甚。"

山海經十三篇

今存。《四庫》著録十八卷。考劉秀《上山海經》奏稱:"經凡三十二篇,今定爲一十八篇。"則十八卷,自劉秀始也。沈欽韓曰:"十三篇者,劉向於時合《南山經》三篇以爲《南山經》一篇,《西山經》四篇以爲《西山經》一篇,《北山經》三篇以爲《北山經》一篇,《東山經》四篇以爲《東山經》一篇,《中山經》十二篇以爲《中山經》一篇，並《海外經》四篇，《海内經》四篇，凡十三篇。至劉歆增《大荒經》四篇，《海内經》一篇，故爲十八篇。"案《隋志》列此書爲史部地理類之首，至《四庫》收子部小説家類下。《國朝》與《宫宅地形》皆古卜地之書，今看風水之地理家是其流也。《志》列《山海經》於前，則以爲亦風水書，然此經所記，實全世界之大形也。

國朝七卷

今佚。

宫宅地形二十卷

今佚。《四庫全書總目提要》曰："相宅、相墓自稱堪輿家。考《漢志》有《堪輿金匱》十四卷，列於五行，顔師古注引許慎曰'堪，天道；輿，地道'，其文不甚明。而《史記·日者列傳》有武帝聚會占家問某日可娶婦否，堪輿家言不可之文。《隋志》則作堪餘，亦皆日辰之書，則堪輿，占家也，又自稱曰形家。考《漢志》有《宫宅地形》二十卷，列於形法，其名稍近，然形法所列兼相人、相物，則非相宅、相地之專名，亦屬假借。"案今堪輿家亦自稱地理家。

相人二十四卷

今佚。現行《冰鑑》、《太清神鑑》、《人倫大統》、《賦神管照》、《玉局古人》、《識鑒》是其流也。《荀子·非相篇》："相，視也。視其骨狀以知吉凶貧賤。"

相寶劍刀二十卷

今佚。

相六畜三十八卷

今佚。現行《水黄牛經》、《駝經》是其流也。

右形法六家，百二十二卷。

如目，合。

形法者,大舉九州之勢以立城郭室舍,形人及六畜骨法之度數、器物之形容以求其聲氣貴賤吉凶。

"大舉九州之勢以立城郭室舍",即相地相宅;"形人及六畜骨法之度數、器物之形容",即相人相物。形,相之也。

猶律有長短,而各徵其聲,非有鬼神,數自然也。

黃鍾管長,其聲濁;應鍾管短,其聲清。十二律管有長短,聲有清濁,以今物理學言之,震動數多,則聲清,少則濁,自然之理也。

然形與氣相首尾,亦有有其形而無其氣,有其氣而無其形,此精微之獨異也。

以今堪輿家風水書言之,論形必大舉九州之勢而立城郭室舍,則所重在氣。氣有來龍,有過脉,有止處。周景一《山洋指迷》曰:"氣者陰陽五行之氣,形則山峙水流之形也。"又曰:"凡龍穴砂水有形勢可見者,皆巒頭內事。凡先天、後天、雙山、四經、三合、玄空、穿山、透地、生度、分金、休囚、旺相、氣運、歲時,皆理氣內事。"明輝案,堪輿之學分巒頭、理氣兩大宗,即形與氣也。《詩》云"既景迺岡,相其陰陽,觀其流泉",此公劉居豳之事也。"即景迺岡",相氣之來龍,視其流泉,相氣之止處。且陰陽屬理氣,而岡與泉屬巒頭,則形氣之說導源於此也。今所行風水書,《青囊經》最古,沿稱黃石公傳。本《經》上篇有曰:"天依形,地附氣。"蔣大鴻《傳》曰:"天非廓然虛空者爲天也,其氣常依於有形,而無時不下濟地;非塊然不動者爲地也,其形常附於元氣,而無時不上升。"《經》中篇有曰:"天之所臨,地之所盛,形止氣蓄,萬物化生,上下相須而成一體。"蔣曰:"地有五行,實因天有五曜。五曜凝精於上,五行流氣於下。天之星宿,五曜之分,光列象者也。地之山川,五行之成形結撰者也。故山川非列宿而常具列宿之形，觀其形之所呈，即以知其氣之所稟。且亦知星宿之所以麗於天，山川之所以列於地者乎。天之氣無往不在，而日得天之陽精而恒爲日，月得天之陰精而恒爲月，五曜得五曜之精而恒爲緯。至於四垣二十八宿，衆星環列，又得日月五星之精而恒爲經。此則在天之有形者，有以載天之氣也。地之氣無往不在，而山得日月五星之氣而恒爲山，川得日月五星之氣而恒爲川，此則在地之有形者，有以載地之氣也。列宿得天之氣而生於天，列宿與天爲一體也；山川得地之氣而生於地，山川與地爲一體也。萬物之生於天地，何獨不然？夫萬物非能自生，借天地之氣以生，然天地非有意於生萬物，萬物自有氣焉，適與天地之氣相遇於窅冥恍惚之中。夫有所沾濡焉，夫有所綢繆焉，夫有所苞孕焉，遂使天地之氣住而不去，積之累之，與物爲一，乃勃然以生爾。地理之道，必使我所取之形足以納氣而氣不我去，則形與氣交而爲一；必使我所居之地足以承天而天不我隔，則地與天交而爲一。夫天地形氣既合而爲一，則所葬之骨亦與天地之氣爲一，而死魄生人氣脉灌輸亦無不一，福應之來若機張審括。”《經》下篇有曰：“理寓於氣，氣囿於形。”蔣曰：“形氣雖殊，而其理則一，示人以因形求氣，爲地理入用之準繩。夫理寓於氣，氣一太極也；氣囿於形，形一太極也。八方之中各自有氣，然皆流行而無止蓄，故從八方來者，還從八方而去。千山萬水，僅供耳目之玩好，如傳舍，如過客，總不足以瀹發靈機，滋荄元化，而只謂之外氣，必有爲之內氣者焉。所謂內氣，非內所自有，即外來流行之氣於此乎止。有此一止，則八方之行形者，皆招攝翕聚乎此，是一止而無所不止。於此而言，太極乃爲真太極矣。無所不止，則陽無所不資，陰無所不用，而生生不息之道在其中。太極生兩儀，兩儀生四象，四象生八卦，萬事萬物皆胚胎乎此。前篇所謂‘形止氣蓄，萬物化生’蓋謂此也。”《青囊》而後，有郭璞之《葬經》。《經》云：“土形氣行。”又云：“丘隴之骨，岡阜之支，氣之所隨。”又云：“形勢不經，氣脱如逐。”至唐而楊救貧最爲名家，其語曾求己有曰“形以象氣，氣以成形”。張心言爲《地理辨正》作疏而自亦立論曰：“不知巒頭者，不可與言理氣；不知理氣者，不可與言巒頭。精於巒頭者，其盡頭工夫，理氣自合；精於理氣者，其盡頭工夫，巒頭自見。蓋巒頭之外無理氣，理氣之外無巒頭也。夫巒頭非僅龍穴砂水略知梗概而已，必察乎地勢之高下，水源之聚散，砂法之向背，就氣之厚薄，遠求之十里二十里，近得之一二里之間，然後細察穴情，辨其真僞。或堂寬局固，砂水遠應，則挨左挨右，寸寸是玉，一地非止一穴。雖得氣有深淺之殊，而獲效無吉凶之異。或堂局緊巧，砂水近應，則邊死邊生，毫釐千里。一地止容一穴，甚或有取臨邊，有取掛角者，不礙奇而法也。然古來名墓，正堂正局，立向正齊者，十之八九，飛邊釣角，出向不正而見歪斜者，百僅一二，是亦不可不知。總要平時高瞻遠矚，屏棄諸家僞法，某字吉，某字凶等說，專從巒頭，求其天然之地，天然之穴，天然之向。蔣氏所謂，但當論其是地非地，不當論其屬何卦體，屬何干支，蓋真龍真穴，自無兩宮雜亂之龍，兩儀差錯之水，此巒頭合理氣之說也。古人为人卜葬，或斷初年鼎盛，或斷遲之而應，或遲之有久而後應，蓋未嘗不知三年易理，而龍穴既真，則應之遲速，在所不論，惟適當二十年，煞龍煞水之時，則雖屬吉壤，必有咎徵，當知謹避耳。倘於巒頭既不深求，又復長生墓庫，纏擾胸中，則地之真僞且不能辨，更無論力之大小輕重乎。即使偶然尋得地來，烏能恰好扦得穴？《正經》曰‘地吉葬凶，與棄死同’，蓋謂此也。而理氣非僅六十四卦、八盤、九運已也，必有取乎卦之反對，有取乎爻之反對，有取乎老少陰陽之能分，有取乎四正四隅之不雜，如穴内龍水俱近，不能左右挨加，則下穴有一定之理，一地只收一運之龍。倘局内龍近水遠，則左右量挨，遠收之卦不變，而近收之卦可移，是臨時有權宜之用。一地或兼收二運之龍，固有同此向穴，前人葬此，因凶遷去，後人葬之，反獲吉效者。有煞運已退，旺運將來，或遷改洩氣而益見其凶，能守舊待時而漸見獲福者。是皆運爲之也，宜在平時畫熟卦爻，多方覆按故宅。墓宅某時凶、某時吉之理，專從理氣推尋，何爲得運，何爲得令，何爲逢煞。蔣氏所謂卦氣之死絕，地氣之大死絕也；卦氣之生旺，地氣之大生旺也。蓋一卦收龍，諸卦收水，盡皆合法，斷非不等之地可知。況必逐節推論，則龍之起處，水之來源，砂之外口，必真龍正結，才能兩片三義，分毫不爽，若分枝劈脉，旁結砂結，安能有是，此理氣見巒頭之說也。"沈祖緜曰："言形不外山脉、水道，言理不外河圖、洛書。形者，體也；氣者，用也。以山川之體而以圖書之理用之。子思子曰：'上律天時，下襲水土。'八個字包括體用盡矣。"《志》所謂形與氣相首尾者，以上諸說大略具此。南唐何令通著《靈城精義》有云："穴情有顯有晦，形氣影之宜詳。"劉伯温釋之曰："穴場所在，其證佐有窩鉗乳突，是形之可見者也。古人即依形葬之，所謂形葬是也。至有形無窩鉗乳突之可證，只微微有突有塊，又微微有塊有弦，謂之氣穴，以其有氣而無形也，古人便用氣葬之。又有本體星辰全無形又無氣，帶飽而不開面，然真龍既到，必有真氣，乃至脱落平洋，或在田，或在坪，或在湖渚，隱隱隆隆，靈光若露，如所謂烏月沉江，其光在影之類，此即'窗外月明窗内白，水邊花發水中紅'之意，全於影上著精神也，以此古人又有形光之穴。夫氣穴無形，猶不離乎本體，乃影穴則脱本體而在影響之間，此等微茫極精極妙,自非道眼未易言此。今人只知葬形,蓋拘拘蟹眼蝦鬚說耳,豈知造作之妙,變化固無窮哉。"又葉泰注曰:"形穴者,有口有突,穴之易見者也。氣穴者,在陽則微微茫茫,無塊無突,在陰則剛飽無面,不口不窩,但審其氣之所在而作之,或堆培,或開鑿,皆是求氣法也。形穴之扦,能者多矣,至於認氣扦穴,必非庸目之所能者也。影穴者,真龍到頭,一片平鋪,毫無形氣可求,直至臨弦際田之所,上有脉來,下無脚出,但看面前,田塍如玉帶,娥眉兜抱,其上即穴,所謂'窗外月明窗內白'也。夫求氣之法,猶未離乎形也。然非道眼尚不能下,況乎影穴之離乎形氣者哉?"《精義》又云:"有弦有棱則形真,若湧若凸則氣到,認氣難於認脉,葬脉豈如葬氣。"劉釋云:"脉易見而氣難認,葬脉不如葬氣者,以脉犯陰而氣為陽,當葬氣也。時師多能葬脉不能葬氣者,以其原未明此,故禍常多而福常少也。"葉注云:"有脉盡而氣亦盡者,有脉盡而氣行未止者,有脉未盡而氣已先止者,有分有合皆為脉,有輪有暈始為氣,若不知葬氣而止知葬脉,其不犯煞脫氣者,鮮矣。"《山洋指迷》曰:"巒頭真,理氣自驗,巒頭假,理氣難憑,故理氣不合,而巒頭真者,難有瑕疵,不因理氣不合而不發富貴。理氣合而巒頭假者,定不因合理氣而發福祿。"凡此諸說,《志》所謂亦有有其形而無其氣,有其氣而無其形者。是蓋巒頭理氣兩宗,各有獨到處也。

凡數術百九十家,二千五百二十八卷。

如目,實二千五百五十卷。又八具。

數術者,皆明堂羲和史卜之職也。

《白虎通》:"天子立明堂者,所以通神靈,感天地,正四時。"阮元《明堂論》謂:"明堂者,天子所居之初名也,治天文告朔則於是。"《周禮·春官》：大史之職"大師，抱天時，與太師同車。"鄭司農云："大出師，則大史主抱式，以知天時，處吉凶。史官主知天道，故《國語》曰'吾非瞽史，焉知天道'。《春秋傳》曰'楚有雲如眾赤鳥，夾日以飛，楚子使問諸周大史'。大史主天道。"《隋書·經籍志》："天生五材，廢一不可，是以聖人推其終始，以通神明之變，爲卜筮以考其吉凶，占百事以觀於來物，覦形法以辨其貴賤。《周官》則分在保章、馮相、卜師、筮人、占夢、眡祲，而太史之職，實司總之。"案《周官》馮相、保章是太史之屬，卜師、筮人、占夢、眡祲，則太卜之屬，《隋志》誤。太卜，卜筮官之長，其屬有卜師、龜人、菙氏、占人、筮人、占夢、眡祲。《校讎通義》曰："諸子陰陽之本叙，以謂出於羲和之官，數術七種之總敘，又云'皆明堂羲和史卜之職也'。今觀陰陽部次所叙列，本與數術中之天文五行不相入。蓋諸子略中陰陽家，乃鄒衍談天、鄒奭雕龍之類，空論其理而不徵其數者也。數術略之天文曆譜諸家，乃泰一、五殘、日月星氣，以及黄帝、顓頊、日月宿曆之類，顯徵度數而不衍空文者也。"

史官之廢久矣，其書既不能具，雖有其書而無其人。《易》曰："苟非其人，道不虛行。"

師古曰："《下繫》之辭也。言道由人行。"案《史記·曆書》："幽、厲之後，周室微，陪臣執政，史不紀時，君不告朔，故疇人子弟分散，或在諸夏，或在夷狄，是以其機祥廢而不統。"本書《律曆志》亦曰："三代既没，五伯之末，史官喪紀，疇人子弟分散，或在夷狄。"據此則疇人出於史官，而數術出於疇人，故史官廢則數術書不具，雖有書無其人。

春秋時，魯有梓慎，鄭有裨竈，晉有卜偃，宋有子韋。六國時，楚有甘公，魏有石申夫，漢有唐都，庶得麤觕。

梓鄭見《左傳·襄十五年》，①禆竈見《左傳·襄二十八年》。卜偃，晋掌卜大夫，見《左傳·閔元年》。子韋，宋景公之史，見《吕覽》、《論衡》。甘公，《史記·天官書》云"齊人"，與此異。石申夫，《天官書》作石申，本書《天文志》載石氏甘氏說甚多，《天官書》亦甘、石並稱。唐都，見《天官書》，曰："自漢之爲天數者，星則唐都。"又《曆書》："今上即位，招致方士，唐都分其天部。"《太史公自序》："學天官於唐都。"師古曰："牐，精略也。"

蓋有因而成易，無因而成難，故因舊書以序數術爲六種。

六種百一十家，二千五百五十卷，皆舊書也，其於數術之學尚未能具。然學者因而求之則易於成，蓋愈于無書耳。《校讎通義》曰："數術一畧，分統七條，天文、曆譜、陰陽、五行、蓍龜、雜占、形法是也。以道器合一求之，則陰陽、蓍龜、雜占三條，當坿《易經》爲部次，曆譜當附《春秋》爲部次，五行當附《尚書》爲部次。縱使書部浩繁，或如詩賦，離《詩經》而別自爲畧，亦當申明源委於叙録之後也。"案數術六種，非七種，章氏贅陰陽一種，蓋誤。數術之學，祕傳密授者爲多，苟無其訣，雖讀盡羣書，亦不得其門而入。故曰"苟非其人，道不虛行"。章氏必以申明源委責人，毋亦未識其途迣也，乃欲强爲區分，附於《易》、《書》、《春秋》，其能免於不知而作之譏歟？

---

① 此處文字有誤，疑"梓鄭"當作"梓愼"，然《襄十五年》實無梓愼。

漢書藝文志注解卷七

黃帝內經十八卷

今傳《素問》、《靈樞》二書即此。《隋志》：《黃帝素問》九卷，《黃帝鍼經》九卷，合十八卷。《鍼經》即今《靈樞》。晉皇甫謐《甲乙經序》曰：“《鍼經》九卷，《素問》九卷，即《內經》也。”唐王砅曰：“《素問》即其經之九卷也，兼《靈樞》九卷，乃其數焉。雖復年移代革而授學猶存，懼非其人而時有所隱，故第七一卷師氏藏之，今之奉行惟八卷爾。”案今《素問》中《天元紀大論》、《五運行論》、《六微旨論》、《氣交變論》、《五常政論》、《六元正紀論》、《至真要論》七篇，与他篇略不相通，宋林億以爲王叔和《傷寒例》所稱陰陽大論之文，王砅取補所亡之第七卷者。《靈樞》，《四庫提要》亦以爲王砅僞造，非即《隋志》之《鍼經》云。又案醫經爲方技之冠，宜亦如兵權謀之兼形勢、包陰陽、用技巧，則經方、房中、神仙三種，當亦爲醫經所統攝。《黃帝內經》爲醫經之鼻祖，必具有衆長矣。惟神仙口訣秘傳密授，從無泄漏，而《素問》中未露端倪，則王砅所云“授學懼非其人，而時有所隱，故第七一卷師氏藏之者”，疑即此也。苟非其人，道不虛行，故隱之耳，師氏藏之以時出之。

外經三十七卷

今佚。

扁鵲內經九卷

《史記》列傳：“扁鵲姓秦氏，名越人。”《隋志》：“《黃帝八十一難》二卷。”《崇文總目》云：“秦越人。”王勃《八十一難經序》云：“歧伯以授黃帝，黃帝歷九師，以授伊尹；伊尹以授湯；湯

歷六師,以授太公;太公以授文王;文王歷九師,以授醫和;醫
和歷六師,以授秦越人。秦越人始定立章句,歷九師,以援華
陀;華陀歷六師,以授黃公;黃公以授曹元。"案今所傳《難經》
既相傳秦越人撰,疑即此《扁鵲内經》中書八十一難,皆論脉。
《扁鵲傳》曰:"至今天下言脉者,由扁鵲也。"

外經十二卷

今佚。

白氏内經三十八卷

今佚。

外經三十六卷

今佚。

旁篇二十五卷

今佚。

右醫經七家,二百一十六卷。

如目,實一百七十五卷。

醫經者,原人血脉筋落骨髓陰陽表裏,以起百病之本,死生之分。

醫經,推闡醫理之書,尊之爲經也。原者,推其所由來也。血
脉,血爲營精,營者,水穀之精也,調和於五臟,灑陳於六腑,
乃能入於脉也。脉者,血所行之道路,出入升降濡潤宣通靡
不由此也。脉之正幹謂之經,其旁枝別出者謂之絡。經有十
二,手太陽小腸經、手陽明大腸經、手少陽三焦經、手太陰肺
經、手少陰心經、手厥陰心包絡經、足太陽膀胱經、足陽明胃
經、足少陽膽經、足太陰脾經、足少陰腎經、足厥陰肝經也。
十二經之外,又有奇經八脉,曰衝脉、任脉、督脉、帶脉、陽維、
陰維、陽蹻、陰蹻是也。奇經者,奇零之奇,言十二經脉之外
又有此奇零之八經脉也。絡有十五,即十二經之別與督任二

脉之別，及脾之大絡也。骨者，腎之合，腎系貫脊，腎精足則
入脊化髓，上循入腦而爲腦髓，是髓者精氣之所會也。天地
有陰陽，人亦有陰陽。人之陰陽，則外爲陽内爲陰；人身之陰
陽，則背爲陽腹爲陰；人身臟腑中之陰陽，則臟爲陰而腑爲陽
也。表，外也。裏，内也。三陽爲表，三陰爲裏，而太陽爲表
之表，陽明爲表之裏，少陽爲半表半裏；太陰爲裏之裏，少陰
爲裏之表，厥陰爲半裏半表也。夫邪之傷人，先中於表，以漸
而入於裏，百病之起，皆本諸此。故經推其原而後死生之分
可以決矣。落、絡通。

而用度箴石湯火所施，調百藥齊和之所宜。

師古曰："箴，所以刺病也。石謂砭石，即石箴也。古者攻病
則有砭石，今其術絶矣。"案《素問·異法方宜論》："東方之
域，天地之所始生也，其病皆爲癰瘍，其治法宜砭石。西方
者，金石之域，砂石之處，天地之所吸引也，其病生於内，其治
宜毒藥。北方者，天地所閉藏之域也，藏寒生滿病，其治宜艾
焫。南方者，天地所長養，陽之所盛處也，其病攣痺，其治宜
微鍼。中央者，其地平以濕，天地所以生萬物也衆，其病多痿
厥寒熱，其治宜導引按蹻。"志所云度，疑即導引按蹻，箴即微
鍼，石即砭石，湯疑即毒藥，火即艾焫。又《血氣形志篇》："病
生於脉，治之以灸刺；病生於肉，治之以鍼石；病生筋，治之以
熨引；病生咽嗌，治之以甘藥；病生於不仁，治之以按摩醪
藥。"灸、熨，皆火也；甘藥、醪藥，皆湯也；按摩，度也。又案今
砭石攻病之術雖絶，而有用瓷片者或刮或刺，殆其流裔也。
齊，今之劑字，謂調百藥草木金石之劑，而和萬方君臣佐使之
宜也。藥方所配草木金石，量有多寡，故以君臣佐使別之，而
定其輕重也。

至劑之德，猶慈石取鐵，以物相使。

果如上言,則藥方之治病必有德矣。德者,得也,是猶慈石之吸鐵,各以物相使用也。慈石,今作磁石。

拙者失理,以瘉爲劇,以生爲死。

師古曰:"瘉讀與愈同,差也。"案粗工昧於醫理,以寒益寒,以熱增熱,如冰炭之相反,則輕病必重,重病必死矣。

五藏六府痹十二病方三十卷

今佚。師古曰:"痹,風溼之病。"

五藏六府疝十六病方四十卷

今佚。師古曰:"疝,心腹氣病。"

五藏六府癉十二病方四十卷

今佚。師古曰:"癉,黃病。"

風寒熱十六病方二十六卷

今佚。

泰始黃帝扁鵲俞拊方二十三卷

今佚。應劭曰:"黃帝時醫也。"師古曰:"拊,音膚。"《黃帝八十一難序》云:"秦越人與軒轅時扁鵲相類,仍號之爲扁鵲。"《史記·扁鵲傳》:"上古之時,醫有俞跗,治病不以湯液醴灑,鑱石橋引,案扤毒熨,一撥見病之應,因五藏之輸,乃割皮解肌,決脉結筋,搦髓腦揲荒爪幕,煎浣腸胃漱滌五藏,練精易形。"《周禮·疾醫》注:"脉之大候,要在陽明、寸口,能專是者,其惟秦和乎。岐伯、揄拊則兼彼數術者。"《呂氏春秋》:"巫彭作醫。"《說苑》:"上古之爲醫者,曰苗父;中古之爲醫者,曰俞拊。"

五藏傷中十一病方三十一卷

今佚。

客疾五藏狂顚病方十七卷

今佚。

金創瘲瘲方三十卷

今佚。師古曰：“小兒病也。”案《周禮》瘍醫有金瘍之祝藥，注：“金瘍，刃創也。”

婦人嬰兒方十九卷

今佚。

湯液經法三十二卷

《內經素問》有《湯液醪醴論》。《事物紀原》：《湯液經》出於商伊尹。《郊祀志》：“莽以方士蘇樂言，起八風臺於宮中，作樂其上，順風作液湯。”皇甫謐曰：“仲景《論伊尹湯液》爲十數卷。”長樂陳念祖《醫書》據此謂《傷寒論》、《金匱要略》諸方，除崔氏八味腎氣丸、侯氏黑散外，皆伊尹湯液經之遺方。案《傷寒論》與《金匱要略》皆漢末張機仲景著，今皆存。

神農黃帝食禁七卷

今佚。《周禮》有食醫。

右經方十一家，二百七十四卷。

如目，實二百九十五卷。

經方者，本草石之寒溫，量疾病之淺深，假藥味之滋，因氣感之宜，辯五苦六辛，致水火之齊，以通閉解結，反之於平。

經方者，乃上古相傳之醫方，後世所莫能出其範圍，故冠以經名也。陳念祖謂：“經方者，其藥悉本於《神農本草經》。非此方不能治此病，非此藥不能成此方，所投必效，如桴鼓之相應。”《史記·扁鵲傳》：“長桑君呼扁鵲私坐，語曰：‘我有禁方，年老，欲傳與公。’乃悉取其禁方書盡與扁鵲。”《倉公傳》：“公乘陽慶使意盡去其故方，更悉以禁方予之。”皆此經方之類也。草木金石之性，或微寒，或大涼，或微溫，或大熱。量，度也。病之淺者在皮膚，深者在臟腑。藥味有酸苦甘辛鹹之別。滋，液也。天之風寒暑濕燥火六氣，其感於人各有所宜

也。辯,明辯也。五苦,如黃連、苦參、黃芩、黃柏、大黃之類;
六辛,如乾薑、附子、肉桂、吳萸、蜀椒、細辛之類,此藥之五苦
六辛也。而人亦有五苦六辛,或勞心於學問,寸陰是競;或勞
力於耕作,晝夜不輟;或帶月披星,或衝風冒雨,此膏粱藜藿苦
辛之異也。因草石疾病藥味苦辛氣感之異,以致製劑,有水
火之不同焉。凡藥,火製四,煅、煨、炙、炒也;水製三,浸、泡、
洗也;水火共製二,蒸、煮也。此製劑各有所宜也。以水火之
劑,宣通其閉塞,和解其結聚,袪邪匡正,必使臟腑反得平復
而後已。

**及失其宜者,以熱益熱,以寒增寒,精氣內傷,不見於外,是所獨
失也。故謬曰:"有病不治,常得中醫。"**

失其宜者,如抱薪救火,入井下石,必致殺人而後已。精者,
人身之脂膏也,自宜保養,若縱欲不節,如淺狹之井汲之無
度,則枯竭矣。氣者,元氣也,附於氣血之內,宰乎氣血之先。
有病之人,若元氣不傷,雖病甚不死,元氣或傷,雖病輕亦死,
是氣者,人之所賴以生者也。精氣受傷於內,未必發見於外,
所以庸醫往往殺人,如此則或不若度箴石火之施之爲得也。
夫病有不治自愈者,亦有不宜服藥者,倘誤服之,是以身試
藥,則甯以不服爲得中策矣。

容成陰道二十六卷

今佚。《後漢·方術傳》:"泠壽光行容成公御婦人法。"《列仙
傳》:"容成公自稱黃帝師,見於周穆王,能善補導之事,取精
於玄牝。其要谷神不死,髮白復黑,齒落復生。"《神仙傳》:
"甘始依容成玄素之法,更益之爲十卷。"

務成子陰道三十六卷

今佚。數術五行家有《務成子災異應》十二卷。

堯舜陰道二十三卷

今佚。

湯盤庚陰道二十卷

今佚。

天老雜子陰道二十五卷

今佚。

天一陰道二十四卷

今佚。

黃帝三五養陽方二十卷

今佚。

三家內房有子方十七卷

今佚。

右房中八家，百八十六卷。

如目，實百九十一卷。

房中者，情性之極，至道之際，是以聖王制外樂以禁內情，而爲之節文。傳曰：“先王之作樂，所以節百事也。”樂而有節，則和平壽考。

喜怒哀樂，情也。當其未發，則性也。發而中節，情之極也。無所偏倚，性之極也。天下之理皆由此出，道之體也；天下古今之所共由，道之用也。道之體用，務得其際。情性之極而至於不可須臾離之際，則得矣。樂，所以怡情悅性者也。聖王欲使人禁情於內，故作樂於外，以爲節制之文也。聖王制外樂以禁內情而爲之節文，蓋使人於房中宣其情性之極，而合乎至道之際。然其道要在於節耳，故引《傳》云云。“樂而有節”，當讀如洛。

及迷者弗顧，以生疾而隕性命。

迷者，不明此理之人也。弗顧，言只知作樂，而不以身爲顧也。迷者樂而無節，以致生疾病，傷性命。夫有節，則和平壽

考，則無節者之生疾隕命也，理之所必然。世有御多童女爲
採陰鍊陽者，蓋亦出於此房中家，然而邪術矣。

宓戲雜子道二十篇

今佚。《帝王世紀》："宓戲畫八卦，以通神明之德，類萬物之
情，所以六氣六腑、五臟五行、陰陽水火升降得以有象，百病
之理得以類推，炎黃因斯乃嘗味百藥，而製九鍼。"案此傳宓
戲學者，非宓戲書也。

上聖雜子道二十六卷

今佚。

道要雜子十八卷

今佚。

黃帝雜子步引十二卷

今佚。《列子·天瑞篇》引《黃帝書》曰："谷神不死，是謂玄
牝。"梁蕭《導引圖序》："朱少陽得其術於《黃帝外書》，又加以
元禽、化禽之說，乃志其善者演而圖之。"《隋志》有《引氣圖》、
《導引圖》。《抱朴子》云："黃帝論導養而質玄素二女，著體診
則受雷岐。"真西山曰："養生之說出于《老子》谷神章，其最要
也。"《莊子》曰："黃帝得之以登雲天。"

黃帝岐伯按摩十卷

今佚。《唐六典》："按摩博士一人。"注："崔寔《正論》云：
熊經鳥伸，延年之術，故華陀有六禽之戲，魏文有五槌之
鍛。"《僊經》云："戶樞不朽，流水不腐，謂欲使骨節調利，
血脈宣通。"《周禮疏》："案劉向云'扁鵲使子術案摩'。"
《韓詩外傳》曰："扁鵲砥鍼厲石，子游按摩。"明煇案，世傳
推拿治病，即此案摩之流，其精者皆密傳口訣，雖有書，
皆祕。

黃帝雜子芝菌十八卷

今佚。師古曰："服餌芝菌之法也。"黃氏曰："《神農經》，五芝久食輕身，延年不老。先秦之世，未有稱述芝草者，漢武、宣世始以爲瑞。"《黃帝內傳》："王母授《神芝圖》十二卷。"《水經注》："黃帝登具茨之山，受《神芝圖》於黃蓋童子。"

黃帝雜子十九家方二十一卷

今佚。

泰壹雜子十五家方二十二卷

今佚。

神農雜子技道二十三卷

今佚。

泰壹雜子黃冶三十一卷

今佚。師古曰："黃冶，釋在《郊祀志》。"案本書《郊祀志》谷永曰："明於天地之性，不可惑於神怪；知萬物之情，不可罔以非類。諸背仁義之正道，不遵五經之法言，而盛稱奇怪鬼神，廣崇祭祀之方，求報無福之祠，及言世有僊人，服食不終之藥，遙興輕舉，登遐倒景，覽觀縣圃，浮游蓬萊，耕耘五德，朝種暮穫，與山石無極，黃冶變化，堅冰淖溺，化色五倉之術者，皆姦人惑眾，挾左道，懷詐僞，以欺罔世主。[①] 聽其言，洋洋滿耳，若將可遇；求之，蕩蕩如係風捕景，終不可得。是以明王距而不听，圣人絶而不语。"注引晉灼曰："黃者，鑄黃金也。道家言冶丹沙令變化，可鑄作黃金也。"

右神僊十家，二百五卷。

如目，實二百一卷。

神僊者，所以保性命之真，而游求於其外者也。聊以盪意平心，

---

① "世"字原缺，據王先謙《漢書補注》補。

同死生之域,而無怵惕於胸中。

性乃虛靈之理,命爲血肉之軀。性無命不立,命無性不存。元始真如,一靈炯炯,性也。先天至精,一炁氤氳,命也。盈天地間皆是生氣,參贊兩間,化育萬物,命之流行而不息者也。蓋生之理具於命,盈天地間皆是靈覺。明光下照臨日月,性之炳然而不昧者也。蓋覺之靈本於性,未始性而能性我之性者,性之始;未始命而能命我之命者,命之始。人無不禀虛靈以成。性受血肉而爲命,命蒂元炁,性根元神,神不離炁,炁不離神。吾身之神炁合而後吾身之性命見。性不離命,命不離性,吾身之性命合,而後吾身未始性之性、未始命之命見。夫未始性之性,未始命之命,乃是吾之真性命。此真性命曰天命真元,初自虛無中來,乃生物之祖焉。凡人先天所同具,而神僊家則保之。然欲保之,必先求之,求之之法,是曰修煉。人在母胎爲先天,出胞則爲後天。方十月胎足,及期而育,瓜熟蒂落,一個觔斗下地,团的一聲而天命真元着於祖竅,晝則居二目而藏泥丸,夜則潛兩腎而蓄丹鼎。此時也,混沌赤子,純静無知,屬陰,爲坤卦☷。自一歲至三歲,長元炁六十四銖,一陽生爲復卦☳。至五歲,又長元炁六十四銖,二陽生爲臨卦☱。至八歲,又長元炁六十四銖,三陽爲泰卦☷。至十歲,又長元炁六十四銖,四陽爲大壯卦☳。至十三歲,又長元炁六十四銖,五陽爲夬卦☱。至十六歲,又長元炁六十四銖,爲乾卦☰。盜天地三百六十銖正炁,合父母祖氣二十四銖,凡三百八十四銖,得一斤之數,而周天之造化全。此時純陽既備,微陰未萌,精炁充實,如得師指,修煉性命,可全其真。過此,則情欲動,而元炁泄。由十六歲至二十四歲,耗元炁六十四銖,應乎姤卦☰。一陰初生,淳澆朴散,雖去本未遠,而履霜堅冰,不可不戒,若勤於修煉,所謂不遠復者也。至三十二歲，又耗元炁六十四銖，應乎遯卦䷠，陽德寖消，欲慮蠲起，真源流蕩，然而血氣方剛，志力猶健，若勤於修煉，丹基不難立也。至四十歲，又耗六十四銖，應乎否卦䷋，天地不交，陰用事於其內，而陽則失位於其外，此時修煉，猶可轉危爲安。至四十八歲，又耗六十四銖，應乎觀卦䷓，則陽德微而陰氣盛矣，此時修煉，可抑盛陰扶微陽，然而已晚。至五十六歲，又耗六十四銖，應乎剝卦䷖，五陰上升，一陽將盡，即使勤於修煉，如續火於半枯之木，布雨於垂槁之苗也。至六十四歲，則天地父母之元炁耗盡矣，而復歸於坤卦，純陰用事，陽炁無苗，雖然，勤於修煉，猶得而復也，陰極亦然生陽，窮上可以及下，返老爲童，未始無望。夫男女之相媾也，方精未施、血未包、情投意合之際，杳冥有物，隔礙潛通，混而爲一，氤氳不散，既而精泄血受，精血相融，包此一點，變化成形，則有元精、元炁、元神寓於內矣，是謂先天之精炁神。是炁也，非呼吸之氣，而出胎下地，則納受空氣以入丹田，與元炁相合，於是乎有後天呼吸之氣。是神也，非思慮之神，而囿的一聲，識神入竅，歷劫輪迴，即爲這個，於是乎有後天思慮之神。是精也，非交感之精，而年過十六，陽極生陰，於是乎有後天交感之精。若性命真元，則先天精炁神之主宰，後天精炁神之根本，乃至陽之物，當男女交媾之始，先生此物。夫有生之初，此物先來，故謂爲真。而後天之精炁神，則生而後來，故謂之假此真也。初在玄關，本屬我有，惟假者寖用事，則真者日以疏，漸至不我屬，故神僊家稱之曰“外修煉者”，從後天中返先天，求真於其外而保之也。其外者，玄關之外也。真既不我屬而外矣，則我之求之也，自必先之以游焉耳，抑後天動靜之中，亦生一點先天之炁。神僊家則採而取之，以還其元，此亦所謂游求者也。又人之生也，先天八卦具於身，乾南而坤北，及長至十六歲，陽極生陰，則乾坤已交而爲坎離，離南而坎北，乾中一陽，陷入於坎，坤中一陰，去入於離，是爲真陰真陽，爲性命之本。神僊家則採此陰陽，交媾還元而成其真，故以取坎填離爲秘訣，蓋亦從後天中返其先天也。真陽既陷入於坎，乃屬外物，取填離中陰位以還其元，亦所謂游求於其外者也。後天之返先天也，始則調呼吸而返其元炁，節交感而返其元精，慎思慮而返其元神，繼則煉元精而化爲元炁，煉元炁而化爲元神，終則煉元神以還其虛無，而返夫真元，既從後天中返先天而還其元，更如之何？曰繼其修煉之功，使性命真元居玄關，與純陽之乾之性不相離而保其性之真，是謂盡性。使純陰之坤則保其命之真，是謂了命。夫修煉之法不外盡性、了命而已。澄意平心，乃盡性之道；死生同域，即了命之方。其始也，以命而取性，性全矣。又以性而安命，此是性命雙修。大機括處，今人忘認方寸中有個昭昭靈靈之物，渾然與物同體，便以爲真元在是，殊不知此即死死生生之識神，萬劫輪迴之種子。學道之人不悟真，只爲從前認識神。無量切來生死本，痴人喚作本來人。此根既斷，則諸識無依。復我元初，常明本體。夫澄意平心，死生同域，非易事也。必須斷此識根，方能奏效，而要訣在玄關一竅。玄關者，人自初生，真元既居於此，即以藏其元神其中，空空洞洞，至靜至明，乃吾人生生主宰，有之則生，無之則死，生死盛衰，皆由這個。這個乃神靈之臺，祕密之府，清淨玄妙，虛徹靈通。迷之，則生死始；悟之，則輪迴息。神僊家常於此保七情未發之中，外息諸緣，内絕諸妄，含眼光，凝耳韻，調鼻息，緘舌氣，四肢不動，使眼耳鼻舌身五識，各返其根，而精神魂魄意五靈，各安其位，眼則常内觀此竅，耳則常逆聽此竅，舌準亦常對著此竅，運用施爲，不離此竅，行住坐臥，不離此竅。

先存之，以平其心，次忘之，以盪其意，無處無時無礙自在，於是乎有止念之事。夫念頭起處，係人生死之根，念頭息處，即是真元之體。大道教人先止念，念頭不住，亦徒然。顧亦不怕念起，只怕覺遲。念起是病，不續是藥，一點真元獨立無依，空空洞洞，明明淨淨，培此本原，照着關竅，久則油然浩然，神凝氣暢，疑然不動，寂然無思，豁然知空，了然悟性，淨盡圓明，如一座水晶塔子，如一個琉璃寶瓶，有聞若無聞，有見若無見，此所謂無怵惕於胸中者也。皮膚剝盡，一真將見，則精神朗發，智慧日生，心性靈通，隱顯自在於是，有清寧闔闢之機，有飛躍活動之趣，一點元陽，真炁從中而出矣。及其成功也，非但益壽延年，且使陽神出現，脱壳飛昇，遨遊八極，永固常存，逍遥樂極。《說文》云“真僊人變形而登天”，此之謂也。此神僊家之所爲也。今神僊家自稱爲道學，其書謂之丹經，有《陰符經》，舊題黃帝撰；《參同契》，東漢魏伯陽著；《黃庭内景經》，係晉武帝時扶桑大帝君命暘谷神仙王景林真人傳魏夫人華存；《黃庭外景經》，亦出東晉。此四書爲最古，又屈原《遠遊》一篇，雖不以丹經鳴，而已盡此道之奧祕。凡後世密傳口訣，皆已宣洩无餘，則亦神僊家之古籍也。師古曰：“盪，滌。一曰盪，放也。”

然而或者專以爲務，則誕欺怪迂之文彌以益多，非聖王之所以教也。

師古曰：“誕，大言也。迂，遠也。”案世有藉神僊之事歛錢，如五斗米教者，是專以爲務也。而於是三千六百旁門，八萬四千方便門衆矣，所謂誕欺迂怪之文彌以益多也。如御女、採戰、種火、添油、試劍、黃白等訣，豈聖王之所以教哉？

孔子曰：“索隱行怪，後世有述焉，吾不爲之矣。”

師古曰：“《禮記》載孔子之言。索隱，求索隱暗之事，而行怪迂之道,妄令後人有所祖述,非我本志。"案索隱行怪,《志》蓋引以斥誕欺怪迂之文,而其下文即曰"君子中道而行,半塗而廢,吾弗能已矣",則孔子於神僊家之所爲果不取歟?知者可以意會也。末又曰"君子依乎中庸,遯世不見知而不悔,唯聖者能之"。惟其不見知而不悔,故不爲索隱行怪,以求後世之有述。然依乎中庸而至於遯世,豈不亦統攝夫神僊家之所爲哉?且能遯世不見知而不悔,蓋無所怵惕於胸中也。烏呼!夫子焉不學而亦何常師之有?況天從將聖而多能,故雖神僊家,亦在大成之所集。儻君子或亦有樂於此歟?

凡方技三十六家,八百六十卷。

如目,實八百六十二卷。《校讎通義》:"《七略》以兵書、方技、數術爲三部,列於諸子之外者,諸子立言以明道,兵書、方技、數術皆守法以傳藝,虛理實事,義不同科故也,至四部而皆列子類矣。"

方技者,皆生生之具,王官之一守也。

方,方術。技,技藝。醫方使病者起死回生,房中使人生子,神僊使人長生。《周禮》天官有食醫、疾醫、瘍醫、獸醫,而醫師爲之長。神僊一家,雖其理亦《內經》所具,而天官之屬則無其官。《春官》曰"凡以神士者無數,以其藝爲之貴賤之等",或此之流也。

太古有岐伯、俞拊,中世有扁鵲、秦和。

岐伯、俞拊,皆黃帝臣也,詳見《內經》。扁鵲、秦越人詳見《史記》列傳,與趙簡子同時,蓋在春秋戰國之際。秦和,與趙文子同時,見昭元年《左傳》及《晉語》。

蓋論病以及國,原診以知政。

昭元年《左傳》:"晋侯求醫於秦,秦伯使醫和視之,曰:'疾不可爲也,是謂近女室,疾如蠱。非鬼非食,惑以喪志。良臣將死,天命不祐。'公曰:'女不可近乎?'對曰:'節之。先王之樂,所以節百事也,故有五節,遲速本末以相及,中聲以降。五降之後,不容彈矣。於是有煩手淫聲,慆堙心耳,乃忘平和,君子弗聽也。物亦如之。至於煩,乃舍也已,無以生疾。君子之近琴瑟,以儀節也,非以慆心也。天有六氣,降生五味,發爲五色,徵爲五聲。淫生六疾。六氣曰陰、陽、風、雨、晦、明也,分爲四時,序爲五節,過則爲菑:陰淫寒疾,陽淫熱疾,風淫末疾,雨淫腹疾,晦淫惑疾,明淫心疾。女,陽物而晦時,淫則生內熱惑蠱之疾。今君不節、不時,能無及此乎?'出,告趙孟。趙孟曰:'誰當良臣?'對曰:'主是謂矣。主相晉國,於今八年,晉國無亂,諸侯無闕,可謂良矣。和聞之,國之大臣,榮其寵祿,任其大節。有菑禍興,而無改焉,必受其咎。今君至於淫以生疾,將不能圖恤社稷,禍孰大焉? 主不能御,吾是以云也。'"《國語·晉語》:"平公有疾,秦景公使醫和視之,出曰:'不可爲也。是謂遠男而近女,惑以生蠱;非鬼非食,惑以喪志。良臣不生,天命不祐。若君不死,必失諸侯。'趙文子聞之曰:'武從二三子以佐君爲諸侯盟主,於今八年矣。內無苛慝,諸侯不二,子胡曰:"良臣不生,天命不祐?"'對曰:'自今之謂。和聞之曰:"直不輔曲,明不規闇,拱木不生危,松柏不生埤。"吾子不能諫惑,使至於生疾,又不自退而寵其政,八年之謂多矣,何以能久!'文子曰:'醫及國家乎?'對曰:'上醫醫國,其次疾人,固醫官也。'文子曰:'子稱蠱,何實生之?'對曰:'蠱之慝,穀之飛實生之。物莫伏於蠱,蠱莫嘉於穀,穀與蠱伏而章明者也。故食穀者,晝選男德以象穀明,宵靜女德以伏蠱慝,今君一之,是不饗穀而食蠱也,是不昭穀明而皿蠱也。夫文,"蟲"、"皿"爲"蠱",吾是以云。'文子曰：‘君其幾何？’對曰：‘若諸侯服不過三年，不服不過十年，過是，晋之殃也。’是歲也，趙文子卒，諸侯叛晋，十年，平公薨。”《志》所云“論病以及國，原形以知政”，如此是也。師古曰：“診，視驗，謂視其脉及色候也。”

漢興有倉公。今其技術晻昧，故論其書，以序方技爲四種。

倉公，《史記》與扁鵲同傳，姓淳于氏，名意。《志》不與岐伯、俞拊、扁鵲、秦和連叙，殆非醫國上醫，技術而已。後世不求經旨，務在口給，各承家技，而益晻昧。《倉公傳》意受其師公乘陽慶所遺傳黃帝、扁鵲之書，有《脉書》上下經，五色診，奇咳術，揆度陰陽外變，藥論，石神，接陰陽禁書，《志》皆不載，或皆在《扁鵲内外經》中，未可知也。今世醫書大凡四類：曰經、曰脉、曰方、曰藥。經闡其理，脉運其術，方致其功，藥辨其性。《志》無脉、藥二種。王應麟《攷證》據本書《平帝紀》“元始五年，舉天下通知方術、本草者”，及《郊祀志》“成帝初，有本草待詔”，《樓護傳》“少誦醫經、本草、方術”三證，因補録《本草》於經方之後。考倉公所受，有藥論、石神，似即《本草》書，或在《扁鵲經》中耶？然《神農本草》，《志》未之載，何歟？脉則《倉公傳》言“慶傳黃帝、扁鵲之脉書”，而《八十一難經》爲今世言脉者所祖，其名既不見《漢志》，當亦在《扁鵲經》中也。《校讎通義》曰：“形而上者謂之道，形而下者謂之器。善法具舉，本末兼該，部次相從，有倫有脊，使求書者可以即器而明道，會偏而得全，則任宏之校兵書，李柱國之校方技，庶幾近之。夫《兵書略》中孫、吳諸書，與《方技略》中内外諸經，即《諸子略》中一家之言，所謂形而上之道也。《兵書略》中形勢、陰陽、技巧三條，與《方技略》中經方、房中、神僊三條，皆著法術名數，所謂形而下之器也。任、李二家，部次先後，體用分明，能使不知其學者，觀其部録，亦可憭然而窺其統要。”

又曰:"方技之書,大要有四,經、脉、方、藥而已。柱國所校四種,則有醫經、經方二種。脉書、藥書,竟缺其目。其房中、神僊,則事兼道術,非復方技之正宗矣。"明煇案方經治病,房中有子,神僊長生,此三種首尾相因,具有至理。人惟無病而後生子,生子則人事盡,而可以修天道,順逆兼施,有始有卒。父母全而生者,子全而歸之,即器明道,正在於此。於此見柱國序次之精,非專門名家不至此。蓋其要在術業,而自有祕妙,但求之於文字語言,則偏而不全,故非章氏之所知也。

大凡書,六略三十八種,五百九十六家,万三千二百六十九卷。
入三家,五十篇,省兵十家。

如目,實萬二千九百八十六卷,又圖五十一卷,又八具,入三家五十篇者,劉向入《書》一篇,杜林入小學二篇,揚雄入小學一篇,儒三十八篇,賦八篇。省兵十家者,因其重也。然樂出淮南、劉向等《琴頌》七篇,春秋省《太史公》四篇,而六藝總凡下注"出重十一篇",則此十一篇亦當在所省中,蓋不止兵十家。《校讎通義》曰:"《漢志》最重學術源流,似有得於太史叙傳,及莊周《天下篇》、荀卿《非十子》之意。此叙述著錄所以有關於明道之要,而非後世僅計部目者之所及也。"案此《志》乃後世目錄學鼻祖,文史之津筏也,其六略三十八種門類,爲萬學之大源,雖或譏其分部未審,要目錄家無不奉爲辨章學術、考鏡源流之標準。章氏謂:"非深明於道術精微、羣言得失之故者,不足與此。"信哉,是言也!

歲甲寅,取《漢書·藝文志》在蘇州紫陽師校仰山樓課諸生,而教育家或大共非訾,以爲不識時務者也。其時譁然,皆欲貶古聖賢典籍,使學者誦世人所作報章、雜誌。然從吾受《藝文志》學生皆不惑,卓然有以自立。翌年乙卯,應武昌高等師校聘，授史學，又以此課之。越五年，庚申，主南京暨南學校文學課，又以此課之，先後學者蓋百八十餘人。洎辛酉年，設教於清涼山龍蟠里之烏龍潭，立經學、文學、理學、史學四科，又以此爲文學課之一，諸弟子受學者皆好之。注解之作，屬草於乙卯，脫稿於丙辰，印於丁巳，至辛酉，所印已罄。頃諸弟子苦傳寫之煩，鳩貲請再印，爰取近年修改本付之，而序之如此。迴溯始以此教人時，適十年也。顧報章、雜誌之流，新文化白話文已充乎宇内矣。甲子天中節明煇記。

參校諸門人姓氏

川沙陵彭年 總校、分六藝　泰縣吳熙庭 分方技　灌雲袁正僖 分諸子

泰縣吳紹庭 分詩賦　海鹽朱應肇 分兵書　上海侯積文 分數術

校勘諸門人姓氏

漢川許祖謙、茶陵陳常、孝感鍾自毓、襄陽張祖陰、天門傅立綱、耒陽劉攀桂、沔陽郭憲章、建始吳寄雲、平江李振華、應山丁中俊、潢川左其昌、沔陽廖立勛、宣城徐樹芳、隨縣劉國藩、黃岡陳奠球、長陽覃章哲、枝江熊心赤、漢陽張蕃、大冶劉維國、沔陽王韓康、孝感江國緝、漢陽陳榮銓、沅陵劉紹元、靳水袁嘵鶯、寧遠張峻極、漢陽史煥章、武昌張士瑄、嵊縣鄭鵬冲、諸暨鄭鶴聲、安陸劉人驥、秭歸張允一、武岡龍正中、衡州周佐鼎、黃陂魏盛周、孝感張澤鰲、黃陂童傳珍、黃陂涂允毅、嵊縣錢學修、大冶賈策安、大冶程發軔、漢陽韓道之、沅陵呂賢鈺、漢川涂筠、公安歐陽新、黃陂彭國珍、邰陽李春榮、羅山王丙南、漢川林方蒸、吳縣吳毓鰲、荊門戴成龍、常寧廖安世、祁陰蔣作裘、高安塗峻、桃源闕本欽、寧鄉陳正方、高安吳有聰、醴陵童家恢、桃源鳳天毓、黃安馮進德、奉化沈昌佑、長沙沈開益、荊門方逢時、武昌王益昶、荊門錢明德、長沙盛澤沛、北流梁士械、桐城吳勁、瀏陽羅孝忠、當陽高揚勳、桂陽周正中、湘陰任協邦、晋縣崔繼隆、零陵蔣元龍、當陽張主權、黃陂吳錦芬、長沙鄭業建、鍾祥張中釣、晋縣尹鍾毓、平江方授楚、夏口向心葵、衡陽王凝度、靳春張禮祥、岳陽廖鏞、丹徒黃成霖、寧都楊繩武、襄鄉王用中、鄭縣郭永年、夏口何欽明、新鄉王福壽、新鄉王忠敬、雩都謝庚南、石門陳國謨、鄂城楊景炎、江陵鄭先寬、江都諸光照、懷甯程鳳墀、華縣程蓬瀛、解縣李文蔚、光山劉銀鑾、如皋劉陰深、昆明龍成敏、武進閔毅成、寶應喬雲棟、金壇管維平、高要何邦彥、安溪李恭懿、台山董樹

芳、梅縣楊振先、潮陽陳己亥、江甯陳榮宗、台山趙百悅、上海向
綸昌、東莞劉肇棠、文昌莊漢東、瑞安金振聲、銅山郭青傑、文昌
韓甲光、銅山龔道熙、廣東謝祖佑、文昌潘壁東、靈川胡智、東莞
房新民、永定胡萬里、大埔紀宏良、新會黃國元、惠陽葉松林、大
埔陳雄豪、文昌雲茂棟、鶴山洗洪光、晋江詹廷機、樂清傅繩說、
福建郭元喜、武清張鴻藻、文昌鄭心融、海澄楊能耐、梅縣傅文
楷、興甯朱任宏、博羅陳源順、南安梁孫謀、閩侯祝廷翰、龍溪黃
協裕、南通徐蕭、香山梁樹勳、梅縣曹俠夫、梅縣溫其普、古化趙
輝棟、文昌楊章獻、興甯朱煒文、文昌王海鏡、大埔何盤銘、江寧
韓禄生、梅縣　歐陽漢新、廣東龍照文、潮陽張鳳林、福建葉長新、
南安洪維煜、丹徒殷慶堂、龍溪宋泰宣、長沙袁克吾、江陵鄭先
銓、海澄楊江水、潮陽林奕宜、澄海紀景蘭、平陽徐闓、婺源詹玉
甫、惠陽鄒慰生、甯波李毓傅、福建吳瞻祺、廣東洪作梎、寶山袁
燮、廣西陳培桐、梅縣陳希文、廣東曹昌賢、福建曾守約、定安賴
官林、福建蔡懷德、台山駱英才、文昌韓培元、文昌符冠雲、泉州
湯文光、龍溪黃明水、海澄楊章甫、思明林建邦、思明葉璧、臺灣
羊雄、靖江朱立、旌德江逢僧、鹽城蔣連城、江寧柯樹聲、寶應相
壽呂、慈溪葉杏林、瀏陽黎書績、桐城崔兆麟、桐城王儒修、鹽城
王景明、當塗芮道昆、泰興吳健、句容曾廣西、當塗濮道興、桐城
劉其舒、泰興徐汝誠、乾縣高振鐸、乾縣常志廉、桐城陳遠芳、阜
甯袁義生、六合張維漢、鹽城陳連章、桐城魏匯川、鹽城黃學明、
鹽城薛國瑞、桐城姚洛、宜興呂肇齊、宜興呂叔齡、鹽城方紹璋、
桐城鮑鵬翰、江甯張玉堂、桐城王訪漁、鹽城王實培、鹽城馬祖
武、鹽城馬祖炯、漣水沈華山、杭縣韓直慶、鹽城吳義松、鹽城吳
世拱、鹽城王陰培、鹽城嚴文英、臨川李逢春、東臺王式堅、資興
李永樂、石埭陳光炯、資興樊謨江、嶧縣卜俊臣、宣城謝祖安、六
合馬文啓、武進薛叔和、合肥慈育森、阜甯郭文華、江陰高煥新、

如皋徐敬如、江甯王文熙、江浦徐鶴齡、邳縣王伯良、邳縣王仲良、鹽城顧名、漣水顧文渠、漣水卜耀亞、阜甯朱福海、瀏陽陳安漢、邳縣閻宗鐸、鹽城凌兆慶、松江孫世英、丹徒王豫立、溧陽張慕良、桐城鮑鵬成

校字諸門人姓氏

吳江凌勇、靖江殷錦增、吳縣金恕、宜興潘榮魁、淮安管楨、滎澤朱啓瑞、寶應劉同庚、建陽王芳山、進賢鐃華紳、崇明王準、扶風趙連璧、溧陽呂恭治、懷寧陳傳貴、潛山黃春、合肥潘國仁、通海汪嘉驊、金壇劉一飛、桐城張有才、潛山徐世銀、崇明沈國章、高郵高柏青、溧水劉後溫、寶應喬鴻瑞、高郵连在田、溧水蔣鴻翱、丹徒史美德、江甯吳正興、上海范熙浩、嘉定王文蔚、嘉定甘純權、盱眙桑雲家、江寧劉孝煜、泰興周善祥、外甥郁鴻巴、弟明橢

男肇培、肇均、肇坤校，常州沈福生鈔

二十五史藝文經籍志考補萃編總目